Übungs- und Testbuch

Mit Erfolg zum

Deutsch-Test für Zuwanderer A2–B1

von

Anna Pohlschmidt
Judith Krane
Margret Rodi
Britta Weber

Alles Digitale zu diesem Buch kann auf der Lernplattform **allango** von Ernst Klett Sprachen abgerufen werden. So geht's:

QR-Code scannen oder **www.allango.net** aufrufen	Buchtitel oder ISBN in der Suche eingeben und auf das Buchcover klicken	Zum Inhalt navigieren, direkt abrufen oder speichern

Zu diesem Buch auf allango verfügbar: **Audios, Hörtexte (Transkriptionen), Antwortbogen, Videos, Aufgabenblätter zu den Videos, Quiz**

Ernst Klett Sprachen
Stuttgart

Mit Erfolg zum

Deutsch-Test für Zuwanderer A2–B1

Übungs- und Testbuch

Bildquellen:
62 Getty Images (praetorianphoto), München; **63** Getty Images (izusek), München; **116** Getty Images (Lumi Images/Dario Secen), München; **117** Getty Images (katleho Seisa), München; **118** Getty Images (svetikd), München; **118** Getty Images (fizkes), München; **158** Getty Images (Oscar Wong), München; **159** 123RF.com (Iakov Filimonov), Nidderau; **177** Getty Images (Thomas Barwick), München; **178** Getty Images (Kosamtu), München

Auflage 10 | 2025

www.klett-sprachen.de

Autorinnen: Anna Pohlschmidt, Judith Krane, Margret Rodi, Britta Weber
Redaktion: Stefanie Plisch de Vega
Satz: Satzkasten, Stuttgart / ETYPO, Joachim Schrimm, Friolzheim
Umschlaggestaltung: Sabine Kaufmann
Druck und Bindung: Gebr. Geiselberger GmbH, Altötting

Audio-Impressum
Sprecher:innen: José Amigo, Christian Birko-Flemming, Tanja Götemann, Fabian Hassel, Gunther Pagel, Stefanie Plisch de Vega, Markus Schultz, Sigrun Schumacher, Hans-Peter Stoll, Anke Stößer, Sofi Vega
Tontechnik und Produktion: Top10 Tonstudio, Gunther Pagel, Viernheim

Video-Impressum
Aufnahmetechnik und Produktion: Top10 Tonstudio, Gunther Pagel, Viernheim

Vielen Dank an das Lernmobil Viernheim e.V. für die Nutzung des Raums und die Drehgenehmigung.

Printed in Germany
978-3-12-676863-4

FSC www.fsc.org MIX Papier | Fördert gute Waldnutzung FSC® C105048

Der *Deutsch-Test für Zuwanderer* (DTZ) ist die verbindliche Abschlussprüfung für Teilnehmerinnen und Teilnehmer (TN) an einem Integrationskurs. Der DTZ testet Deutschkenntnisse auf dem Niveau A2 und dem Niveau B1 des *Gemeinsamen Europäischen Referenzrahmens* (GER).
Diese standardisierte Sprachprüfung wurde im Auftrag des Bundesinnenministeriums entwickelt. Seit Januar 2023 führt die Gesellschaft für Akademische Studienvorbereitung und Testentwicklung e.V. (g.a.s.t.) im Auftrag des Bundesamts für Migration und Flüchtlinge (BAMF) den DTZ durch.
Das Testformat, die Aufgabentypen und die Bewertungsmaßstäbe sind unverändert.
Nur Teilnehmerinnen und Teilnehmer an Integrationskursen können den DTZ ablegen.

Wie ist die Prüfung aufgebaut?

Der Deutsch-Test für Zuwanderer hat einen schriftlichen und einen mündlichen Teil:

Hören	ca. 25 Minuten	Schriftliche Prüfung
Lesen	45 Minuten	
Schreiben	30 Minuten	
Sprechen	ca. 16 Minuten	Mündliche Prüfung

Wie läuft die Prüfung ab?

Der DTZ beginnt mit der schriftlichen Prüfung. Die **schriftliche Prüfung** ist eine Gruppenprüfung.
Alle TN sitzen auf einem vorher festgelegten Sitzplatz. Auf dem Tisch dürfen nur der Ausweis, Kugelschreiber (schwarz oder blau) und ein Getränk in einer Flasche ohne Etikett sein. Es gibt mindestens zwei Aufsichtspersonen in der Prüfung. Alle TN bekommen einen personalisierten Antwortbogen für die Teile *Hören* und *Lesen*. Sie müssen die Angaben kontrollieren und auf dem Antwortbogen unterschreiben.
Für den Teil *Schreiben* bekommen die TN einen anderen Antwortbogen vor Beginn des Teils.
Die Aufsichtspersonen teilen die Aufgabenhefte mit allen Aufgaben aus. Dann beginnt die Prüfung mit dem Teil *Hören*. Es gibt zwischen den Teilen *Hören*, *Lesen* und *Schreiben* keine Pause. Die schriftliche Prüfung dauert 100 Minuten.

Achtung: Nur für die Lösungen auf dem Antwortbogen bekommen Sie Punkte. Sie müssen Ihre Lösungen innerhalb der Zeit, die für den Teil vorgesehen ist, auf dem Antwortbogen ankreuzen bzw. auf den Schreibbogen schreiben. Sie dürfen nur mit einem blauen oder schwarzen Kugelschreiber schreiben und können nicht radieren.

Jeder Teil der schriftlichen Prüfung fängt für alle zur selben Zeit an und endet für alle zur selben Zeit. Alle TN bleiben bis zum Ende auf ihren Plätzen sitzen. Hilfsmittel (z. B. ein Wörterbuch, Smartphone, eine Smartwatch oder ähnliche Geräte) darf man nicht benutzen. Auch Gespräche mit anderen TN sind nicht erlaubt.

Achtung: Sie dürfen immer nur den Teil bearbeiten, der gerade dran ist. Wenn Sie z. B. schneller mit den Aufgaben im Teil ***Lesen*** fertig sind, dürfen Sie sich nicht die Aufgabe für ***Schreiben*** im Aufgabenheft ansehen. Die Aufsichtspersonen können Sie von der Prüfung ausschließen, wenn Sie sich nicht an die Regeln halten.

Die **mündliche Prüfung** ist in der Regel eine Paarprüfung, also mit zwei TN, und dauert ca. 16 Minuten. Direkt vor der mündlichen Prüfung haben die TN keine Vorbereitungszeit.

Sie können die Prüfung wiederholen, aber nur komplett, das heißt: Wenn Sie wiederholen, dann müssen Sie die schriftliche und die mündliche Prüfung wiederholen.

Wie viele Punkte gibt es?

In *Hören* und *Lesen* gibt es für jede Aufgabe einen Punkt. Maximal können Sie 45 Punkte erreichen.

Teile	*Aufgabe Nummer*	*Punkte*
Hören Teil 1: Ansagen am Telefon, öffentliche Durchsagen verstehen **Hören Teil 2:** Kurze Informationen in den Medien verstehen **Hören Teil 3:** Alltägliche Gespräche verstehen **Hören Teil 4:** Unterschiedliche Meinungen zu einem Thema verstehen	1 bis 4 5 bis 9 10 bis 17 18 bis 20	je 1 Punkt insgesamt 20 Punkte
Lesen Teil 1: Kataloge, Register, Verzeichnisse verstehen **Lesen Teil 2:** Allgemeine und spezifische Informationen in Anzeigen verstehen **Lesen Teil 3:** Informationen und Meinungen in Pressetexten und formellen Mitteilungen verstehen **Lesen Teil 4:** Informationsbroschüren verstehen **Lesen Teil 5:** Wörter in einem Brief ergänzen	21 bis 25 26 bis 30 31 bis 36 37 bis 39 40 bis 45	je 1 Punkt insgesamt 25 Punkte

Die Punkte für *Hören* und *Lesen* werden zusammengerechnet und einem Niveau zugeordnet:
33 bis 45 Punkte → B1 20 bis 32 Punkte → A2 0 bis 19 Punkte → unter A2

Im Teil *Schreiben* ordnen geschulte Bewerter/innen den Text nach vier Kriterien einem Niveau zu. Dafür gibt es zwischen 5 und 0 Punkte. Maximal können Sie 20 Punkte erreichen.

Schreiben	*Bewertungskriterien*	*B1*		*A2*		*A1*	*0*
		gut erfüllt	erfüllt	gut erfüllt	erfüllt	erfüllt	
Eine halbformelle oder formelle Mitteilung schreiben	**Inhalt**	5	4	3	2	1	0
	Kommunikative Gestaltung	5	4	3	2	1	0
	Korrektheit	5	4	3	2	1	0
	Wortschatz	5	4	3	2	1	0

15 bis 20 Punkte → B1 7 bis 14 Punkte → A2 0 bis 6 Punkte → unter A2

Im Teil *Sprechen* ordnen zwei geschulte Prüfer/innen die Leistung nach fünf Kriterien einem Niveau zu: B1, A2 oder unter A2. Maximal können Sie 100 Punkte erreichen.

Sprechen	*Bewertungskriterien und Punkte*	
Teil 1 **1A:** Über sich sprechen **1B:** Auf Nachfragen reagieren **Teil 2** **2A:** Über Erfahrungen sprechen **2B:** Auf Nachfragen reagieren **Teil 3:** Gemeinsam etwas planen	**Aufgabenbewältigung** → für jeden Teil einzeln → maximal 50 Punkte	**Aussprache/Intonation** **Flüssigkeit** **Korrektheit** **Wortschatz** → für alle Teile zusammen → maximal 50 Punkte

75 bis 100 Punkte → B1 35 bis 74,5 Punkte → A2 0 bis 34,5 Punkte → unter A2

Gesamtergebnis

Um **insgesamt** das Niveau **B1** zu erreichen, müssen Sie im Teil ***Sprechen*** Niveau **B1** und in **mindestens einem weiteren Teil** (*Hören/Lesen* oder *Schreiben*) Niveau **B1** erreichen.
Wenn Sie in ***Sprechen*** Niveau **A2** erreichen, können Sie **insgesamt nicht B1** erreichen.

Um **insgesamt** das Niveau **A2** zu erreichen, müssen Sie im Teil ***Sprechen*** Niveau **A2** und in **mindestens einem weiteren Teil** (*Hören/Lesen* oder *Schreiben*) **A2** erreichen.
Wenn Sie in ***Sprechen*** **nicht** Niveau **A2** erreichen, können Sie **insgesamt nicht A2** erreichen.

Mehr Informationen zur Prüfung und zur Bewertung finden Sie auf der Webseite der g.a.s.t.: www.gast.de/dtz und in den Übungssätzen.

So arbeiten Sie mit diesem Buch

Der *Deutsch-Test für Zuwanderer* (DTZ) ist die Sprachprüfung, die Sie am Ende vom Integrationskurs machen müssen.
In der Prüfung lösen Sie Aufgaben in den vier Fertigkeiten *Hören*, *Lesen*, *Schreiben* und *Sprechen*.
Das Übungs- und Testbuch „Mit Erfolg zum Deutsch-Test für Zuwanderer A2–B1" bereitet Sie auf alle Teile vor.

Bearbeiten Sie „Mit Erfolg zum Deutsch-Test für Zuwanderer A2–B1" am besten in dieser Reihenfolge:

Modelltest 1 – Hier lernen Sie die Aufgaben in jedem Prüfungsteil kennen.
Auf dem **Aufgabenblatt** sehen Sie eine Prüfungsaufgabe und lösen eine Aufgabe dazu.
Dann erklärt die Seite **Die Prüfungsaufgabe Schritt für Schritt lösen**, was Sie in diesem Prüfungsteil machen sollen und worauf Sie achten müssen. Lösen Sie die Aufgaben wie beschrieben.
Danach erklären Ihnen die Aufgaben auf den Seiten **Die Lösungen verstehen**, welche Lösungen richtig sind und warum.
Für die Prüfungsteile *Schreiben* und *Sprechen* lesen und hören Sie Beispiele und sehen die Unterschiede zwischen einer Leistung auf dem Niveau B1 und einer Leistung unter B1.

Üben – Hier machen Sie für jeden Prüfungsteil Aufgaben und üben damit wichtigen Wortschatz, Grammatik und Strategien (also wie Sie die Prüfungsaufgaben gut lösen können).
Für die Prüfungsteile *Schreiben* und *Sprechen* lesen und hören Sie Beispiele. Die Aufgaben dazu zeigen, wie Sie die Leistung verbessern können.
Die Lösungen für alle Aufgaben im Teil **Üben** finden Sie am Ende des Buchs.
Sie können auch **Videos** mit Beispielen für die Mündliche Prüfung sehen. In den Videos „Und jetzt Sie!" sollen Sie in der vorgegebenen Zeit sprechen. Hinweise dazu finden Sie auf Seite 124.
Mit einem digitalen **Quiz** können Sie wichtige Wörter nach Themen geordnet üben.

Modelltest 2 – Hier üben Sie alle Teile und Aufgaben noch einmal mit einer kompletten Modellprüfung.
Lösen Sie die Aufgaben auf dem **Aufgabenblatt** für jeden Prüfungsteil einzeln. Vergleichen Sie Ihre Lösungen mit den Lösungen in **Die Lösungen verstehen** direkt hinter dem Aufgabenblatt. Diese Lösungen sind kommentiert, das heißt: Sie lesen auch, warum die Lösungen richtig oder falsch sind.
Für den Teil *Schreiben* lesen Sie ein Beispiel. Zu den Teilen *Sprechen* hören Sie Beispiele.

Modelltest 3 – Hier lösen Sie eine komplette Modellprüfung. So können Sie die Prüfung simulieren. Das heißt: Machen Sie jeden Teil in der vorgeschriebenen Zeit, allein und ohne Hilfsmittel. Die Lösungen für die Aufgaben finden Sie am Ende des Buchs.

Über allango (siehe Seite 1) können Sie:

- alle **Hördateien** abspielen und die **Hörtexte** lesen oder herunterladen
- einen **Antwortbogen** für Ihre Lösungen herunterladen
- mit dem **Quiz** wichtige Wörter nach Themen geordnet üben
- **Videos** mit Beispielen für die mündliche Prüfung sehen und für die mündliche Prüfung üben.

Eine gute Vorbereitung und viel Erfolg bei der Prüfung wünschen Ihnen

die Autorinnen und der Verlag

Modelltest 1

Die Prüfungsaufgabe kennenlernen

1 **1a Hören Sie die Anweisung für *Hören Teil 1* und lesen Sie auf dem Aufgabenblatt mit.**

1b Suchen Sie auf dem Aufgabenblatt und ergänzen Sie.

Hören Teil 1 hat vier Aufgaben (Nummer ...1... bis Nummer ....). Jede Aufgabe hat .... mögliche Lösungen (a, b und c). Nur eine Lösung passt.
Sie hören zuerst die Anweisung (= das müssen Sie machen), dann ein Beispiel und dann die .... Ansagen (z.B. Durchsage am Bahnhof, automatische Ansage oder Nachricht auf dem Anrufbeantworter).

das Aufgabenblatt

Hören 25 Minuten

Teil 1

die Anweisung (das müssen Sie in der Prüfung machen)

2 *Sie hören vier Ansagen. Zu jeder Ansage gibt es eine Aufgabe. Welche Lösung (a, b oder c) passt am besten?*
Markieren Sie Ihre Lösungen für die Aufgaben 1–4 auf dem Antwortbogen.

Beispiel

Sie haben ein Problem mit dem Internet. Was sollen Sie tun?
- **a** Die „1" drücken.
- **b** Die „2" drücken.
- **c** Die „3" drücken.

☐ a ☐ b ☒ c

3 **1** Was sollen Reisende nach Frankfurt tun?
- **a** Am Flughafen umsteigen.
- **b** Auf den Zug aus Hamburg warten.
- **c** Den Zug von Gleis 3 nehmen.

4 **2** Wen soll Frau Jäger anrufen?
- **a** Den Kursleiter.
- **b** Die anderen Kursteilnehmer.
- **c** Die Projektleiterin.

3 Was ist im Sonderangebot?
- **a** Eis.
- **b** Obst.
- **c** Wurst und Käse.

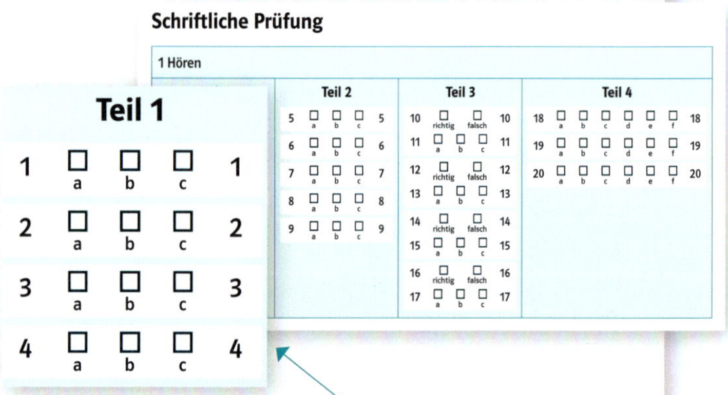

der Antwortbogen
Achten Sie auf die Überschrift und die Aufgabennummern.

4 Es ist Montagnachmittag, Ihr Baby ist sehr krank. Was können Sie tun?
- **a** Den Bereitschaftsdienst anrufen.
- **b** Die Notfallnummer anrufen.
- **c** In die Praxis kommen.

Die Prüfungsaufgaben Schritt für Schritt lösen

1 Die Aufgabe lesen und unterstreichen

▶ 2
- Starten Sie Track 2. *Hören Teil 1* beginnt. Sie hören die Anweisung und das Beispiel. Sie wissen schon, was Sie machen müssen, deshalb:
- Lesen Sie in der Zeit Aufgabe 1 auf dem Aufgabenblatt (links, Seite 8) und unterstreichen Sie wichtige Wörter, bevor die Ansage zu Aufgabe 1 beginnt.

Nach dem Beispiel hören Sie einen Signalton und dann die Aufgabennummer.
Jetzt müssen Sie zuhören, um Aufgabe 1 zu lösen. Sie hören jede Ansage nur einmal.

---

2 Zuhören und lösen

▶ 3
- Starten Sie Track 3. Sie hören „Nummer 1“, dann beginnt die Ansage für Aufgabe 1. Hören Sie zu und achten Sie auf Informationen zu den wichtigen Wörtern, die Sie unterstrichen haben.
- Entscheiden Sie: Welche mögliche Lösung a, b oder c passt am besten?

3 Die Lösung markieren

- Markieren Sie Ihre Lösung – zuerst auf dem Aufgabenblatt oder gleich auf dem Antwortbogen.

Legen Sie in der Prüfung den Antwortbogen neben das Aufgabenblatt und markieren Sie Ihre Lösung gleich dort. Sie bekommen keine Zeit extra, um Ihre Lösungen auf dem Antwortbogen zu markieren.

---

4 Die nächsten Aufgaben lesen, unterstreichen, zuhören und lösen

---

Sie hören „Nummer 2“, dann haben Sie 10 Sekunden Zeit, um die nächste Aufgabe zu lesen.

▶ 4
- Starten Sie Track 4. Lesen Sie Aufgabe 2 auf dem Aufgabenblatt links und unterstreichen Sie wichtige Wörter, bevor die Ansage beginnt.
- Hören Sie die Ansage für Aufgabe 2. Lösen Sie Aufgabe 2 und markieren Sie Ihre Lösung.
- Sie hören gleich danach die Ansage für die Aufgaben 3 und 4.
- Lesen und unterstreichen Sie wichtige Wörter in der Zeit zwischen den Ansagen. Hören Sie dann die Ansagen und lösen Sie die Aufgaben.

Nach Aufgabe 4 ist *Hören Teil 1* zu Ende. In der Prüfung beginnt *Hören Teil 2* nach ca. 10 Sekunden.

- Markieren Sie spätestens jetzt alle Lösungen für *Hören Teil 1* auf dem Antwortbogen.

Markieren Sie immer eine Lösung auf dem Antwortbogen, auch wenn Sie sich nicht sicher sind.
In der Prüfung dürfen Sie nur mit Kugelschreiber schreiben.

> **Markieren Sie so:** ☒ NICHT so: ☐ ☒ ☒
> Wenn Sie **korrigieren** möchten, füllen Sie das falsch markierte Feld ganz aus: ■
> und kreuzen dann das richtige Feld an: ☒

Die Lösungen verstehen

1a Die Lösung zu Aufgabe 1: Was hören Sie zu den möglichen Lösungen? Vergleichen Sie.

Sie lesen auf dem Aufgabenblatt:

1 Was sollen Reisende nach Frankfurt tun?

a Am Flughafen umsteigen.

b Auf den Zug aus Hamburg warten.

c Den Zug von Gleis 3 nehmen.

Sie hören in der Ansage:

Sehr geehrte Fahrgäste, bitte beachten Sie: ICE 337 aus Hamburg nach Frankfurt, planmäßige Ankunft 12 Uhr, fällt heute aus. Grund dafür ist ein Schaden am Wagen. Fahrgäste nach Frankfurt nehmen bitte ICE 706 Richtung Stuttgart, Abfahrt 12 Uhr 20 von Gleis 3. Bitte beachten Sie: dieser Zug hält heute nicht in Frankfurt Flughafen! Fahrgäste zum Flughafen fahren bis Frankfurt Hauptbahnhof und steigen dort in die S-Bahn um.

1b Passt also a, b oder c am besten? Ergänzen Sie die Erklärung.

Sie hören zuerst: *der Zug ICE 337 aus Hamburg … fällt heute aus.* Das bedeutet: der Zug fährt nicht, man kann deshalb auch nicht auf den Zug aus Hamburg warten. ...b... passt nicht.

Dann hören Sie: *Fahrgäste* (= Reisende) *nach Frankfurt nehmen bitte ICE 706* (= einen Zug) *… von Gleis 3.* .... passt am besten.

Am Ende hören Sie: *Fahrgäste zum Flughafen fahren bis Frankfurt Hauptbahnhof und steigen dort … um.* Nur Reisende zum Flughafen müssen umsteigen. .... passt nicht.

2a Die Lösung zu Aufgabe 2: Was hören Sie zu der Frage *Wen soll Frau Jäger anrufen?* und zu c? Verbinden Sie.

Sie lesen auf dem Aufgabenblatt:

2 Wen soll Frau Jäger anrufen?

a Den Kursleiter.

b Die anderen Kursteilnehmer.

c Die Projektleiterin.

Sie hören in der Ansage:

*Guten Tag Frau Jäger. Hier ist Ipek Engin. Ich bin die Projektleiterin im Bereich Pflege an der PSA-Akademie. Sie beginnen ja nächste Woche bei uns eine Weiterbildung. Der Kursleiter hat mich gebeten, alle Kursteilnehmer*innen nach ihren Computerkenntnissen zu fragen: Er würde gern ein paar digitale Elemente in die Schulung einbauen. Aber nur, wenn sich die Kursteilnehmer*innen damit auskennen. Könnten Sie mich dazu bitte zurückrufen? Meine Nummer ist die 01…*

2b Warum passt c also am besten? Ergänzen Sie die Erklärung.

Wichtig ist hier die Frage: ...Wen... *soll Frau Jäger* .... ?

Am Anfang hören Sie: *Hier ist Ipek Engin. Ich bin* ...die... .

Am Ende hören Sie: *Könnten Sie* .... (= Frau Engin) *dazu bitte* .... ?

Frau Jäger soll also Frau Engin (= die Projektleiterin) anrufen. Deshalb ist .... die Lösung.

Die wichtigen Informationen hören Sie oft an verschiedenen Stellen in der Ansage. Hören Sie immer bis zum Ende gut zu.

3a Die Lösung zu Aufgabe 3: Was hören Sie zu den wichtigen Wörtern in der Aufgabe? Unterstreichen Sie in der Ansage.

Sie lesen auf dem Aufgabenblatt:

3 Was ist im Sonderangebot?

a Eis.

b Obst.

c Wurst und Käse.

Sie hören in der Ansage:

Verehrte Kundinnen und Kunden! Wir freuen uns, Sie heute wieder in unserem Lebensmittelparadies im Untergeschoss begrüßen zu dürfen. Zur großen Neueröffnung erwartet Sie ein Gewinnspiel! Unser Hauptpreis ist ein exotischer Obstkorb mit Ananas, Mango, Kumquats … lecker! An der Gourmet-Theke bekommen Sie heute besonders günstig ausgewählte Wurstwaren und Käsespezialitäten aus Italien, Frankreich und der Schweiz. Oder probieren Sie unser hausgemachtes Eis! Jetzt mit drei neuen Bio-Sorten: Schokolade, Nuss und Joghurt.

Meistens hören Sie etwas zu allen drei möglichen Lösungen (a, b, c). Achten Sie dann besonders auf die wichtigen Wörter oben in der Aufgabe (hier: *Was ist im Sonderangebot?*).

3b Passt also a, b oder c am besten? Ergänzen Sie die Erklärung.

Zu dem wichtigen Wort .... hören Sie: *bekommen Sie heute besonders günstig ausgewählte Wurstwaren und Käsespezialitäten …* .... passt am besten.

4 a Die Lösung zu Aufgabe 4: Unterstreichen Sie alle Zeitangaben in der Ansage.

Sie lesen auf dem Aufgabenblatt:

4 Es ist Montagnachmittag, Ihr Baby ist sehr krank. Was können Sie tun?

a Den Bereitschaftsdienst anrufen.

b Die Notfallnummer anrufen.

c In die Praxis kommen.

Sie hören in der Ansage:

Sie sind verbunden mit der Kinderarztpraxis Dr. Nolte. Leider rufen Sie außerhalb unserer Sprechzeiten an. Diese sind: Montag bis Freitag von 7 bis 13 Uhr. In dringenden Fällen sind wir montags, dienstags und donnerstags von 14 bis 19 Uhr unter der Notfallnummer 01678 925607 zu erreichen. Nach 19 Uhr sowie an Wochenenden und Feiertagen wenden Sie sich bitte an den kinderärztlichen Bereitschaftsdienst unter der Rufnummer 116 117.

Wenn Sie eine Zeitangabe in der Aufgabe lesen, ist das wahrscheinlich wichtig für die Lösung. Oft hören Sie dann verschiedene Zeiten und müssen verstehen: Welche Zeit passt zu welcher möglichen Lösung?

4b Welche Zeitangabe passt zu *Montagnachmittag*? Kreuzen Sie an.

- ☐ *Sprechzeiten … Montag bis Freitag von 7 bis 13 Uhr*
- ☐ *montags, dienstags und donnerstags von 14 bis 19 Uhr … Notfallnummer*
- ☐ *Nach 19 Uhr sowie an Wochenenden und Feiertagen … Bereitschaftsdienst*

4c Passt also a, b oder c am besten? Ergänzen Sie die Erklärung.

In der Aufgabe lesen Sie die Zeitangabe: *Es ist* ....
Sie hören: *In dringenden Fällen sind wir* ...., *dienstags und donnerstags von 14 bis 19 Uhr unter der* .... *01678 925607 zu erreichen.* .... passt am besten.

→ **Auf den Seiten 70–73 können Sie für *Hören Teil 1* üben.**

Die Prüfungsaufgabe kennenlernen

5 **1a Hören Sie die Anweisung für *Hören Teil 2* und lesen Sie auf dem Aufgabenblatt mit.**

1b Suchen Sie auf dem Aufgabenblatt und ergänzen Sie.

Hören Teil 2 hat fünf Aufgaben (Nummer ...5... bis Nummer ....). Jede Aufgabe hat drei mögliche Lösungen (........, ... und ....). Nur eine Lösung passt.
Sie hören nach der Anweisung fünf .... aus dem .... (z.B. Verkehrsnachrichten, Wetter, Veranstaltungstipps, Werbung, Gewinnspiele).
Es gibt kein Beispiel am Anfang. Sie hören jede Ansage nur einmal.

das Aufgabenblatt

Hören 25 Minuten

Teil 2

die Anweisung

Sie hören fünf Ansagen aus dem Radio. Zu jeder Ansage gibt es eine Aufgabe.
Welche Lösung (a, b oder c) passt am besten?
Markieren Sie Ihre Lösungen für die Aufgaben 5–9 auf dem Antwortbogen.

6 **5** Was können Sie gewinnen?
a Einen Gutschein.
b Eine Reise nach Italien.
c Eintausend Euro in bar.

7 **6** Wo gibt es eine Umleitung?
a Auf der A 4.
b Auf der A 7.
c Auf der B 5.

7 Die Tabletten kann man
a gegen Magenschmerzen nehmen.
b in der Apotheke kaufen.
c vom Arzt bekommen.

8 Wie wird das Wetter am Montag?
a Kühl.
b Regnerisch.
c Sonnig.

9 Wo findet das Stadtfest statt?
a Auf dem Marktplatz.
b In der Schiller-Allee.
c Vor dem Rathaus.

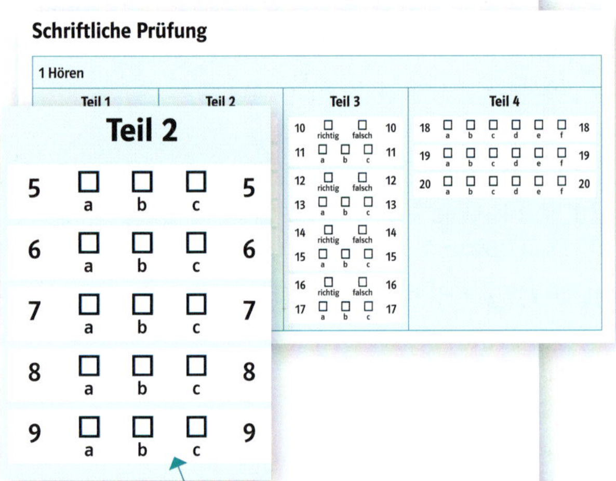

der Antwortbogen

Die Prüfungsaufgaben Schritt für Schritt lösen

1 Die Aufgabe lesen und unterstreichen

5
- Starten Sie Track 5. *Hören Teil 2* beginnt mit der Anweisung. Sie wissen schon, was Sie machen müssen, deshalb:
- Lesen Sie in der Zeit Aufgabe 5 auf dem Aufgabenblatt (links, Seite 12) und unterstreichen Sie wichtige Wörter, bevor die erste Ansage beginnt.

In *Hören Teil 2* gibt es kein Beispiel. Wenn Sie „Nummer 5" hören, kommt nach 10 Sekunden die Ansage und Sie müssen gut zuhören.

2 Zuhören, lösen und markieren

6
- Starten Sie Track 6. Sie hören „Nummer 5", dann beginnt die Ansage für Aufgabe 5. Sehen Sie beim Hören auf die Aufgabe und die wichtigen Wörter, die Sie unterstrichen haben.

Sie hören in Teil 2 oft Musik oder andere Geräusche wie im Radio. Lassen Sie sich davon nicht ablenken.

- Sie hören (meistens) etwas zu allen möglichen Lösungen a, b und c. Aber: Nur eine Lösung passt am besten. Welche?
- Markieren Sie Ihre Lösung – zuerst auf dem Aufgabenblatt oder gleich auf dem Antwortbogen.

Sie haben nach der Ansage ca. 10 Sekunden Zeit, um Ihre Lösung zu markieren.

3 Die nächsten Aufgaben lesen, unterstreichen, zuhören und lösen

7
- Starten Sie Track 7. Lesen Sie Aufgabe 6 auf dem Aufgabenblatt links. Unterstreichen Sie wichtige Wörter.
- Hören Sie jetzt die Ansage für Aufgabe 6. Lösen Sie Aufgabe 6 und markieren Sie Ihre Lösung.

Wenn Sie Ihre Lösung markiert haben, lesen Sie immer direkt die nächste Aufgabe.

- Sie hören gleich danach die Ansagen für die Aufgaben 7, 8 und 9.
- Lesen und unterstreichen Sie wichtige Wörter in der Zeit zwischen den Ansagen, hören Sie dann die Ansage und lösen Sie die Aufgabe.

Nach Aufgabe 9 ist *Hören Teil 2* zu Ende.
In der Prüfung beginnt *Hören Teil 3* nach ca. 10 Sekunden.

- Markieren Sie spätestens jetzt alle Lösungen für *Hören Teil 2* auf dem Antwortbogen.

Die Lösungen verstehen

1a Die Lösung zu Aufgabe 5: Was hören Sie zu den wichtigen Wörtern? Unterstreichen Sie in der Ansage.

Sie lesen auf dem Aufgabenblatt:

5 Was können Sie gewinnen?

a Einen Gutschein.

b Eine Reise nach Italien.

c Eintausend Euro in bar.

Sie hören in der Radio-Ansage:

… etwas zu gewinnen! Unser Reporter Jannis Paraigis ist für uns nach Italien gereist. Aber wohin genau? Das müssen Sie raten. Jannis gibt uns Tipps. Wenn Sie den Ort erkennen, rufen Sie uns an und dann können Sie sich vielleicht über einen Reisegutschein im Wert von 1000 Euro freuen.
Jannis hat auf jeden Fall schon gewonnen, er ist nämlich irgendwo am Strand. Jannis, welche Tipps …

1b Passt also a, b oder c am besten? Ergänzen Sie die Erklärung.

Zu den wichtigen Wörtern in der Aufgabe hören Sie: *und dann können Sie sich vielleicht über einen Reisegutschein im Wert von 1000 Euro freuen.* .... passt am besten.

.... ist nicht die Lösung, denn Sie hören: *Reisegutschein*, das ist ein Gutschein für eine Reise, keine Reise nach Italien.

.... ist nicht die Lösung, denn ein *Gutschein im Wert von 1000 Euro* sind nicht Eintausend Euro in bar.

Manchmal hören Sie wichtige Wörter aus der Aufgabe etwas anders, z. B. *Gutschein – Reisegutschein, Fest – Sommerfest, Sonne – sonnig.*

2a Die Lösung zu Aufgabe 6: Was hören Sie zu den wichtigen Wörtern? Unterstreichen Sie in der Ansage.

Sie lesen auf dem Aufgabenblatt:

6 Wo gibt es eine Umleitung?

a Auf der A 4.

b Auf der A 7.

c Auf der B 5.

Sie hören in der Radio-Ansage:

… Verkehrsmeldungen: Achtung auf der A 4 Höhe Erfurt! Dort laufen Tiere auf der Fahrbahn. Bitte fahren Sie besonders vorsichtig. Für die A 7 gibt es eine Entwarnung. Der Stau bei Flensburg hat sich aufgelöst und dort haben Sie wieder freie Fahrt. Ganz anders leider auf der B 5: Wegen Bauarbeiten zwischen Ludwigslust und Grabow gibt es eine Umleitungsempfehlung. Wenn Sie also gerade auf der B5 unterwegs sind, achten Sie bitte …

Sie hören in Teil 2 oft Verkehrsnachrichten. Dann müssen Sie auf Abkürzungen wie A 4 (Autobahn 4) oder B 5 (Bundesstraße 5) achten und Wörter wie *Bauarbeiten* oder *Umleitung* verstehen.

2b Passt also a, b oder c am besten? Ergänzen Sie die Erklärung.

Sie hören: *Auf der A 4 laufen Tiere auf der Fahrbahn. Bitte fahren Sie besonders vorsichtig* – das bedeutet nicht: *Es gibt eine Umleitung.* .... passt nicht.

Sie hören weiter: *Auf der A 7 haben Sie wieder freie Fahrt* – also auch keine Umleitung. .... passt nicht.

Dann hören Sie: *Ganz anders leider auf der B5. Wegen Bauarbeiten … gibt es eine Umleitungsempfehlung* – das bedeutet, man soll eine Umleitung fahren. .... passt am besten.

3a **Die Lösung zu Aufgabe 7: Welche Wörter sind wichtig? Unterstreichen Sie.**

7 Die Tabletten kann man
- **a** gegen Magenschmerzen nehmen.
- **b** in der Apotheke kaufen.
- **c** vom Arzt bekommen.

3b **Vergleichen Sie die Stelle in der Ansage mit a, b und c: Was passt am besten?**

Opti-Vit: … Ab sofort bekommen Sie „Opti-Vit" ohne Rezept in Apotheken und ausgewählten Drogeriemärkten. Die Vitaminbombe für Ihren Start in den Tag, die Sie auch mit Magenproblemen nehmen können. Von Ärztinnen und Ärzten empfohlen. Probieren Sie es gleich aus! …

.... passt am besten.

4a **Die Lösung zu Aufgabe 8: Welchen Satz hören Sie zu den wichtigen Wörtern? Unterstreichen Sie in der Ansage.**

Sie lesen auf dem Aufgabenblatt:

8 Wie wird das Wetter am Montag?
- **a** Kühl.
- **b** Regnerisch.
- **c** Sonnig.

Sie hören in der Radio-Ansage:

Das Wetter am Wochenende ist zweigeteilt. … Sonntagnacht zieht der Regen aber ab. Dann scheint am Wochenanfang in ganz Deutschland die Sonne. Es wird also warm und trocken. Na, da fängt der Montag doch mal gut an.

4b **Passt also a, b oder c am besten? Ergänzen Sie die Erklärung.**

Zuerst hören Sie die Vorhersage für *das Wetter am Wochenende*. Sie sollen aber hören, wie *das Wetter am Montag* wird. Das hören Sie erst fast am Ende: *Dann scheint am Wochenanfang* (= Montag) *in ganz Deutschland die Sonne* (= sonnig). .... passt am besten.

5a **Die Lösung zu Aufgabe 9: Was hören Sie zu den wichtigen Wörtern? Unterstreichen Sie in der Ansage.**

Sie lesen auf dem Aufgabenblatt:

9 Wo findet das Stadtfest statt?
- **a** Auf dem Marktplatz.
- **b** In der Schiller-Allee.
- **c** Vor dem Rathaus.

Sie hören in der Radio-Ansage:

Wer Lust auf Flohmarkt, Spiele für Kinder, viele, viele Essensstände und Musik hat, der kann sich auf das Stadtfest am Wochenende freuen: Wie jedes Jahr die ganze Schiller-Allee entlang, mit der großen Musikbühne rund um den Schiller-Brunnen. Ab 10 Uhr geht's los. Am Sonntag wird es auch hohen Besuch aus dem Rathaus geben: die Bürgermeisterin Margarete Scheib kommt am Sonntag für eine Spendenaktion auf dem Fest vorbei.

5b **Passt also a, b oder c am besten? Ergänzen Sie die Erklärung.**

Sie hören am Anfang *Flohmarkt* aber nichts zu Marktplatz. .... passt nicht am besten.

Dann hören Sie: *sich auf das Stadtfest am Wochenende freuen. Wie jedes Jahr die ganze Schiller-Allee entlang* (= in der Schiller-Allee). .... passt am besten.

Am Ende hören Sie: *wird es … Besuch aus dem Rathaus geben.* Das bedeutet nicht, das Fest findet *vor dem Rathaus* statt. .... passt nicht am besten.

→ **Auf den Seiten 74–77 können Sie für *Hören Teil 2* üben.**

Die Prüfungsaufgabe kennenlernen

8 **1a Hören Sie die Anweisung für *Hören Teil 3* und lesen Sie auf dem Aufgabenblatt mit.**

1b Suchen Sie auf dem Aufgabenblatt und ergänzen Sie.

Hören Teil 3 hat acht Aufgaben (Nummer ...10... bis Nummer ....). Sie hören ein Beispiel und dann .... Gespräche in Alltagssituationen.
Zu jedem Gespräch gibt es .... Aufgaben: eine Richtig/Falsch-Aufgabe und eine Aufgabe mit drei möglichen Antworten (.........,......... und ....). Nur eine Antwort passt.

das Aufgabenblatt

Hören 25 Minuten

Teil 3

die Anweisung

Sie hören vier Gespräche. Zu jedem Gespräch gibt es zwei Aufgaben.
Entscheiden Sie bei jedem Gespräch, ob die Aussage dazu richtig oder falsch ist und welche Antwort (a, b oder c) am besten passt.
Markieren Sie Ihre Lösungen für die Aufgaben 10–17 auf dem Antwortbogen.

9 **Beispiel**
Hamid und Julia arbeiten zusammen. ☐ richtig ☒ falsch

Was besprechen Hamid und Julia? ☐ a ☒ b ☐ c
- **a** Was sie kochen können.
- **b** Was sie schenken können.
- **c** Wie sie zu Dascha fahren.

10 **10** Mesut Kaptan sucht eine Stelle.
richtig/falsch

die Aussage

11 Mesut Kaptan
- **a** kann nicht kochen.
- **b** muss den Deutschkurs beenden.
- **c** pflegt seine kranke Frau.

11 **12** Frau Dragi ist die Chefin von Herrn Kunz.
richtig/falsch

13 Der Mitarbeiter soll
- **a** die Maschine anschließen.
- **b** ein neues Teil bestellen.
- **c** heute noch liefern.

14 Ana ärgert sich über die Mieterhöhung.
richtig/falsch

15 Ana will zuerst
- **a** den Vermieter anrufen.
- **b** mit den Nachbarn sprechen.
- **c** mit dem Mieterverein telefonieren.

16 Herr Vogel spricht mit einer Kollegin.
richtig/falsch

17 Was soll Herr Vogel tun?
- **a** Ein wichtiges Papier unterschreiben.
- **b** Mit seinem Chef sprechen.
- **c** Seine Tochter früher bringen.

Die Prüfungsaufgaben Schritt für Schritt lösen

1 Die Aufgaben lesen und unterstreichen

▶ 9
- Starten Sie Track 9. *Hören Teil 3* beginnt mit der Anweisung und dem Beispiel. Sie wissen schon, was Sie machen müssen, deshalb:
- Lesen Sie in der Zeit die Aufgaben 10 und 11 auf dem Aufgabenblatt (Seite 16, links) und unterstreichen Sie wichtige Wörter.

Sie hören „Nummer 10 und 11", nach 10 Sekunden beginnt das erste Gespräch. Jetzt müssen Sie genau zuhören.

2 Zuhören, lösen und markieren

▶ 10
- Starten Sie Track 10. Wenn das Gespräch beginnt, müssen Sie auf beide Aufgaben gleichzeitig achten: Was hören Sie zu den wichtigen Wörtern in den Aufgaben?
- Entscheiden Sie für Aufgabe 10: Ist die Aussage richtig oder falsch?
- Entscheiden Sie für Aufgabe 11: Passt a, b oder c am besten?

Meistens ist die erste Aufgabe allgemein zu der Situation (Wer spricht mit wem? Wo sind die Personen? Worum geht es?). In der zweiten Aufgabe geht es um ein Detail.

- Markieren Sie Ihre Lösungen für beide Aufgaben.

Auch wenn Sie bei der Lösung nicht sicher sind: Wenn Sie den Signalton und die nächsten Aufgabennummern hören, müssen Sie sich auf die nächsten Aufgaben konzentrieren.

Teil 3

10	☐ richtig		☐ falsch	10
11	☐ a	☐ b	☐ c	11
12	☐ richtig		☐ falsch	12
13	☐ a	☐ b	☐ c	13
14	☐ richtig		☐ falsch	14
15	☐ a	☐ b	☐ c	15
16	☐ richtig		☐ falsch	16
17	☐ a	☐ b	☐ c	17

3 Die nächsten Aufgaben lesen, unterstreichen, zuhören und lösen

▶ 11
- Starten Sie Track 11. Sie haben ca. 10 Sekunden Zeit, um die Aufgaben 12 und 13 auf dem Aufgabenblatt (links) zu lesen. Unterstreichen Sie wichtige Wörter.
- Hören Sie das Gespräch für die Aufgaben 12 und 13 und lösen Sie.
- Sie hören gleich danach die Gespräche für die Aufgaben 14 und 15 sowie 16 und 17.
- Lesen und unterstreichen Sie wichtige Wörter in der Zeit zwischen den Gesprächen. Hören Sie dann das nächste Gespräch und lösen Sie.

Nach dem Gespräch zu den Aufgaben 16 und 17 ist *Hören Teil 3* zu Ende.
In der Prüfung beginnt *Hören Teil 4* nach ca. 10 Sekunden.
Markieren Sie spätestens jetzt alle Lösungen für *Hören Teil 3* auf dem Antwortbogen.

Die Lösungen verstehen

1a Die Lösung zu Aufgabe 10: Was hören Sie zu den wichtigen Wörtern in der Aussage? Unterstreichen Sie im Gespräch.

Sie lesen auf dem Aufgabenblatt:

10 Mesut Kaptan sucht eine Stelle.
richtig/falsch

Sie hören im Gespräch:

Frau: *Hallo.*
Mann: *Hallo. Ich habe am Fenster Ihren Aushang gelesen. Brauchen Sie eine Aushilfe für das Café?*
Frau: *Ah, ja. Wollen Sie sich bewerben?*
Mann: *Ja, sehr gern.*
Frau: *Ich bin Gabriela Sanchez, die Besitzerin.*
Mann: *Freut mich. Ich heiße Mesut Kaptan.*
Frau: *Setzen Sie sich doch, dann unterhalten wir uns kurz.*

1b Ist die Aussage richtig oder falsch? Ergänzen Sie die Erklärung.

Sie hören im Gespräch oft andere Wörter als in der Aussage. Sie müssen verstehen: Bedeuten die Informationen dasselbe? Dann ist die Aussage richtig.

Mesut fragt Gabriela: *Brauchen Sie eine Aushilfe für das Café?* Aushilfe bedeutet: jemand, der im Café arbeitet, also eine Stelle im Café hat.
Gabriela fragt Mesut: *Wollen Sie sich bewerben?* Mesut antwortet: *Ja, sehr gern.*
Die Aussage *Mesut Kaptan sucht eine Stelle* ist also ....

Manchmal können Sie erst am Ende entscheiden, ob die Aussage richtig oder falsch ist. Hören Sie also bis zum Ende des Gesprächs gut zu.

1c Die Lösung zu Aufgabe 11: Was hören Sie zu a, b und c? Verbinden Sie.

Sie lesen auf dem Aufgabenblatt:

11 Mesut Kaptan
- **a** kann nicht kochen.
- **b** muss den Deutschkurs beenden.
- **c** pflegt seine kranke Frau.

Sie hören im Gespräch:

Frau: *Haben Sie denn Erfahrung in der Gastronomie?*
Mann: *Ja, früher hatten meine Frau und ich ein kleines Restaurant. Dann sind wir aber hierhergezogen, weil die Eltern von meiner Frau krank waren.*
Frau: *Verstehe. Können Sie auch kochen?*
Mann: *Ich bin eigentlich Koch von Beruf.*
Frau: *Oh, toll. Wir bieten ja auch kleine Speisen an. Könnten Sie vielleicht auch Vollzeit arbeiten, nicht nur als Aushilfe?*
Mann: *Leider nicht. Ich kann auch abends nicht arbeiten, weil ich noch Deutsch lerne.*
Frau: *Ah, machen Sie einen Abendkurs?*
Mann: *Ja, der Kurs dauert noch zwei Monate. Danach könnte ich auch mehr arbeiten.*
Frau: *Also das hört sich doch schon mal gut an. Ich kann Ihnen ja mal alles zeigen. Also, die Arbeit …*

1d Passt also a, b oder c am besten? Ergänzen Sie die Erklärung.

Zuerst hören Sie: *weil die Eltern von meiner Frau krank waren.*
Sie hören also *krank* und *Frau*.
Aber die Eltern von Mesuts Frau waren krank, nicht seine Frau. .... passt nicht am besten.

Dann hören Sie: *Ich bin eigentlich Koch von Beruf.*
Mesut kann also kochen. .... passt nicht am besten.

Etwas später sagt Mesut: *Ich kann auch abends nicht arbeiten, weil ich noch Deutsch lerne.*
Gabriela fragt: *Machen Sie einen Abendkurs?*
Und Mesut antwortet: *Ja, der Kurs dauert noch zwei Monate.*
Danach könnte ich mehr arbeiten.
Mesut muss also noch den Deutschkurs beenden. .... passt am besten.

2a Die Lösung zu Aufgabe 12: Wer sind die Personen? Lesen Sie den Ausschnitt aus dem Gespräch und verbinden Sie.

Frau: *Dragi?*
Mann: *Frau Dragi? Guten Tag, hier ist Kunz von Elektro Hermann. Wir wollten Ihnen heute ja Ihre Waschmaschine liefern.*
Frau: *Ja, 14 Uhr hatten wir ausgemacht.*
Mann: *Genau. Wir haben gerade nochmal alles überprüft und leider ist der Schlauch …*

1 Herr Kunz	a ist eine Kundin. / ein Kunde.
2 Frau Dragi	b arbeitet im Elektrogeschäft.
3 Herr Kunz	c ruft an.

In *Teil 3* hören Sie Alltagsgespräche, z. B. zwischen Nachbarn, bei der Arbeit, beim Arzt, beim Einkaufen, in der Schule oder im Kindergarten. Für die erste Aufgabe müssen Sie oft verstehen: Wer spricht mit wem? Welche Beziehung haben die Personen?

2b Ist die Aussage richtig oder falsch? Ergänzen Sie die Erklärung.

Sie lesen auf dem Aufgabenblatt:

12 Frau Dragi ist die Chefin von Herrn Kunz.
richtig/falsch

Herr Kunz arbeitet in dem Elektrogeschäft, Frau Dragi ist eine Kundin.
Die Aussage *Frau Dragi ist die Chefin von Herrn Kunz* ist also ....

Oft hören Sie die wichtigen Informationen an verschiedenen Stellen im Gespräch oder Sie müssen die Gesprächssituation insgesamt verstehen.

2c Die Lösung zu Aufgabe 13: Was hören Sie zu a, b und c? Unterstreichen Sie in der Aufgabe.

Sie lesen auf dem Aufgabenblatt:

13 Der Mitarbeiter soll

a die Maschine anschließen.

b ein neues Teil bestellen.

c heute noch liefern.

Sie hören im Gespräch:

Mann: *… Wir wollten Ihnen heute ja Ihre Waschmaschine liefern.*
Frau: *Ja, 14 Uhr hatten wir ausgemacht.*
Mann: *… leider ist der Schlauch zum Anschließen nicht in Ordnung. …*
Wir haben einen Schlauch hier, der ist dann aber nicht original. Ein Originalteil müssten wir bestellen, das dauert dann ein paar Tage.
Frau: *Wissen Sie, original oder nicht ist mir nicht so wichtig. Die Maschine ist gebraucht. Nehmen Sie das Teil, das schon da ist. Hauptsache, Sie liefern die Maschine schnell.*
Mann: *Okay, dann kommen wir nachher wie verabredet.*
Frau: *Sehr schön.*
Mann: *Ach, und hier ist nicht angegeben, ob wir die Maschine auch anschließen sollen.*
Frau: *Das macht mein Sohn, wenn er morgen zu Besuch kommt.*

2d Passt also a, b oder c am besten? Ergänzen Sie die Erklärung.

Hier ist wichtig: *Was soll der Mitarbeiter machen*? Sie müssen also hören: Was will die Kundin und welchen Auftrag gibt sie dem Mitarbeiter?
Sie hören, dass ein Teil defekt ist und der Mitarbeiter sagt: *Ein Originalteil müssten wir bestellen.* Die Kundin sagt: *Nehmen Sie das Teil, das da ist.* .... passt nicht am besten.

Die Kundin sagt auch: *Hauptsache, Sie liefern die Maschine schnell.* Und der Mitarbeiter sagt: *Okay, dann kommen wir nachher wie verabredet.* Hier ist klar: .... passt am besten.

Der Mitarbeiter fragt noch: *ob wir die Maschine auch anschließen sollen.* Aber die Kundin sagt: *Das* (= anschließen) *macht mein Sohn.* .... passt nicht am besten.

3a Die Lösungen zu den Aufgaben 14 und 15: Welche Wörter sind in den Aufgaben wichtig und was hören Sie dazu im Gespräch? Unterstreichen Sie.

Sie lesen auf dem Aufgabenblatt:

14 Ana ärgert sich über die Mieterhöhung.
richtig/falsch

15 Ana will zuerst

a den Vermieter anrufen.

b mit den Nachbarn sprechen.

c mit dem Mieterverein telefonieren.

Sie hören im Gespräch:

Mann: *Hallo Ana!*
Frau: *Hallo Michael. Du, ich hatte heute Post von Herrn Stern. Der will die Miete erhöhen. Fast 100 Euro mehr soll ich bezahlen! Das kann doch nicht wahr sein! …*
Mann: *… Vielleicht sollten wir mal direkt mit dem Vermieter sprechen.*
Frau: *Genau! Es ist besser, wenn alle Mieter zusammen etwas dagegen tun.*
Mann: *Stimmt! Ich könnte auch beim Mieterverein anrufen, ich bin da Mitglied. Die wissen sicher, was man tun kann.*
Frau: *Super. Aber lass mich erst mit den Akins im vierten Stock sprechen und mit Mario und Patrick unten. Dann wissen wir, ob tatsächlich alle mehr bezahlen müssen.*
Mann: *Okay. Mach das. Dann können wir später …*

3b Ist die Aussage richtig oder falsch und passt a, b oder c am besten? Ergänzen Sie die Erklärung.

Aufgabe 14: Sie hören, dass Ana laut und verärgert sagt: *Ich hatte heute Post von Herrn Stern. Der will die Miete erhöhen. Das kann doch nicht wahr sein!*

Die Aussage *Ana ärgert sich über die Mieterhöhung* ist ....

Bei Aufgabe 15 ist wichtig: *Was will Ana zuerst machen?*
Michael schlägt vor: *vielleicht sollten wir mal direkt mit dem Vermieter sprechen … Ich könnte auch beim Mieterverein anrufen.*
Ana sagt dann fast am Ende des Gesprächs: *lass mich erst mit den Akins im vierten Stock sprechen und mit Mario und Patrick unten.*
Ana will also zuerst mit den Nachbarn sprechen. .... passt am besten.

4a Die Lösungen zu den Aufgaben 16 und 17: Welche Wörter sind in den Aufgaben wichtig und was hören Sie dazu im Gespräch? Unterstreichen Sie.

Sie lesen auf dem Aufgabenblatt:	Sie hören im Gespräch:
16 Herr Vogel spricht mit einer Kollegin. *richtig/falsch*	***Sabina:*** *Denken Sie bitte daran, dass Sie noch die Einverständniserklärung unterschreiben müssen. Das ist sehr wichtig …*
17 Was soll Herr Vogel tun? **a** Ein wichtiges Papier unterschreiben.	***Herr Vogel:*** *Ah, dieses Papier. Das habe ich doch gestern schon unterschrieben und abgegeben.* ***Sabina:*** *Moment, ich sehe nach. Ah ja, hier ist es.* …
b Mit seinem Chef sprechen.	***Herr Vogel:*** *Soll ich Maja dann früher abholen? Dann müsste ich mit meinem Chef sprechen, damit ich früher gehen kann.*
c Seine Tochter früher bringen.	***Sabina:*** *Das brauchen Sie nicht. … Aber es ist wichtig, dass Ihre Tochter um 8 Uhr hier ist. Also könnten Sie Maja etwas früher als sonst bringen?* ***Herr Vogel:*** *Ja natürlich, das mache ich. …*

4b Ist die Aussage richtig oder falsch? Passt a, b oder c am besten? Ergänzen Sie die Erklärung.

Aufgabe 16: Sie müssen die Gesprächssituation verstehen. Wer spricht mit wem?
In dem Gespräch geht es um Maja (= die Tochter von Herrn Vogel), einen *Ausflug*, *abholen*. Das Gespräch findet in einem Kindergarten statt. Herr Vogel ist ein Vater, Sabina arbeitet in dem Kindergarten.

Die Aussage *Herr Vogel spricht mit einer Kollegin* ist also ....

Zu Aufgabe 17 müssen Sie hören: Was will Sabina? Welchen Auftrag gibt sie Herrn Vogel?
Sabina sagt: *Denken Sie bitte daran, dass Sie noch die Einverständniserklärung unterschreiben müssen. Das ist sehr wichtig.*
Aber Herr Vogel sagt: *dieses Papier. Das habe ich doch gestern schon unterschrieben und abgegeben.*
Etwas danach fragt Herr Vogel: *Soll ich Maja früher abholen? Dann müsste ich mit meinem Chef sprechen.* Aber Sabina antwortet: *Das brauchen Sie nicht.*
Dann fragt Sabina Herrn Vogel: *Könnten Sie Maja etwas früher als sonst bringen?*
Herr Vogel soll seine Tochter also früher bringen. .... passt am besten.

→ **Auf den Seiten 78–80 können Sie für *Hören Teil 3* üben.**

Die Prüfungsaufgabe kennenlernen

▶ 12 **1a Hören Sie die Anweisung für *Hören Teil 4* und lesen Sie auf dem Aufgabenblatt mit.**

1b Suchen Sie auf dem Aufgabenblatt und ergänzen Sie.

Hören Teil 4 hat .... Aufgaben (Nummer .... bis Nummer ....).
Sie lesen sechs Sätze (......–......) zu einem Thema. Sie hören in einer Umfrage im Radio .... von Personen, die ihre Meinungen zu dem Thema sagen. Zu jeder Aussage passt einer von den Sätzen a–f.

das Aufgabenblatt

Hören 25 Minuten

Teil 4

die Anweisung

Sie hören Aussagen zu einem Thema. Welcher der Sätze a–f passt zu den Aussagen 18–20? Markieren Sie Ihre Lösungen für die Aufgaben 18–20 auf dem Antwortbogen. Lesen Sie jetzt die Sätze a–f. Dazu haben Sie eine Minute Zeit. Danach hören Sie die Aussagen.

▶ 13 **Beispiel**

☐ a ☐ b ☒ c ☐ d ☐ e ☐ f

▶ 14 **18** …

▶ 15 **19** …

20 …

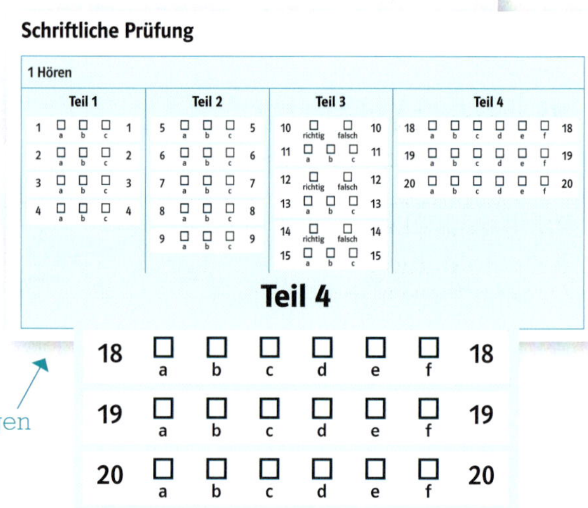
Schriftliche Prüfung

1 Hören

Teil 1 | Teil 2 | Teil 3 | Teil 4

Teil 4

18	☐ a	☐ b	☐ c	☐ d	☐ e	☐ f	18
19	☐ a	☐ b	☐ c	☐ d	☐ e	☐ f	19
20	☐ a	☐ b	☐ c	☐ d	☐ e	☐ f	20

der Antwortbogen

a Das Internet ist viel zu gefährlich für Kinder.

b Es ist nicht gut, wenn Kinder zu viel Zeit im Internet verbringen.

~~**c**~~ Für ältere Kinder ist es normal, das Internet zu nutzen.

d Internet ist nur etwas für ältere Kinder.

e Kinder müssen früh lernen, das Internet zu nutzen.

f Kleinere Kinder sollten nicht allein im Internet sein.

Die Prüfungsaufgaben Schritt für Schritt lösen

1 Die Sätze lesen und unterstreichen

- *Hören Teil 4* beginnt mit der Anweisung. Dann sind 60 Sekunden Lesezeit. Danach hören Sie einen Signalton und die Radiosendung mit der Umfrage beginnt.
Zuerst hören Sie die Moderation, dann das Beispiel.

Der Satz, der zum Beispiel passt, ist schon markiert. Sie können den Satz durchstreichen und müssen ihn nicht lesen.

13
- Starten Sie Track 13. Lesen Sie in der Zeit die Sätze a–f auf dem Aufgabenblatt links und unterstreichen Sie wichtige Wörter. Alle Sätze sind zum gleichen Thema. Achten Sie auf die Unterschiede.

An den Sätzen a–f können Sie schon *das Thema* erkennen.
In *Hören Teil 4* geht es um Themen wie Bildung, Arbeit, Medien, Verkehr.

- Nach dem Beispiel hören Sie einen Signalton und „Nummer 18“. Jetzt müssen Sie genau zuhören. Sie hören alle Aussagen nur einmal.

2 Die Aussage hören, lösen und markieren

14
- Starten Sie Track 14. Sie hören „Nummer 18“, dann beginnt die Aussage zu Aufgabe 18.
- Sehen Sie beim Hören auf die Sätze und die wichtigen Wörter. Welche Sätze könnten passen?

Sie müssen verstehen: Welche Meinung hat die Person zu dem Thema? Und in welchem Satz steht auch diese Meinung?

- Hören Sie die Aussage bis zum Ende. Wählen Sie den Satz aus, der am besten zu der Aussage passt.
- Markieren Sie Ihre Lösung auf dem Aufgabenblatt.

3 Die nächsten Aussagen hören und die Aufgaben lösen

15
- Starten Sie Track 15. Sie hören die Aussage zu Aufgabe 19. Wählen Sie wieder den Satz, der zu der Meinung der Person passt.

Zwischen den Aussagen haben Sie ca. 10 Sekunden Zeit. Streichen Sie den Satz, den Sie gewählt haben, durch. Zu jeder Aussage passt nur ein Satz.

- Gleich danach hören Sie die Aussage zu Aufgabe 20. Ordnen Sie wieder den Satz zu, der am besten passt. Markieren Sie Ihre Lösung.

Nach Aufgabe 20 ist der Teil *Hören* zu Ende. Markieren Sie Ihre Lösungen für *Hören Teil 4* spätestens jetzt auf dem Antwortbogen.
Sie dürfen in der Prüfung noch nicht mit dem Teil ***Lesen*** beginnen. Erst wenn die Aufsichtspersonen sagen: „Jetzt beginnt ***Lesen***.“, dürfen Sie im Aufgabenheft umblättern und die Aufgaben für den Teil ***Lesen*** lesen.

Die Lösungen verstehen

1 **Die Sätze verstehen: Lesen Sie noch einmal die Sätze. Achten Sie auf das Thema und die Unterschiede. Ergänzen Sie.**

Sie lesen auf dem Aufgabenblatt:

a Das Internet ist viel zu gefährlich für Kinder.
b Es ist nicht gut, wenn Kinder zu viel Zeit im Internet verbringen.
c ~~Für ältere Kinder ist es normal, das Internet zu nutzen.~~
d Internet ist nur etwas für ältere Kinder.
e Kinder müssen früh lernen, das Internet zu nutzen.
f Kleinere Kinder sollten nicht allein im Internet sein.

Das Thema in dieser Umfrage ist:

....

und

....

Die Sätze fassen je eine Meinung zusammen. In der Aussage hören Sie die Meinung dann oft in anderen Worten.

2a **Die Lösung zu Aufgabe 18: Welche Sätzen könnten passen? Ordnen Sie zu.**

Diese Sätze könnten passen:

b Es ist nicht gut, wenn Kinder zu viel Zeit im Internet verbringen.

e Kinder müssen früh lernen, das Internet zu nutzen.

f Kleinere Kinder sollten nicht allein im Internet sein.

Sie hören in der Aussage:

Ich habe einen kleinen Sohn, er geht in die erste Klasse. In der Schule benutzen die Kinder manchmal den Computer und gehen ins Internet. Aber immer mit den Lehrern zusammen. Ich finde es ganz schlecht, wenn schon Kindergartenkinder ganz allein irgendwelche Videos oder Seiten im Internet ansehen, nur damit die Eltern ihre Ruhe haben. Wer weiß, was die dann alles machen. Bei uns darf mein Sohn nur mit uns ins Netz. Ab und zu sieht er sich mit meinem Mann eine Kindersendung auf dem Tablet an. So dreimal in der Woche. Das reicht doch in dem Alter.

2b **Nur ein Satz passt am besten: welcher? Ergänzen Sie die Erklärung.**

An einer Stelle sagt die Frau ganz deutlich ihre Meinung: … *immer mit den Lehrern zusammen. Ich finde es ganz schlecht, wenn schon Kindergartenkinder ganz allein irgendwelche Videos oder Seiten im Internet ansehen.* Dazu passt am besten Satz ....

Sie hören *ab und zu, dreimal die Woche* – aber das ist nicht *zu viel Zeit*. Die Frau sagt nur, wie oft ihr kleiner Sohn im Internet ist. Satz .... passt nicht am besten.

Sie hören, dass der *kleine Sohn* in die *erste Klasse* geht und manchmal das Internet benutzt. Der Sohn nutzt das Internet also früh – aber die Frau sagt nicht deutlich, dass Kinder allgemein früh lernen müssen, das Internet zu nutzen. Deshalb passt Satz .... nicht am besten.

Manchmal erkennen Sie die Meinung der Person an Ausdrücken wie: Ich finde das gut / schlecht / … / Das finde ich … / Meiner Meinung nach … / Ich denke, dass … / Das ist wirklich / total / echt …

3a **Die Lösung zu Aufgabe 19: Welche Sätze könnten passen? Ergänzen Sie.**

Sie hören in der Aussage:

… Da sitzen auch immer viele Kinder, die sich Videos ansehen oder mit Freunden schreiben. Klar, das Internet ist auch nützlich für Kinder und sie lernen damit. → Satz .... könnte passen.

Aber den ganzen Tag lang? Wenn ich Kinder hätte, würde ich das nicht erlauben. Maximal eine Stunde Internet am Tag, das wäre meine Regel. → Satz .... könnte passen.

Und dann mehr bewegen und Freunde „in echt" treffen! …

3b **Welcher Satz passt am besten? Ergänzen Sie die Erklärung.**

Zu Satz .... hören Sie nur: *das Internet ist auch nützlich für die Kinder und sie lernen damit.* Aber der Mann sagt nicht, dass die Kinder früh lernen müssen, das Internet zu nutzen. Seine Meinung sagt er hier: *Aber den ganzen Tag lang? Wenn ich Kinder hätte, würde ich das nicht erlauben. Maximal eine Stunde Internet am Tag, das wäre meine Regel.*
Der Mann findet es also *nicht gut, wenn Kinder zu viel Zeit im Internet verbringen.*

Dazu passt am besten Satz ....

Wenn Sie bei einer Aussage nicht sicher sind und zwei Sätze möglich sind: Notieren Sie sich beide Buchstaben neben der Aufgabennummer und hören Sie weiter. Vielleicht passt einer der Sätze besser zu der nächsten Aussage.

4a **Die Lösung zu Aufgabe 20: Wie sagt die Person ihre Meinung? Unterstreichen Sie.**

Sie hören in der Aussage:

Meine Tochter ist jetzt 11 und sie hat weder ein Smartphone noch einen eigenen Computer. Aber manchmal benutzt sie unsere Geräte, um ins Internet zu gehen. In der Schule lernt sie auch, wie man mit dem Internet arbeitet, was gefährlich ist und was man wie machen sollte: Informationen suchen, soziale Medien benutzen und so weiter. So finde ich das gut. Man muss von Anfang an zeigen, wie man das richtig und sicher macht. Nur so lernen Kinder das. Eltern können ja nicht zu jeder Zeit alles kontrollieren oder verbieten. Wahrscheinlich werden wir unserer Tochter bald ein eigenes Smartphone oder Tablet kaufen.

4b **Welcher Satz passt also am besten? Ergänzen Sie die Erklärung.**

Die Frau sagt über ihre Tochter: *In der Schule lernt sie auch, wie man mit dem Internet arbeitet, was gefährlich ist und was man wie machen sollte: Informationen suchen, soziale Medien benutzen* (= das Internet nutzen) … *So finde ich das gut.*
Sie sagt auch noch: *Man muss von Anfang an zeigen* (= früh lernen), *wie man das richtig und sicher macht. Nur so lernen Kinder das.*
Die Frau denkt also: *Kinder müssen früh lernen, das Internet zu nutzen.*

Dazu passt am besten Satz ....

→ **Auf den Seiten 81–84 können Sie für *Hören Teil 4* üben.**

Die Prüfungsaufgabe kennenlernen

Suchen Sie auf den Aufgabenblättern und ergänzen Sie.

Lesen Teil 1 hat ...zwei... Aufgabenblätter. Auf der linken Seite sind die Aufgaben und auf der rechten Seite ist eine Übersicht (z.B. ein Wegweiser in einem Amt oder Kaufhaus, ein Verzeichnis in einem Online-Shop, Veranstaltungstipps oder ein Fernsehprogramm).
Es gibt ein Beispiel und .... Aufgaben (Nummer .... bis Nummer ....).
Jede Aufgabe hat drei mögliche Lösungen (a, ... oder ....). Nur eine Lösung passt.

das Aufgabenblatt

Lesen 45 Minuten

Teil 1

die Anweisung

Sie sind im Bürgeramt in Ihrer Stadt und suchen Informationen. Lesen Sie die Aufgaben 21–25 und den Wegweiser. In welches Stockwerk (a, b oder c) gehen Sie? Markieren Sie Ihre Lösungen für die Aufgaben 21–25 auf dem Antwortbogen.

Beispiel

Sie möchten Strom sparen und suchen Informationen.
- **a** EG
- **b** 1. OG
- **c** anderes Stockwerk

☐ a ☐ b ☒ c

21 Sie haben Durst.
- **a** UG
- **b** 1. OG
- **c** anderes Stockwerk

die Kategorie

22 Sie brauchen eine neue Biomülltonne.
- **a** EG
- **b** 5. OG
- **c** anderes Stockwerk

23 Eine Bekannte kann ihre 90-jährige Mutter nicht mehr pflegen.
- **a** 3. OG
- **b** 4. OG
- **c** anderes Stockwerk

24 Ein Bekannter soll für seine Wohnung 100 Euro mehr im Monat bezahlen.
- **a** 4. OG
- **b** 5. OG
- **c** anderes Stockwerk

25 Sie wollen den Parkausweis für Ihr Auto abholen.
- **a** 1. OG
- **b** 2. OG
- **c** anderes Stockwerk

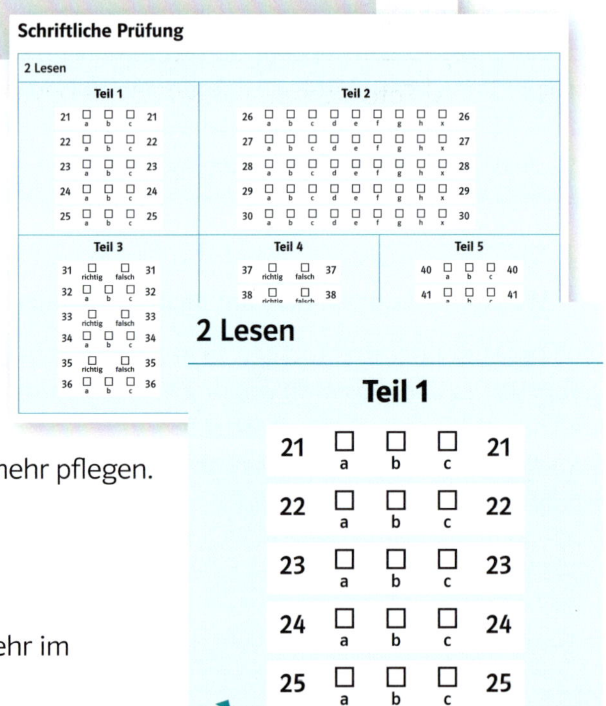
Schriftliche Prüfung
2 Lesen
Teil 1 | Teil 2 | Teil 3 | Teil 4 | Teil 5

2 Lesen

Teil 1

21	☐ a	☐ b	☐ c	21
22	☐ a	☐ b	☐ c	22
23	☐ a	☐ b	☐ c	23
24	☐ a	☐ b	☐ c	24
25	☐ a	☐ b	☐ c	25

der Antwortbogen

die Übersicht

Bürgeramt Munterstadt – Wegweiser

Stockwerk	Wo finden Sie was?
5. OG	Bürgerbeteiligung – Quartiersmanagement – Wohngeldstelle – städtische Wohnbaugesellschaften – Mieterberatung
4. OG	Kinder und Jugendliche (Kitas, Kindergärten, Horte; Jugendheime) – Frauen (Gleichstellungsstelle) – Senior*innen (Seniorenheime, Tagespflege, häusliche Pflege) – Geflüchtete – Menschen mit Migrationshintergrund – Antidiskriminierungsstelle
3. OG	Ausweise – Reisepässe – Meldestelle – Eheschließungen, Geburten, Sterbefälle – Kfz-Stelle (Zulassung von Fahrzeugen, Fahrerlaubnisse) – Steuern und Abgaben
2. OG	Grünflächen – Kinderspielplätze – Amt für Abfallwirtschaft (Entsorgung von Haushaltsabfall, Sperrmüll, Sondermüll, Recyclinghöfe) -Stadtentwicklung und Verkehrsplanung – Energieberatung – Umweltamt
1. OG	Bauamt – Wasser-, Gas- und Stromversorgung – Parkgenehmigungen – Gewerbeamt (Betriebsgenehmigungen für Industrie, Handel und Gaststätten)
EG	Information – Gesundheitsamt (Beratung für Schwangere, Stillende, Eltern von Säuglingen und Kleinkindern und Personen mit körperlichen Beeinträchtigungen, Impfungen, Schulreifetests, amtsärztliche Bescheinigungen)
UG	Fotoautomat – Garderobe – Schließfächer – Getränkeautomat – Fundbüro – WC – Wickelraum

Die Prüfungsaufgaben Schritt für Schritt lösen

In der Prüfung müssen Sie alle fünf Teile *Lesen* in 45 Minuten lösen. Das sind für jeden Teil ungefähr 5 bis 10 Minuten. Sie können mit Teil 1 anfangen und mit Teil 5 aufhören – oder die Teile in einer anderen Reihenfolge lösen. Beginnen Sie in der Prüfung mit dem Teil, der für Sie am einfachsten ist.

1 Die Aufgabe lesen und unterstreichen

In *Lesen Teil 1* gibt es ein Beispiel. Sie kennen den Prüfungsteil und wissen, was Sie machen müssen? Dann lesen Sie das Beispiel nicht. So sparen Sie Zeit.

- Lesen Sie Aufgabe 21 auf dem Aufgabenblatt (Seite 26) und unterstreichen Sie wichtige Wörter. Hier ist wichtig: Was braucht oder möchte die Person? Was ist das „Problem"?
  Neben a und b lesen Sie Kategorien (hier sind das Stockwerke in einem Bürgeramt, es können aber auch z.B. Namen oder Kurse bei einer Krankenkasse, Fernsehsender in einem Fernsehprogramm oder Abteilungen in einem Kaufhaus sein).

2 In der Übersicht lesen und lösen

- Lesen Sie jetzt in der Übersicht auf dem Aufgabenblatt (Seite 27) zuerst in der Kategorie, die neben a steht.
  Finden Sie hier Informationen, ähnliche oder gleiche Wörter, die zu der Aufgabe und der Person passen?
- Wenn Sie in der Kategorie a nichts finden, lesen Sie in der Kategorie b.
- Sie lesen manchmal in beiden Kategorien Wörter, die zu der Aufgabe und Person passen könnten. Aber: Nur eine Kategorie ist die Lösung.
- Entscheiden Sie: Welche Kategorie passt am besten zu Aufgabe 21: a, b oder c?

3 Die Lösung markieren

- Markieren Sie Ihre Lösung - zuerst auf dem Aufgabenblatt.

In der Prüfung dürfen Sie nur mit Kugelschreiber schreiben. Sie können auf dem Antwortbogen korrigieren – aber es ist einfacher, wenn Sie zuerst auf dem Aufgabenblatt markieren und Ihre Lösung dann gleich richtig auf den Antwortbogen schreiben.

4 Die nächsten Aufgaben lesen, in der Übersicht lesen und lösen

- Lesen Sie Aufgabe 22 auf dem Aufgabenblatt links (Seite 26). Unterstreichen Sie wichtige Wörter.
- Lesen Sie dann in der Übersicht in den Kategorien, die bei a und b stehen.

Wenn Sie in den Kategorien a und b keine passenden Wörter finden, dann ist c „andere Kategorie" (hier: „anderes Stockwerk") die Lösung. Sie müssen aber nicht überprüfen, welche Kategorie das ist.

- Gehen Sie für die Aufgaben 23, 24 und 25 auch so vor.
- Markieren Sie Ihre Lösungen für alle Aufgaben von *Lesen Teil 1* auf dem Antwortbogen (Seite 26), bevor Sie mit dem nächsten Teil weitermachen.

Denken Sie daran: In den insgesamt 45 Minuten für ***Lesen*** müssen Sie auch alle Lösungen auf dem Antwortbogen markieren.

Die Lösungen verstehen

1a **Die Lösung zu Aufgabe 21: Was lesen Sie zu den wichtigen Wörtern in der Aufgabe? Unterstreichen Sie in der Übersicht.**

Sie lesen in der Aufgabe:

21 Sie haben Durst.
- **a** UG
- **b** 1. OG
- **c** anderes Stockwerk

Sie lesen in der Übersicht:

1. OG	Bauamt – Wasser-, Gas- und Stromversorgung – Parkgenehmigungen – Gewerbeamt (Betriebsgenehmigungen für Industrie, Handel und Gaststätten)
UG	Fotoautomat – Garderobe – Schließfächer – Getränkeautomat – Fundbüro – WC – Wickelraum

1b **Welche Lösung passt also am besten: a, b oder c? Ergänzen Sie die Erklärung.**

Das wichtige Wort in der Aufgabe ist: *Sie haben Durst.* – das heißt: Sie wollen etwas trinken. In den Kategorien müssen Sie Wörter finden, die dazu passen.
Suchen Sie zuerst bei ***a*** *UG*. Sie lesen: *Getränkeautomat*. Im UG gibt es also Getränke, hier können Sie etwas trinken. Die Lösung ist klar: ......
Wenn Sie unsicher sind, lesen Sie schnell noch, was bei ***b*** *1. OG* steht. Sie lesen: *Betriebsgenehmigungen … Handel und Gaststätten*. In Gaststätten kann man etwas trinken, aber hier ist keine Gaststätte, man bekommt nur *Genehmigungen für Gaststätten* – .... passt nicht.

Wenn Sie die Lösung gleich in a finden, machen Sie schnell weiter mit der nächsten Aufgabe. Das spart Zeit.

2a **Die Lösung zu Aufgabe 22: Was lesen Sie zu den wichtigen Wörtern in der Aufgabe? Unterstreichen Sie in der Übersicht.**

Sie lesen in der Aufgabe:

22 Sie brauchen eine neue Biomülltonne.
- **a** EG
- **b** 5. OG
- **c** anderes Stockwerk

Sie lesen in der Übersicht:

5. OG	Bürgerbeteiligung – Quartiersmanagement – Wohngeldstelle – städtische Wohnbaugesellschaften – Mieterberatung
EG	Information – Gesundheitsamt (Beratung für Schwangere, Stillende, Eltern von Säuglingen und Kleinkindern und Personen mit körperlichen Beeinträchtigungen, Impfungen, Schulreifetests, amtsärztliche Bescheinigungen)

2b **Welche Lösung passt also am besten: a, b oder c? Ergänzen Sie die Erklärung.**

Bei ***a*** *EG* lesen Sie keine Wörter, die zu *Biomülltonne*, Müll oder Abfall passen.
Bei ***b*** *5. OG* finden Sie auch keine passenden Wörter.
...... und ...... passen also beide nicht. Deshalb ist ...... *anderes Stockwerk* die Lösung.

Wenn Sie in den Kategorien a und b keine passenden Wörter finden, markieren Sie c als Lösung. Sie müssen nicht überprüfen, in welcher Kategorie die Information steht.

3a Die Lösung zu Aufgabe 23: Was lesen Sie zu den wichtigen Wörtern in der Aufgabe? Unterstreichen Sie in der Übersicht.

Sie lesen in der Aufgabe:

23 Eine Bekannte kann ihre 90-jährige Mutter nicht mehr pflegen.
- **a** 3. OG
- **b** 4. OG
- **c** anderes Stockwerk

Sie lesen in der Übersicht:

4. OG	Kinder und Jugendliche (Kitas, Kindergärten, Horte; Jugendheime) – Frauen (Gleichstellungsstelle) – Senior*innen (Seniorenheime, Tagespflege, häusliche Pflege) – Geflüchtete – Menschen mit Migrationshintergrund – Antidiskriminierungsstelle
3. OG	Ausweise – Reisepässe – Meldestelle – Eheschließungen, Geburten, Sterbefälle – Kfz-Stelle (Zulassung von Fahrzeugen, Fahrerlaubnisse) – Steuern und Abgaben

3b Welche Lösung passt also am besten: a, b oder c? Ergänzen Sie die Erklärung.

Die *90-jährige Mutter* ist alt, also eine Seniorin, die Bekannte *kann sie nicht mehr pflegen.*
Suchen Sie in den Kategorien Wörter, die zu Seniorin und Pflege, pflegen passen.
Bei **a** 3. OG lesen Sie: *Sterbefälle.* Aber die Mutter ist alt, nicht gestorben. ...... passt nicht.
Bei **b** 4. OG lesen Sie: *Senior*innen (Seniorenheime, Tagespflege, häusliche Pflege.*
Hier findet die Bekannte Hilfe. ...... passt.

4a Die Lösung zu Aufgabe 24: Was lesen Sie zu den wichtigen Wörtern in der Aufgabe? Unterstreichen Sie in der Übersicht.

Sie lesen in der Aufgabe:

24 Ein Bekannter soll für seine Wohnung 100 Euro mehr im Monat bezahlen.
- **a** 4. OG
- **b** 5. OG
- **c** anderes Stockwerk

Sie lesen in der Übersicht:

5. OG	Bürgerbeteiligung – Quartiersmanagement – Wohngeldstelle – städtische Wohnbaugesellschaften – Mieterberatung
4. OG	Kinder und Jugendliche (Kitas, Kindergärten, Horte; Jugendheime) – Frauen (Gleichstellungsstelle) – Senior*innen (Seniorenheime, Tagespflege, häusliche Pflege) – Geflüchtete – Menschen mit Migrationshintergrund – Antidiskriminierungsstelle

4b Welche Lösung passt also am besten: a, b der c? Ergänzen Sie die Erklärung.

Wichtig ist in der Aufgabe: *für seine Wohnung 100 Euro mehr im Monat bezahlen*.
Die Person hat also ein Problem mit der Miete. Sie müssen in der Übersicht passende Wörter wie *Wohnung*, *wohnen*, *Miete* suchen.
Bei **a** 4. OG lesen Sie *Jugendheime* und *Seniorenheime*. In Heimen wohnen auch Menschen, aber oft nicht in Wohnungen und sie zahlen auch keine Miete. ...... passt nicht.
Bei **b** 5. OG lesen Sie: *Wohngeldstelle* und *Mieterberatung*. Hier findet die Person Hilfe bei Problemen mit der Miete oder der Wohnung. ...... passt.

5a Die Lösung zu Aufgabe 25: Was lesen Sie zu den wichtigen Wörtern in der Aufgabe? Unterstreichen Sie in der Übersicht.

Sie lesen in der Aufgabe:

25 Sie wollen den Parkausweis für Ihr Auto abholen.
- **a** 1. OG
- **b** 2. OG
- **c** anderes Stockwerk

Sie lesen in der Übersicht:

2. OG	Grünflächen – Kinderspielplätze – Amt für Abfallwirtschaft (Entsorgung von Haushaltsabfall, Sperrmüll, Sondermüll, Recyclinghöfe) –Stadtentwicklung und Verkehrsplanung – Energieberatung – Umweltamt
1. OG	Bauamt – Wasser-, Gas- und Stromversorgung – Parkgenehmigungen – Gewerbeamt (Betriebsgenehmigungen für Industrie, Handel und Gaststätten)

5b Welche Lösung passt also am besten: a, b oder c? Ergänzen Sie die Erklärung.

Wichtig ist hier: In welchem Stockwerk können Sie *den Parkausweis für Ihr Auto abholen*?
Bei **a** 1. OG lesen Sie: *Parkgenehmigungen*, das passt zu *Parkausweis* in der Aufgabe.
...... ist die Lösung.
Wenn Sie sich trotzdem nicht ganz sicher sind, überprüfen Sie: Steht bei **b** 2. OG vielleicht noch etwas, das besser passt?
Bei **b** 2. OG lesen Sie: *Verkehrsplanung*. Das hat auch mit Autos und parken zu tun, bedeutet aber nicht dasselbe wie Parkgenehmigung. ...... passt nicht.
Sie sind immer noch unsicher? Gibt es in einem anderen Stockwerk noch etwas, das besser passt?
Im 3. OG lesen Sie: *Kfz-Stelle (Zulassung von Fahrzeugen, Fahrerlaubnisse)*. *Kfz* und *Fahrzeug* passen zu *Auto* in der Aufgabe – aber im 3. OG werden nur Fahrzeuge zugelassen oder man kann einen Führerschein (= Fahrerlaubnis) bekommen, keinen Parkausweis. ...... passt nicht.
...... bleibt die Lösung.

Wenn für Sie die Lösung klar ist, überprüfen Sie nicht auch noch alle anderen Kategorien. Das spart Zeit.

→ **Auf den Seiten 85–88 können Sie für *Lesen Teil 1* üben.**

Die Prüfungsaufgabe kennenlernen

Suchen Sie auf den Aufgabenblättern und ergänzen Sie.

Lesen Teil 2 hat ...zwei... Aufgabenblätter. Auf der linken Seite lesen Sie fünf Situationen (Nummer ...... bis Nummer ......), und auf der rechten Seite sind acht Anzeigen (...... – ......).
In den Situationen suchen oder brauchen Personen etwas. Die Anzeigen sind Kleinanzeigen, wie man sie im Internet, in Zeitungen oder auf Schildern findet.
Zu einer Situation passt keine Anzeige. Für diese Aufgabe ist die Lösung ....

das Aufgabenblatt

Lesen 45 Minuten

die Anweisung

Teil 2

Lesen Sie die Situationen 26–30 und die Anzeigen a–h. Finden Sie für jede Situation die passende Anzeige. Markieren Sie Ihre Lösungen für die Aufgaben 26–30 auf dem Antwortbogen. Für eine Aufgabe gibt es keine Lösung. Markieren Sie in diesem Fall ein x.

26 Sie möchten arabisch kochen und brauchen noch Lebensmittel.

27 Ihre Bekannte ist neu in Deutschland. Sie sucht für sich und ihre Familie eine kleine Wohnung

28 Frau Kaminska arbeitet in einem Lebensmittelgeschäft und braucht jemanden, der ihr bei der Steuererklärung hilft.

29 Herr Bauer hat abends Zeit und interessiert sich für Sprachen.

30 Feras Alkadi sucht einen Raum für seinen Blumenladen.

der Antwortbogen

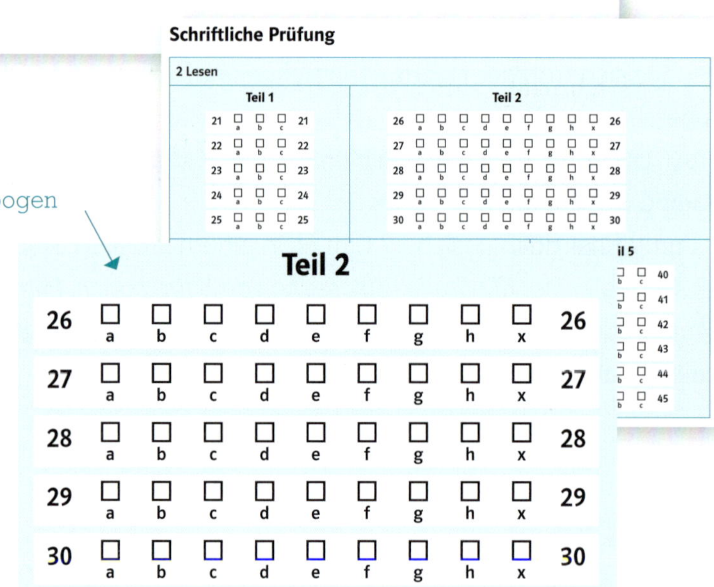

a

Zusammen arabisch kochen und sprechen:

„Sadiq“ heißt **„Freund“**, **„tajiib“** heißt „gut“.

Kochen Sie mit Migranten aus arabischen Ländern – und lernen Sie dabei ein paar Wörter Arabisch.
Das Projekt „Sadiq“ bringt Sie zusammen: Jeden ersten Montag ab 18:30 Uhr im Nachbarschaftsheim am Alten Bahnhof.
Unkosten: zwischen 5 und 10 Euro pro Abend für die Lebensmittel.

b

Nachmieter gesucht!
Wir geben unser Gemüsegeschäft auf und suchen einen Nachmieter für

- 80 qm
- Parkplätze im Hof
- 1700 € Miete + NK
- zentrale Lage

Übernahme von Ladeneinrichtung wie Regale, Kühlschränke und Kasse möglich.
Tel: 0174 123 578, nach 20 Uhr

c

Immobilien Neubert
Ihr Spezialist für Häuser, Praxis- und Büroräume!

Wir suchen
eine/einen Verkaufsberater/in

- Teilzeit 15 Stunden
- besonders für Termine abends und am Wochenende
- gerne mit Sprachkenntnissen in Ukrainisch, Russisch, Arabisch
- eigener PKW von Vorteil

Wir bieten faires Gehalt und ein nettes Team. Bewerbungen bitte an jobs@immobilienneubert.com

d

Neu in Deutschland und viele Fragen? Integrationslotsen bieten Ihnen:

- Begleitung bei Behördengängen
- Informationen zur Schul- und Berufsausbildung Ihrer Kinder
- Hilfe bei Fragen zur Anerkennung Ihrer Berufs- oder Studienabschlüsse
- Unterstützung rund um Steuern und Versicherungen

Sprechstunden Montag 10–12 Uhr und Donnerstag 16–19 Uhr.
Am Stadtpark 10, 4. OG links.

Für Sie entstehen keine Kosten.

e

Supermarkt Syria am Heimplatz

Bei uns bekommen Sie alles für die arabische Küche:

- Gewürze, Kräuter
- Obst und Gemüse
- Milchprodukte
- Fleisch, halal, frisch immer dienstags und freitags

Unser Lieferservice bringt die Waren auch zu Ihnen nach Hause. Gern nehmen wir Ihre Bestellung entgegen unter Telefon: 0145 673 46 73.

f

Vorträge im Familienbildungswerk
*Experten und Expertinnen sprechen zu interessanten Themen aus **Politik, Finanzen, Bildung**, anschließend Diskussion*

– immer sonntags von 10–13 Uhr
im Bürgerhaus am Johannisplatz –

***14.7.:** Raina Masoud: „Sie heißen Yilmaz? Tut mir leid, die Wohnung ist schon weg!“ Warum Migranten es auf dem Wohnungsmarkt schwer haben.*
***21.7.:** Wenn Kinder viele Sprachen sprechen – Ein Problem für die Schule?*

g

EbB e.V. – Erfolgreich bei Behörden!
Wir sind ein gemeinnütziger Verein mit dem Ziel, alle Bürgerinnen und Bürger unabhängig von der Herkunft und dem Alter bei Behördengängen zu unterstützen.

Sie sprechen sehr gut Türkisch, Arabisch oder andere Fremdsprachen?

Dann suchen wir Sie als ehrenamtliche/n Unterstützer/in.

Kontaktieren Sie uns unter: ebb.de

h

Internationales Frühstück mit netten Leuten

Das Interkulturelle Café lädt jeden zweiten Samstag im Monat ab 11 Uhr in die Kantstraße 24, 3. Stock ein:
Leute treffen, reden, Spezialitäten aus anderen Ländern probieren …
Bringen Sie bitte ungefähr so viel Essen mit, wie Sie selbst brauchen. Wasser, Kaffee, Saft gibt es von uns kostenlos.
Eine Anmeldung ist nicht nötig.

Die Prüfungsaufgaben Schritt für Schritt lösen

1 Zuerst die Situationen lesen und wichtige Wörter unterstreichen

- Lesen Sie zuerst die Situationen auf dem Aufgabenblatt (Seite 32). Unterstreichen Sie wichtige Wörter: Was genau sucht oder braucht die Person? Achten Sie besonders auf Details, z.B.: Wann hat die Person Zeit? Wofür oder für wen braucht die Person das? Wie ist die Person? Wo sucht sie etwas?

Sie können auch zuerst nur eine Situation lesen, dann die passende Anzeige suchen und danach erst die nächste Situation lesen. Probieren Sie aus, was Sie besser finden.

2 Die Anzeigen überfliegen und die Anzeigen finden, die vielleicht passen

- Lesen Sie noch einmal Aufgabe 26 und merken Sie sich die wichtigen Wörter.
- Lesen Sie dann schnell die Überschriften von den Anzeigen. In welcher Anzeige lesen Sie ähnliche Wörter oder Wörter mit einer ähnlichen Bedeutung wie in der Situation?
- Manchmal müssen Sie auch etwas mehr von der Anzeige lesen.

Meistens finden Sie mehrere Anzeigen, die vielleicht zu der Situation passen. Wenn dieselben Wörter in einer Anzeige sind, ist diese Anzeige aber nicht sicher die Lösung. Versuchen Sie zu verstehen: Was für eine Anzeige ist das? Und was bietet man in dieser Anzeige an oder was sucht man? Passt das zu der Situation?

3 Genau lesen und entscheiden: Welche Anzeige passt wirklich zur Situation?

- Lesen Sie die Anzeigen, die vielleicht passen, jetzt genauer.
- Vergleichen Sie alle wichtigen Informationen in der Situation mit den Informationen in den Anzeigen.

Sie müssen nicht jedes Wort in den Anzeigen verstehen. Konzentrieren Sie sich auf die Details in der Situation.

- Wenn ein Detail in der Situation in der Anzeige anders ist (z.B. die Zeit), dann passt die Anzeige nicht zur Situation.
- Wenn alle Details in der Situation und in der Anzeige gleich sind, dann passt diese Anzeige. Der Buchstabe von der Anzeige ist die Lösung für die Aufgabe.

4 Die Lösung markieren

- Markieren Sie die Lösung zuerst auf dem Aufgabenblatt.

Schreiben Sie die Aufgabennummer an die Anzeige und den Buchstaben der Anzeige neben die Aufgabe. So sehen Sie schnell: Welche Anzeige kann noch die Lösung für eine andere Aufgabe sein? Und: Für welche Aufgabe haben Sie noch keine Lösung?

- Achtung: Es gibt immer eine Aufgabe, zu der KEINE Anzeige passt. Für diese Aufgabe müssen Sie ***x*** als Lösung auf dem Antwortbogen markieren.

5 Die nächsten Aufgaben lesen und lösen

- Gehen Sie für die Aufgaben 27 bis 30 auch so vor: Lesen Sie die Situation noch einmal (oder zum ersten Mal). Suchen Sie mit den wichtigen Wörtern im Kopf passende Anzeigen. Lesen und vergleichen Sie die Informationen. Entscheiden Sie: Passt die Anzeige zu der Situation?
- Markieren Sie Ihre Lösungen für *Lesen Teil 2* auf dem Antwortbogen (S. 32).

Die Lösungen verstehen

1 **Die Lösung zu Aufgabe 26: Welche Anzeige passt? Ergänzen Sie: a, b, e.**

Sie lesen in der Situation:

26 Sie möchten arabisch kochen und brauchen noch Lebensmittel.

Sie lesen in den Anzeigen:

a

Zusammen arabisch kochen und sprechen:

„Sadiq" heißt **„Freund"**, „tajiib" heißt „gut".

Kochen Sie mit Migranten aus arabischen Ländern – und lernen Sie dabei ein paar Wörter Arabisch.
Das Projekt „Sadiq" bringt Sie zusammen: Jeden ersten Montag ab 18:30 Uhr im Nachbarschaftsheim am Alten Bahnhof.
Unkosten: zwischen 5 und 10 Euro pro Abend für die Lebensmittel.

b

Nachmieter gesucht!
Wir geben unser Gemüsegeschäft auf und suchen Nachmieter für

- 80 qm
- Parkplätze im Hof
- 1700 € Miete + NK
- zentrale Lage

Übernahme von Ladeneinrichtung wie Regale, Kühlschränke und Kasse möglich.
Tel: 0174 123 578, nach 20 Uhr

e

Supermarkt Syria am Heimplatz

Bei uns bekommen Sie alles für die arabische Küche:

- Gewürze, Kräuter
- Obst und Gemüse
- Milchprodukte
- Fleisch, halal, frisch immer dienstags und freitags

Unser Lieferservice bringt die Waren auch zu Ihnen nach Hause. Gern nehmen wir Ihre Bestellung entgegen unter Telefon: 0145 673 46 73

In Anzeige ...a... lesen Sie in der Überschrift: *arabisch kochen*. Im Text lesen Sie: *Kochen Sie mit Migranten aus arabischen Ländern*. ABER: In der Anzeige geht es um ein Koch-Projekt. Man kann keine Lebensmittel kaufen. Anzeige ...... passt nicht.

In Anzeige ...... lesen Sie: Gemüsegeschäft – hier könnte man Lebensmittel kaufen. ABER: Das ist eine Immobilien-Anzeige, jemand sucht einen Nachmieter für das Geschäft. Anzeige ...... passt nicht.

Anzeige ...... ist von einem Supermarkt. Hier gibt es *alles für die arabische Küche*: *Gewürze, Kräuter, Obst und Gemüse, Milchprodukte, Fleisch* – das sind Lebensmittel. Anzeige ...... passt.

Manchmal lesen Sie in der Situation und in der Anzeige dieselben Wörter, z. B. *arabisch kochen*. Aber die Anzeige passt trotzdem nicht, weil es in der Anzeige doch um etwas anderes geht.

2 Die Lösung zu Aufgabe 27: Warum passt keine Anzeige? Ergänzen Sie: b, c, d, x.

Sie lesen in der Situation:

27 Ihre Bekannte ist neu in Deutschland. Sie sucht für sich und ihre Familie eine kleine Wohnung.

Sie lesen in den Anzeigen:

c
Immobilien Neubert
Ihr Spezialist für Häuser, Praxis- und Büroräume!
Wir suchen
eine/einen Verkaufsberater/in

b
Nachmieter gesucht!
Wir geben unser Gemüsegeschäft auf und suchen Nachmieter für
- 80 qm
- 1700 € Miete + NK
- zentrale Lage

d
Neu in Deutschland und viele Fragen?

In der Situation sucht eine Frau eine *kleine Wohnung*. Dazu passt eine Wohnungs- oder Immobilien-Anzeige.

In Anzeige ...... lesen Sie in der Überschrift *Nachmieter gesucht*. Im Text lesen Sie Wörter, die zu einer Wohnungsanzeige passen: *80* qm, *1700 € Miete + NK*. ABER: Hier wird ein *Nachmieter* für ein Gemüsegeschäft gesucht, nicht für eine *Wohnung*. Anzeige .... passt nicht.

Anzeige ...... ist von *Immobilien Neubert*. ABER: Sie lesen in der Anzeige: *Wir* suchen *eine/einen Verkaufsberater/in*. Das ist also eine Stellenanzeige von einer Immobilienfirma, kein Angebot für eine Wohnung. Anzeige .... passt nicht.

In Anzeige ...... lesen Sie in der Überschrift dieselben Wörter wie in der Situation: *Neu in Deutschland*. ABER: In der Anzeige geht es nicht um Wohnungen, es geht um Hilfsangebote für Migranten. Anzeige .... passt nicht.

Auch in allen anderen Anzeigen finden Sie kein Angebot für eine Wohnung.

Für diese Situation gibt es keine Anzeige. Sie müssen ...... als Lösung markieren.

3 Die Lösung zu Aufgabe 28: Welche Anzeige passt? Ergänzen Sie: g, d, f.

Sie lesen in der Situation:

28 Frau Kaminska arbeitet in einem Lebensmittelgeschäft und braucht jemanden, der ihr bei der Steuererklärung hilft.

Sie lesen in den Anzeigen:

g
EbB e.V. – Erfolgreich bei Behörden!
Wir sind ein gemeinnütziger Verein mit dem Ziel, alle Bürgerinnen und Bürger unabhängig von der Herkunft und dem Alter bei Behördengängen zu unterstützen.
Dann suchen wir Sie als ehrenamtliche/n Unterstützer/in.

d
Neu in Deutschland und viele Fragen?
Integrationslotsen bieten Ihnen:
- Begleitung bei Behördengängen
- Informationen zur Schul- und Berufsausbildung Ihrer Kinder
- Hilfe bei Fragen zur Anerkennung Ihrer Berufs- oder Studienabschlüsse
- Unterstützung rund um Steuern und Versicherungen

f
Vorträge im Familienbildungswerk
Experten und Expertinnen sprechen zu interessanten Themen aus ***Politik, Finanzen, Bildung****, …*

In der Situation ist wichtig: Die Frau sucht jemanden (= Hilfe, Unterstützung) für Ihre *Steuererklärung*. In Anzeige ...... lesen Sie in der Überschrift: *Erfolgreich bei Behörden*. Die Steuererklärung macht man für das Finanzamt, das ist eine Behörde. ABER: In der Anzeige geht es um Hilfe, wenn man zu Behörden gehen muss, nicht speziell um z.B. das Finanzamt. Außerdem sucht der Verein in der Anzeige Personen, die dem Verein helfen wollen. Anzeige ...... passt nicht.

In Anzeige ...... lesen Sie das Wort: *Finanzen*, das passt auch zu *Steuererklärung*. Aber in der Anzeige geht es um Veranstaltungen und Vorträge. Hier findet Frau Kaminska keine Hilfe für ihre Steuererklärung. Anzeige ...... passt nicht.

In Anzeige ...... lesen Sie: *Integrationslotsen bieten Begleitung bei Behördengängen* und *Unterstützung rund um Steuern und Versicherungen*. Unterstützung ist ein anderes Wort für Hilfe, hier findet Frau Kaminska also jemanden, der ihr bei der Steuererklärung hilft. Anzeige ...... passt .

4 **Die Lösung zu Aufgabe 29: Warum passt Anzeige a? Ergänzen Sie wichtige Wörter in der Erklärung.**

Sie lesen in der Situation:

29 Herr Bauer hat abends Zeit und interessiert sich für Sprachen.

In der Situation ist wichtig: Der Mann hat nur .... Zeit.
In Anzeige a lesen Sie in der Überschrift: *Zusammen arabisch kochen und sprechen*. Das passt zu .... *sich für* .... in der Situation. In der Anzeige lesen Sie auch: *lernen Sie dabei ein paar* Wörter Arabisch. Passt auch die Zeit? Sie lesen in der Anzeige: *Jeden ersten Montag ab 18:30 Uhr*. Das ist .... – alle Details stimmen, Anzeige a passt.
In Anzeige f gibt es einen Vortrag zu Sprachen, aber es geht um Kinder an der Schule. Außerdem passt die Zeit nicht, die Veranstaltung ist um 10 Uhr, das ist vormittags.

5 **Die Lösung zu Aufgabe 30: Welche Anzeige passt am besten? Ergänzen Sie: b, c.**

Sie lesen in der Situation:

30 Feras Alkadi sucht einen Raum für seinen Blumenladen.

b

Nachmieter gesucht!
Wir geben unser Gemüsegeschäft auf und suchen Nachmieter für
- 80 qm
- Parkplätze im Hof
  1700 € Miete + NK
- zentrale Lage

Übernahme von Ladeneinrichtung wie Regale, Kühlschränke und Kasse möglich.
Tel: 0174 123 578, nach 20 Uhr

c

Immobilien Neubert
Ihr Spezialist für Häuser, Praxis- und Büroräume!

Wir suchen
eine/einen Verkaufsberater/in

...

Wir bieten faires Gehalt und ein nettes Team.
Bewerbungen bitte an
jobs@immobilienneubert.com.

In der Situation sucht ein Mann *einen Raum für einen Blumenladen* (= ein Geschäft). Dazu passt eine Immobilien-Anzeige.
Sie wissen vielleicht noch von der Lösung für Aufgabe 27: Anzeige ...... ist von einem Immobilien-Büro, aber die Anzeige ist eine Stellenanzeige. Das Immobilien-Büro sucht *eine/einen Verkaufsberater/in.* Anzeige ...... passt nicht.

In Anzeige ...... lesen Sie in der Überschrift: *Nachmieter gesucht*! und: *Gemüsegeschäft*. *Geschäft* ist ein anderes Wort für *Laden* und passt auch zu: *sucht einen Raum für einen Blumenladen*. Anzeige ...... passt.

→ **Auf den Seiten 89–94 können Sie für *Lesen Teil 2* üben.**

Die Prüfungsaufgabe kennenlernen

Suchen Sie auf dem Aufgabenblatt und ergänzen Sie.

Lesen Teil 3 hat ...drei... Aufgabenblätter. Auf jedem Blatt sind .... Text und dazu .... Aufgaben. Insgesamt hat *Lesen Teil 3* sechs Aufgaben (Nummer ...... bis Nummer ......). Sie müssen entscheiden: Ist die jeweils erste Aufgabe .... oder .... ? Und bei der zweiten Aufgabe: Passt Antwort ...., ... oder .... am besten?
Die Texte sind Artikel aus Zeitungen oder Mitteilungen, die man z.B. als Mieter oder Eltern bekommt.

das Aufgabenblatt

Lesen 45 Minuten

Teil 3

die Anweisung

Lesen Sie die drei Texte. Zu jedem Text gibt es zwei Aufgaben. Entscheiden Sie bei jedem Text, ob die Aussage richtig oder falsch ist und welche Antwort (a, b oder c) am besten passt. Markieren Sie Ihre Lösungen für die Aufgaben 31–36 auf dem Antwortbogen.

Text 1

Neue Angebote im Stadtpark

Regelmäßige Bewegung ist wichtig für die Gesundheit! Deshalb bietet das Bürgerbüro in Zusammenarbeit mit verschiedenen Sportvereinen von Juni bis August die Aktion „Bewegte Bürger" im Stadtpark an. Vom Lauftreff für Jugendliche über Yoga für Senioren, Eltern-Kind-Turnen am frühen Morgen zu Zumba oder Rückengymnastik: Hier haben Sie die Möglichkeit, verschiedene Sportarten kennenzulernen. Mit der Hilfe von professionellen Trainerinnen und Trainern können Sie ausprobieren, was Ihnen guttut und Spaß macht. Alle sind willkommen! Eine Anmeldung ist nicht nötig: Einfach rechtzeitig an der angegebenen Stelle sein, Sportkleidung tragen und mitmachen! Das genaue Programm dieser einmaligen Aktion finden Sie im Internet unter: www.bewegung-im-park.de

31 Im Stadtpark kann man regelmäßig Sport machen.
richtig/falsch?

32 Um an dem Angebot teilzunehmen, muss man
a Mitglied in einem Verein sein.
b pünktlich zum Treffpunkt kommen.
c sich im Internet anmelden.

der Antwortbogen

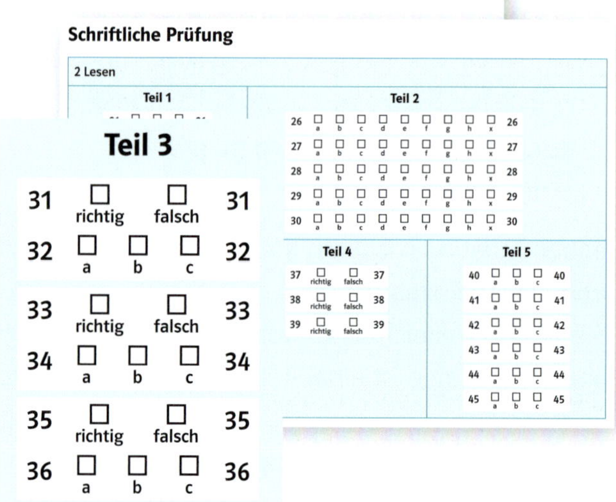

Text 2

Sehr geehrte Bewohner/innen der Rubensstraße 7,

nach dem Wasserleitungsbruch letzte Woche kommt am Montag, 11. Juli, die Firma Weiher ins Haus. Sie kontrolliert vormittags im 2. Stock und nachmittags im 1. Stock und im Erdgeschoss die Wasserleitungen. Der 3. und 4. Stock sind nicht betroffen.
An diesem Tag ist von 7 bis voraussichtlich 17 Uhr im ganzen Haus die Wasserversorgung unterbrochen.
Lassen Sie bitte die Handwerker in Ihre Wohnung. Wenn Sie nicht da sind, geben Sie Ihre Schlüssel bitte bei Nachbarn ab.
Falls neue Leitungen nötig sind, kontaktiert die Handwerkerfirma Sie direkt.
Wir entschuldigen uns für die Unannehmlichkeiten.

Mit freundlichen Grüßen
Ihre Hausverwaltung

33 Im ganzen Haus werden die Wasserleitungen überprüft.
richtig/falsch?

34 Die Mieterinnen und Mieter
- **a** haben am Montag kein Wasser.
- **b** sollen ihre Wohnungsschlüssel der Hausverwaltung geben.
- **c** sollen die Handwerkerfirma anrufen.

Text 3

Ihre Anmeldung zum Jugendferiencamp

Liebe Frau Oppenheim, lieber Max,

wir freuen uns, dass Max sich für unsere ganztägige Ferienbetreuung angemeldet hat.
Bitte überweisen Sie bis zum 1. Juli 125 Euro pro Woche für Teilnahme und Verpflegung auf unser Konto, also insgesamt 375 Euro für die drei Wochen.
Danke auch für Ihre Informationen zum Transport. Max muss unbedingt pünktlich um 8 Uhr am Busbahnhof sein!
Leider gibt es in der letzten Woche keinen freien Platz mehr in dem Gitarrenworkshop.
Wir können noch folgende Aktivitäten anbieten: „Selbst Boote bauen" oder „Videos drehen".
Bitte geben Sie schnell Bescheid, an welcher Aktivität Max teilnehmen möchte.

Vielen Dank und freundliche Grüße
Ihr Stadtteilbüro

35 Max Oppenheim nimmt an einem dreiwöchigen Ferienprogramm teil.
richtig/falsch?

36 Frau Oppenheim soll noch
- **a** 125 Euro überweisen.
- **b** mitteilen, wo Max in den Bus einsteigt.
- **c** sagen, was Max in der dritten Woche machen möchte.

Die Prüfungsaufgaben Schritt für Schritt lösen

In ***Lesen Teil 3*** müssen Sie drei verschiedene Texte lesen und jeweils zwei Aufgaben dazu lösen. Fangen Sie am besten mit Text 1 und den Aufgaben 31 und 32 an.

1 Die erste Aufgabe lesen und unterstreichen

- Lesen Sie zuerst Aufgabe 31 auf dem Aufgabenblatt (Seite 38) und unterstreichen Sie wichtige Wörter.

Wichtig können hier z. B. Zeitangaben sein: *für 2 Wochen, jährlich, regelmäßig*. Manchmal ist wichtig, in welcher Form das Verb ist, z. B.: … *wird geprüft* oder … *wurden geprüft*. Manchmal müssen Sie auf das Modalverb achten, z. B. *Die Mieter müssen* oder *können* den *Keller aufräumen*.

2 Die Richtig/Falsch-Aufgabe lösen und die Lösung markieren

- Lesen Sie jetzt den Text (Seite 38) einmal schnell durch. Suchen Sie nach gleichen oder ähnlichen Wörtern wie in der Aufgabe. Unterstreichen Sie diese Stellen im Text.
- Vergleichen Sie dann: Ist die Aussage im Text dieselbe wie in der Aufgabe?

In der ersten Aufgabe geht es meistens um eine allgemeine Aussage im Text. Sie müssen entscheiden: Steht die Aussage (mit anderen Wörtern) auch so im Text? Dann ist die Aufgabe richtig. Wenn nicht, ist die Aufgabe falsch.

- Entscheiden Sie, ob Aufgabe 31 richtig oder falsch ist.
- Markieren Sie Ihre Lösung zuerst auf dem Aufgabenblatt.

3 Die a-, b-, c-Aufgabe lesen, lösen und markieren

- Lesen Sie dann Aufgabe 32 auf dem Aufgabenblatt links (Seite 38). Unterstreichen Sie wichtige Wörter.

In der zweiten Aufgabe geht es um Details: Sie müssen entscheiden, ob die Informationen von a, b oder c (mit anderen Worten) im Text stehen.

- Lesen Sie den Text noch einmal genau: Was lesen Sie zu den Details, die Sie in Aufgabe 32 unterstrichen haben? Unterstreichen Sie die passenden Textstellen.
- Vergleichen Sie: Stehen die Informationen von a, b oder c im Text?
- Markieren Sie Ihre Lösung auf dem Aufgabenblatt.

Wenn Sie einen Text sehr schwer finden, machen Sie zuerst die Aufgaben zu den anderen Texten. Versuchen Sie später, diese Aufgaben zu lösen.

4 Die nächsten Aufgaben lösen und markieren

- Gehen Sie für die Aufgaben 33, 34 und 35, 36 auch so vor: Zuerst die Aufgabe lesen, dann den Text lesen, vergleichen und die Aufgabe lösen.
- Markieren Sie alle Lösungen für *Lesen Teil 3* auf dem Antwortbogen, bevor Sie mit dem nächsten Teil weitermachen.

Die Lösungen verstehen

1a Die Lösung zu Aufgabe 31: Ergänzen Sie wichtige Wörter in der Erklärung.

In der Aussage lesen Sie:

31 Im Stadtpark kann man regelmäßig Sport machen.

Im Text lesen Sie:

Neue Angebote im Stadtpark

Regelmäßige Bewegung ist wichtig für die Gesundheit! Deshalb bietet das Bürgerbüro in Zusammenarbeit mit verschiedenen Sportvereinen von Juni bis August die Aktion „Bewegte Bürger" im Stadtpark an. Vom Lauftreff für Jugendliche über Yoga für Senioren, Eltern-Kind-Turnen am frühen Morgen zu Zumba oder Rückengymnastik: Hier haben Sie die Möglichkeit, verschiedene Sportarten kennenzulernen. Mit der Hilfe von professionellen Trainerinnen und Trainern können Sie ausprobieren, was Ihnen guttut und Spaß macht. Alle sind willkommen! Eine Anmeldung ist nicht nötig: Einfach rechtzeitig an der angegebenen Stelle sein, Sportkleidung tragen und mitmachen! Das genaue Programm dieser einmaligen Aktion finden Sie im Internet unter: …

Wichtige Wörter in der Aussage sind: Im Stadtpark .... *machen*.
Im Text lesen Sie: .... *Bewegung ist wichtig für die Gesundheit!* – das Wort .... ist gleich, aber die Aussage im Text ist anders als in der Aufgabe.
Sie lesen weiter: *Zusammenarbeit mit verschiedenen* ...., *die* .... *„Bewegte Bürger" im* ...., ...*treff, Yoga, Eltern-Kind-*......................, *Zumba,* ...., *verschiedene Sportarten kennenzulernen*. Das passt zu *Sport machen* in der Aussage. ABER Sie lesen im Text auch: *von Juni bis August die Aktion* und fast am Ende: *Das genaue Programm dieser* ....
In der Aussage steht: *Im Stadtpark kann man* .... *Sport machen*.
Im Text steht: *einmalige Aktion* (= einmal Sport machen) im Stadtpark. Die Aussage und die Information im Text bedeuten nicht dasselbe. Deshalb ist die Lösung für Aufgabe 31: ....

Wenn in der Aufgabe und im Text dieselben Wörter stehen, ist nicht automatisch „richtig" die Lösung. Lesen Sie den Text schnell bis zum Ende und entscheiden Sie erst dann.

1b Die Lösung zu Aufgabe 32: Was passt am besten? Ergänzen Sie: a, b oder c.

Sie lesen in der Aufgabe:

32 Um an dem Angebot teilzunehmen, muss man
- **a** Mitglied in einem Verein sein.
- **b** pünktlich zum Treffpunkt kommen.
- **c** sich im Internet anmelden.

...... passt nicht am besten, denn Sie lesen fast am Ende im Text: *Alle sind willkommen!*
Man muss also nicht Mitglied in einem Verein sein, um an dem Angebot teilzunehmen.
...... passt am besten. Sie lesen im Text: *Einfach rechtzeitig an der angegebenen Stelle sein.*
Das bedeutet dasselbe wie: *pünktlich zum Treffpunkt kommen.*
...... passt nicht am besten, denn Sie lesen im Text: *Eine Anmeldung ist nicht nötig.*

2a Die Lösung zu Aufgabe 33: Ergänzen Sie wichtige Wörter in der Erklärung.

Sie lesen in der Aussage:

33 Im ganzen Haus werden die Wasserleitungen überprüft.

Sie lesen im Text:

Sehr geehrte Bewohner/innen der Rubensstraße 7,

nach dem Wasserleitungsbruch letzte Woche kommt am Montag, 11. Juli, die Firma Weiher ins Haus. Sie kontrolliert vormittags im 2. Stock und nachmittags im 1. Stock und im Erdgeschoss die Wasserleitungen. Der 3. und 4. Stock sind nicht betroffen.
An diesem Tag ist von 7 bis voraussichtlich 17 Uhr im ganzen Haus die Wasserversorgung unterbrochen. Lassen Sie bitte die Handwerker in Ihre Wohnung. Wenn Sie nicht da sind, geben Sie Ihre Schlüssel bitte bei Nachbarn ab.
Falls neue Leitungen nötig sind, kontaktiert die Handwerkerfirma Sie direkt.
Wir entschuldigen uns für die Unannehmlichkeiten.

Mit freundlichen Grüßen
Ihre Hausverwaltung

Wichtige Wörter in Aussage 33 sind: *im* ...ganzen... *Haus,* ....
Im Text lesen Sie eine Firma: .... *vormittags* .... *Stock und nachmittags im* .... *Stock und im* .... *die Wasserleitungen.*
Aber Sie lesen auch: *Der* .... *und* .... *sind nicht betroffen* (= hier werden die Leitungen nicht überprüft). Das passt nicht zu *im* .... *Haus* in der Aussage.

Die Aussage und die Information im Text bedeuten nicht dasselbe. Aufgabe 33 ist ....

2b Die Lösung zu Aufgabe 34: Passt a, b oder c am besten? Ergänzen Sie.

Sie lesen in der Aufgabe:

34 Die Mieterinnen und Mieter
- **a** haben am Montag kein Wasser.
- **b** sollen ihren Wohnungsschlüssel der Hausverwaltung geben.
- **c** sollen die Handwerkerfirma anrufen.

Sie lesen im Text: *kommt am Montag, 11. Juli, die Firma Weiher ins Haus.* Und weiter unten: *An diesem Tag ist von 7 bis voraussichtlich 17 Uhr im ganzen Haus die Wasserversorgung unterbrochen.*

Das bedeutet dasselbe wie in Antwort ....

Wenn Sie bei einer Lösung ganz sicher sind, machen Sie gleich mit der nächsten Aufgabe weiter. So sparen Sie Zeit.

Warum passen .... und .... nicht?
Sie lesen im Text: *geben* Sie *Ihre Schlüssel bitte bei Nachbarn ab*. Das bedeutet nicht dasselbe wie: *Die Mieter sollen ihren Wohnungsschlüssel der Hausverwaltung geben.* Deshalb passt .... nicht.
In ...... lesen Sie: *Die Mieter sollen die Handwerkerfirma anrufen.*
Im Text lesen Sie aber: *kontaktiert die Handwerkerfirma Sie* (= die Mieter) *direkt*. Das bedeutet, die Firma ruft die Mieter an. Deshalb passt .... nicht.

3a Die Lösung zu Aufgabe 35: Ergänzen Sie in der Erklärung: richtig oder falsch?

Sie lesen in der Aufgabe:

35 Max Oppenheim nimmt an einem dreiwöchigen Ferienprogramm teil.

Sie lesen im Text:

> ***Ihre Anmeldung zum Jugendferiencamp***
>
> Liebe Frau Oppenheim, lieber Max,
>
> wir freuen uns, dass Max sich für unsere ganztägige Ferienbetreuung angemeldet hat. Bitte überweisen Sie bis zum 1. Juli 125 Euro pro Woche für Teilnahme und Verpflegung auf unser Konto, also insgesamt 375 Euro für die drei Wochen.
> Danke auch für Ihre Informationen zum Transport. Max muss unbedingt pünktlich um 8 Uhr am Busbahnhof sein!
> Leider gibt es in der letzten Woche keinen freien Platz mehr in dem Gitarrenworkshop. Wir können noch folgende Aktivitäten anbieten: „Selbst Boote bauen" oder „Videos drehen". Bitte geben Sie schnell Bescheid, an welcher Aktivität Max teilnehmen möchte.
>
> Vielen Dank und freundliche Grüße
> Ihr Stadtteilbüro

Wichtige Wörter in der Aussage sind: *Max nimmt an einem dreiwöchigen Ferienprogramm teil.*
In der Überschrift lesen Sie: *Anmeldung zum Jugendferiencamp* (= Ferienprogramm).
Im Text lesen Sie: *wir freuen uns, dass Max sich für unsere* ganztägige *Ferienbetreuung angemeldet hat. Bitte überweisen Sie … für die drei Wochen* (= dreiwöchig).
Die Aussage und die Information im Text bedeuten dasselbe. Aufgabe 35 ist also ....

3b Die Lösung zu Aufgabe 36: Was passt am besten? Ergänzen Sie: a, b oder c.

Sie lesen in der Aufgabe:

36 Frau Oppenheim soll noch
- **a** 125 Euro überweisen.
- **b** mitteilen, wo Max in den Bus einsteigt.
- **c** sagen, was Max in der dritten Woche machen möchte.

Zu .... lesen Sie im Text: *Bitte überweisen Sie bis zum 1. Juli 125 Euro pro Woche für Teilnahme und Verpflegung auf unser Konto, also insgesamt 375 Euro für die drei Wochen.* Frau Oppenheim soll also noch 375 Euro überweisen, nicht nur 125 Euro. .... passt nicht.

Zu .... lesen Sie: *Danke auch für Ihre Informationen zum Transport. Max muss unbedingt pünktlich um 8 Uhr am Busbahnhof sein!* Frau Oppenheim hat also schon die Informationen zum Transport (= *wo Max in den Bus einsteigt*) mitgeteilt. .... passt nicht.

Zu .... lesen Sie: *Leider gibt es in der letzten Woche* (= dritten Woche) *keinen freien Platz mehr in dem Gitarrenworkshop. Wir können noch folgende Aktivitäten anbieten. … Bitte geben Sie schnell Bescheid, an welcher Aktivität Max teilnehmen möchte.*
Das bedeutet dasselbe wie: *sagen, was Max in der dritten Woche machen möchte.*
.... passt am besten.

→ **Auf den Seiten 95–97 können Sie für *Lesen Teil 3* üben.**

Die Prüfungsaufgabe kennenlernen

Suchen Sie auf dem Aufgabenblatt und ergänzen Sie.

Lesen Teil 4 ist immer ein Informations-Text (z.B. Gebrauchsanweisung, Bedienungsanleitung, Allgemeine Geschäftsbedingungen, Informationen von Versicherungen oder Banken). *Lesen Teil 4* hat ...drei... Aufgaben (Nummer .... bis Nummer ....). Bei jeder Aufgabe müssen Sie entscheiden: Ist die Aussage .... oder ....?

das Aufgabenblatt

Lesen 45 Minuten

Teil 4

die Anweisung

Lesen Sie den Text. Entscheiden Sie, ob die Aussagen 37–39 richtig oder falsch sind.
Markieren Sie Ihre Lösungen für die Aufgaben 37–39 auf dem Antwortbogen.

Wichtige Informationen zu Ihrer Bankkarte

Bitte lesen Sie folgende Hinweise aufmerksam durch, da sie wichtige Informationen zum Umgang mit der Karte enthalten.

Unterschrift
Bitte unterschreiben Sie Ihre Karte sofort auf dem dafür vorgesehenen Feld auf der Rückseite. Benutzen Sie dafür einen wasserfesten Stift. Unterschreiben Sie so, wie Sie es sonst auch tun.

Gültigkeit
Ihre neue Karte ist ab sofort gültig und kann eingesetzt werden. Sobald Sie Ihre neue Karte benutzt haben, verliert die alte Karte Ihre Gültigkeit. Die Laufzeit der neuen Karte finden Sie neben der IBAN. Falls Ihre Kartendaten bei Online-Händlern gespeichert sind, ändern Sie dort bitte die Laufzeit.

PIN
Ihre bisherige PIN gilt unverändert auch für die neue Karte. Sie können Ihre PIN aber auch ganz einfach an einem Serviceautomaten unter dem Punkt „PIN ändern" neu festlegen.

Kontaktloses Bezahlen / Mobiles Payment
Ihre neue Karte verfügt über die Kontaktlosfunktion. Bei kontaktloser Bezahlung müssen Sie Ihre Karte nicht mehr einstecken, sondern sie nur nah an das Lesegerät halten. Über Ihre Banking-App können Sie Ihre Karte auch in Ihrem Smartphone hinterlegen und so an der Kasse bezahlen.

Notfall: Kartenverlust
Sollten Sie Ihre Karte verlieren oder unrechtmäßige Abbuchungen bemerken, lassen Sie Ihre Karte umgehend über die Nummer 0723 14-06-8801 oder den Sperr-Notruf 116 116 sperren. Diese Nummer erreichen Sie weltweit rund um die Uhr. Aus dem deutschen Festnetz ist sie gebührenfrei, aus dem Mobilfunknetz und aus dem Ausland (Vorwahl +49) entstehen Kosten. Informieren Sie bitte auch Ihre Bank.

der Abschnitt

37 Man kann die neue Karte sofort benutzen.
richtig/falsch

38 Für kontaktloses Bezahlen braucht man eine App. ← die Aussage
richtig/falsch

39 Es kostet nichts, den Sperr-Notruf aus dem Ausland anzurufen.
richtig/falsch

Die Prüfungsaufgaben Schritt für Schritt lösen

1 Die Aufgabe lesen und unterstreichen

- Lesen Sie zuerst Aufgabe 37 (Seite 44, links) und unterstreichen Sie wichtige Wörter.

> Wichtige Wörter sind hier oft „kleine Wörter" (z. B. *sofort*, *neu*). Sie geben Informationen zu: wann, wie oft, wo, wie.

2 Den passenden Abschnitt im Text finden, genau lesen und lösen

- Überfliegen Sie den Text und suchen Sie ähnliche oder gleiche Wörter wie in der Aufgabe. Oft helfen Ihnen die Überschriften.
- Lesen Sie den Abschnitt unter dieser Überschrift genau.

> Für *Lesen Teil 4* haben Sie in der Prüfung nur ca. 5–10 Minuten Zeit. Sie können nicht den ganzen Text genau lesen. Das ist auch nicht nötig. Lesen Sie nur den passenden Abschnitt oder Satz zu der Aufgabe genau.

- Vergleichen Sie alle wichtigen Informationen aus der Aufgabe (= Aussage) mit der Information im Text. Wenn alle Informationen im Text und in der Aussage dasselbe bedeuten, dann ist die Aussage richtig.
- Entscheiden Sie: Ist die Aussage (Aufgabe 37) richtig oder falsch?

3 Die Lösung markieren

- Markieren Sie Ihre Lösung zuerst auf dem Aufgabenblatt.

4 Die nächsten Aufgaben lesen und lösen

- Lesen Sie Aufgabe 38 auf dem Aufgabenblatt links. Unterstreichen Sie wichtige Wörter.
- Finden Sie die passende Textstelle.

> Die Aufgaben sind in der Reihenfolge des Texts, das heißt: Die wichtige Textstelle für Aufgabe 38 kommt im Text nach der Textstelle für Aufgabe 37.

- Lesen und vergleichen Sie die Informationen. Entscheiden Sie: Ist die Aussage richtig oder falsch? Markieren Sie Ihre Lösung.
- Gehen Sie für Aufgabe 39 auch so vor.
- Markieren Sie alle Lösungen für *Lesen Teil 4* auf dem Antwortbogen bevor Sie mit dem nächsten Teil weitermachen.

> Markieren Sie für jede Aufgabe eine Lösung, auch wenn Sie sich nicht ganz sicher sind.

Die Lösungen verstehen

1a Die Lösung zu Aufgabe 37: Was lesen Sie im Text zu den wichtigen Wörtern aus der Aufgabe? Verbinden Sie.

Sie lesen auf dem Aufgabenblatt:

37 Man kann die neue Karte sofort benutzen.
richtig/falsch

Sie lesen im Text:

Gültigkeit
Ihre neue Karte ist ab sofort gültig und kann eingesetzt werden. Sobald Sie Ihre neue Karte benutzt haben, verliert die alte Karte Ihre Gültigkeit. Die Laufzeit …

1b Ist die Aussage also richtig oder falsch? Ergänzen Sie die Erklärung.

Hier sind drei Informationen wichtig:

In der Aufgabe: *Man kann die* .... *Karte* ....

Im Text: *Ihre* .... *ist* .... *gültig und kann eingesetzt werden.*

Die Aussage ist richtig, wenn alle Informationen in der Aufgabe und die Informationen im Text übereinstimmen, also dasselbe bedeuten. Das ist hier so: *sofort benutzen* und *ab sofort gültig* bedeuten dasselbe.

Aufgabe 37 ist deshalb ....

2a Die Lösung zu Aufgabe 38: Welche Textstelle passt? Suchen Sie im Text auf Seite 44 und ergänzen Sie die Überschrift.

Sie lesen auf dem Aufgabenblatt:

38 Für kontaktloses Bezahlen braucht man eine App.

Sie lesen im Text:

....

Ihre neue Karte verfügt über die Kontaktlosfunktion. Bei kontaktloser Bezahlung müssen Sie Ihre Karte nicht mehr einstecken, sondern sie nur nah an das Lesegerät halten. Über Ihre Banking-App können Sie Ihre Karte auch in Ihrem Smartphone hinterlegen und so an der Kasse bezahlen.

2b Ist die Aussage also richtig oder falsch? Ergänzen Sie die Erklärung.

In der Aufgabe ist wichtig: *Für* .... *Bezahlen braucht man eine* ....

Im Text lesen Sie: *Bei* .... *Bezahlung müssen Sie Ihre Karte nicht mehr einstecken, sondern sie nur nah* .... *Lesegerät* .... Sie lesen im Satz danach: *Über Ihre Banking-App können Sie … bezahlen.* Aber Sie können auch ohne App kontaktlos bezahlen – man braucht keine App. Die Informationen in der Aussage und im Text bedeuten nicht dasselbe.

Aufgabe 38 ist deshalb ....

3a Die Lösung zu Aufgabe 39: Unterstreichen Sie wichtige Wörter in der Aufgabe.

Sie lesen auf dem Aufgabenblatt:

39 Es kostet nichts, den Sperr-Notruf aus dem Ausland anzurufen.
richtig/falsch

3b Was lesen Sie zu der Aussage im Text? Unterstreichen Sie im Text.

Sie lesen im Text:

Notfall: Kartenverlust
Sollten Sie Ihre Karte verlieren oder unrechtmäßige Abbuchungen bemerken, lassen Sie Ihre Karte umgehend über die Nummer 0723 14-06-8801 oder den Sperr-Notruf 116 116 sperren. Diese Nummer erreichen Sie weltweit rund um die Uhr. Aus dem deutschen Festnetz ist sie gebührenfrei, aus dem Mobilfunknetz und aus dem Ausland (Vorwahl +49) entstehen Kosten. Informieren Sie bitte auch Ihre Bank.

Die wichtigen Informationen zu der Aufgabe stehen im Text nicht immer zusammen.

3c Ist die Aussage also richtig oder falsch? Ergänzen Sie die Erklärung mit Wörtern aus dem Text.

In der Aufgabe ist wichtig: Es *kostet nichts*, den *Sperr-Notruf aus dem Ausland anzurufen*.
Im Text lesen Sie: … *oder den Sperr-*.............................. *116 116 sperren. Diese Nummer erreichen Sie weltweit rund um die Uhr. Aus dem deutschen Festnetz ist sie gebührenfrei, aus dem Mobilfunknetz und aus* .... *(Vorwahl +49)* ....
Das bedeutet: Fur den Sperr-Notruf muss man aus dem Ausland bezahlen, es kostet Geld.

Aufgabe 39 ist deshalb ....

→ **Auf den Seiten 98–101 können Sie für *Lesen Teil 4* üben.**

Die Prüfungsaufgabe kennenlernen

Suchen Sie auf dem Aufgabenblatt und ergänzen Sie.

Lesen Teil 5 ist immer ein Text mit Lücken: Eine Firma oder ein Dienstleister (z.B. ein Immobilienmakler, Energieversorger, eine Krankenkasse) schreibt an einen Kunden oder ein Kunde schreibt an diese Firma. *Lesen Teil 5* hat ...sechs... Aufgaben (Nummer ...... bis Nummer ......). Jede Aufgabe hat drei mögliche Lösungen: a, b oder c. Nur .... Lösung passt.

das Aufgabenblatt

Lesen 45 Minuten

die Anweisung

Teil 5

Lesen Sie den Text und schließen Sie die Lücken 40–45. Welche Lösung (a, b oder c) passt am besten? Markieren Sie Ihre Lösungen für die Aufgaben 40–45 auf dem Antwortbogen.

Immo Kaya – Berliner Straße 23 – 65184 Wiesbaden – 0167/787677

Wiesbaden, den 23.06.20…

Ihr Gesuch

die Lücke

(0) Herr Schmidt,
vielen Dank **(40)** Ihre Anfrage. Sie suchen eine kinderfreundliche 4-Zimmer-Wohnung in zentraler Lage. Sehr gern helfen wir **(41)** bei der Suche.
In unserem Angebot haben wir vielleicht eine passende Wohnung für Sie und Ihre Familie, **(42)** wir brauchen vorher noch ein paar Informationen von Ihnen.
(43) wir fragen, wie viele Kinder Sie haben und in welchem Alter? Und könnten Sie uns bitte auch noch mitteilen, wie viel **(44)** Sie pro Monat zahlen können?

Rufen Sie uns bitte bald an, **(45)** wir darüber sprechen und auch einen Termin vereinbaren können. Sie erreichen uns täglich zwischen 8 und 17 Uhr per Telefon.

Mit freundlichen Grüßen
Malik Kaya

Beispiel

0 **a** Bester
b Freundlicher
c Lieber

☐ a ☐ b ☒ c

40 a für
b von
c zu

41 a ihm
b Ihnen
c Sie

42 a aber
b denn
c weil

43 a Dürfen
b Müssen
c Wollen

44 a Geld
b Kosten
c Miete

45 a damit
b dann
c wenn

Die Prüfungsaufgaben Schritt für Schritt lösen

Wenn Sie noch genug Zeit haben, überfliegen Sie kurz den ganzen Text. Es hilft beim Lösen, wenn Sie wissen: Worum geht es im Text? Wer schreibt an wen? Meistens ist der Text eine formelle E-Mail, die Anrede ist „Sie".

1 Den Text bis zur Lücke und die Lösungsmöglichkeiten lesen

- Lesen Sie den Text (Seite 48, links) bis zum Ende vom Satz mit der ersten Lücke (Aufgabe 40).
- Lesen Sie dann die drei möglichen Lösungen für die Aufgabe. Nur eins von diesen Wörtern passt in die Lücke – welches?
- Manchmal hilft es beim Lösen, wenn Sie den Satz mit dem Lösungswort „im Kopf" lesen.

Oft geht es um typische Ausdrücke (z. B. *Mit freundlichen Grüßen*), die Sie schon häufig gehört oder gelesen haben. Manchmal müssen Sie etwas nachdenken: über die Grammatik (z. B. fehlt hier ein Wort im Dativ oder im Akkusativ?), über die Bedeutung und die Situation (z. B. *zahlt* man *Miete* oder *Kosten*?), über die passende Form (z. B. *Sie* oder *dich*?, *Sehr geehrte* … oder *Liebe* …?)

2 Die Lösung markieren

- Entscheiden Sie: Ist die richtige Lösung a, b oder c?
- Markieren Sie Ihre Lösung zuerst auf dem Aufgabenblatt.

Wenn Sie sich bei einer Aufgabe nicht schnell für eine Lösung entscheiden können, machen Sie mit der nächsten Aufgabe weiter.

Teil 5

	a	b	c	
40	☐	☐	☐	40
41	☐	☐	☐	41
42	☐	☐	☐	42
43	☐	☐	☐	43
44	☐	☐	☐	44
45	☐	☐	☐	45

3 Die nächsten Aufgaben und Lösungsmöglichkeiten lesen, lösen und markieren

- Gehen Sie für die Aufgaben 41 bis 45 auch so vor: Lesen Sie im Text auf der Seite links den Satz mit der Lücke bis zum Ende.
- Lesen Sie die drei Lösungsmöglichkeiten für die Lücke und entscheiden Sie: Welches Wort ergänzt den Satz am besten?
  Markieren Sie am Ende Ihre Lösungen auf dem Antwortbogen.

In der Prüfung sagen die Aufsichtspersonen nach 40 Minuten: „Noch 5 Minuten." Spätestens jetzt sollten Sie alle Lösungen für ***Lesen*** auf dem Antwortbogen markieren. Nach den 45 Minuten müssen Sie den Antwortbogen mit den Lösungen für *Hören* und *Lesen* abgeben. Für *Schreiben* bekommen Sie dann einen neuen Antwortbogen.

Die Lösungen verstehen

1a Die Lösung zu Aufgabe 40: Was steht vor der Lücke? Unterstreichen Sie.

Sie lesen im Text:

vielen Dank **(40)** Ihre Anfrage.

Sie lesen in den möglichen Lösungen:

40 a für
b von
c zu

Wenn Sie den Satz mit den Lösungsmöglichkeiten lesen, klingt ein Wort vielleicht schon richtig, weil Sie die Kombination schon oft gehört oder gelesen haben.

1b Welche Lösung passt am besten? Ergänzen Sie die Erklärung.

Alle drei Lösungsmöglichkeiten sind Präpositionen. Welche Präposition passt, hängt von dem Wort vor der Lücke ab. Hier ist das Wort vor der Lücke: .... – dazu passt die Präposition ....
Die Lösung ist ....

In *Lesen 5* geht es oft um Wendungen, die Sie aus formalen Texten aus Ihrem Alltag kennen, z. B. *ich danke Ihnen für, mit freundlichen Grüßen, eine Einladung zu unserem Fest, wir freuen uns auf Sie …*

2a Die Lösung zu Aufgabe 41: Lesen Sie die Lücke mit den Lösungsmöglichkeiten.

Sie suchen eine kinderfreundliche 4-Zimmer-Wohnung in zentraler Lage.

Sehr gern helfen wir [**41 a** ihm / **b** Ihnen / **c** Sie] bei der Suche.

2b Warum passt Lösung b am besten? Ergänzen Sie die Erklärung.

Hier sind alle Lösungsmöglichkeiten Wörter für *Herr Schmidt* (Pronomen): ...., Ihnen, ...
Achten Sie auf das Verb im Satz: *Sehr gern* .... *wir* ***(41)***. Nach diesem Verb kommt ein Dativ, in der Lücke fehlt also ein Pronomen im Dativ.
.... passt nicht, weil *Sie* kein Dativ ist. .... *ihm* ist ein Dativ – aber das passt nicht zur höflichen Anrede in dieser E-Mail. Die höfliche Anrede im Dativ ist ...., deshalb passt .... am besten.

3a Die Lösung zu Aufgabe 42: Wo ist die Lücke? Lesen Sie und kreuzen Sie an.

In unserem Angebot haben wir vielleicht eine passende Wohnung für Sie und Ihre Familie, **(42)** wir brauchen vorher noch ein paar Informationen von Ihnen.

42 a aber
b denn
c weil

Die Lücke ist	☐ am Ende vom Satz.	☐ zwischen zwei Sätzen.
Der Satz mit der Lücke ist	☐ ein Hauptsatz (Verb auf Position 2).	
	☐ ein Nebensatz (Verb am Satzende).	
In der Lücke fehlt	☐ ein Konnektor.	☐ ein Verb.

Ein Konnektor verbindet zwei Sätze. Sie müssen verstehen: Wie hängen die Informationen in den Sätzen zusammen? Ist die Information im Satz mit der Lücke z. B. eine Begründung für den anderen Satz? Oder eine Folge, ein Gegensatz, ein Ziel? Und: Ist der Satz mit der Lücke ein Hauptsatz oder ein Nebensatz? Manche Konnektoren verbinden Hauptsätze, andere verbinden Hauptsätze und Nebensätze.

3b **Welche Lösung passt also am besten? Ergänzen Sie die Erklärung.**

Der Satz mit der Lücke ist ein Hauptsatz, der Satz davor auch. Die Informationen in den beiden Sätzen sind ein Gegensatz:

In unserem Angebot haben wir vielleicht eine passende Wohnung für Sie ↔
wir brauchen vorher noch ein paar Informationen von Ihnen.

c ...weil... leitet einen Nebensatz und eine Begründung ein. Das passt hier nicht.
b .... leitet einen Hauptsatz ein (das passt) und eine Begründung (das passt hier nicht).
a .... leitet einen Hauptsatz und einen Gegensatz ein. .... passt am besten.

4 **Die Lösung zu Aufgabe 43: Welche Lösung passt am besten? Ergänzen Sie die Erklärung.**

(43) wir fragen, wie viele Kinder Sie haben und in welchem Alter?	**43 a** Dürfen **b** Müssen **c** Wollen

In der Lücke fehlt ein Modalverb. Grammatisch passen alle drei Möglichkeiten. Hier müssen Sie so entscheiden: Was passt am besten in einen höflichen Text? Der Satz ist eine Frage, für höfliche Fragen benutzt man das Modalverb *dürfen*. .... passt am besten.

5 **Die Lösung zu Aufgabe 44: Welche Lösung passt am besten? Ergänzen Sie die Erklärung.**

Und könnten Sie uns bitte auch noch mitteilen, wie viel **(44)** Sie pro Monat zahlen können?	**44 a** Geld **b** Kosten **c** Miete

In dieser Aufgabe geht es nicht um Grammatik, sondern darum: Welches Wort passt am besten in diesen Text und zum Thema? Hier geht es um eine Wohnung, Sie lesen auch: *pro Monat zahlen*.
Kosten pro Monat zahlen – das sagt man nicht. .... passt nicht.
Geld pro Monat zahlen – das kann man sagen, aber: *Miete pro Monat zahlen* passt besser.
Denn: Geld pro Monat für eine Wohnung zahlen, das ist: *Miete*. .... passt am besten.

6 **Die Lösung zu Aufgabe 45: Welche Lösung passt am besten? Ergänzen Sie die Erklärung.**

Rufen Sie uns bitte bald an, **(45)** wir darüber sprechen und auch einen Termin ausmachen können.	**45 a** damit **b** dann **c** wenn

Wie in Aufgabe 42 fehlt ein Konnektor in der Lücke. Die Lücke ist am Anfang von einem Nebensatz. Im Hauptsatz steht: *Rufen Sie uns bitte bald an*. Im Nebensatz mit der Lücke steht wozu, mit welchem Ziel Herr Schmidt anrufen soll: … *sprechen und auch einen Termin ausmachen können*.
Der Konnektor *dann* leitet einen Hauptsatz ein, deshalb passt .... nicht.
Die Konnektoren .... und .... leiten einen Nebensatz ein.
Aber nur .... leitet einen Finalsatz (wozu, Ziel?) ein. .... passt am besten.

→ **Auf den Seiten 102–105 können Sie für *Lesen Teil 5* üben.**

Die Prüfungsaufgabe kennenlernen

1 Suchen Sie auf dem Aufgabenblatt und ergänzen Sie.

Für den Teil *Schreiben* haben Sie .... Minuten Zeit.
Sie müssen einen Text (einen Brief oder eine E-Mail) ....
Sie können wählen: Aufgabe .... oder Aufgabe ....
In der Aufgabe lesen Sie: An wen schreiben Sie? Warum schreiben Sie?
Dazu lesen Sie vier .... Sie müssen etwas zu allen vier Punkten schreiben.

das Aufgabenblatt

Schreiben 30 Minuten

*Wählen Sie **Aufgabe A oder Aufgabe B**. Zeigen Sie, was Sie können. Schreiben Sie möglichst viel. Vergessen Sie nicht die Anrede und den Gruß. Schreiben Sie Ihren Text auf den Antwortbogen. Kreuzen Sie auf dem Antwortbogen an, welche Aufgabe Sie gewählt haben.*

Aufgabe A

Ihr Freund Andrij Kulik hat ein Praktikum in einem Supermarkt gemacht. Sie interessieren sich auch für ein Praktikum dort. Schreiben Sie eine E-Mail an Ihren Freund.

Schreiben Sie etwas zu folgenden Punkten:

- Grund für Ihr Schreiben
- Wie war das Praktikum?
- Bezahlung bekommen?
- Treffen?

} die vier Punkte

oder

Aufgabe B

Sie haben Bücher für Ihren Deutschkurs bestellt. Sie warten seit Tagen auf die Lieferung. Schreiben Sie eine E-Mail an das Büchergeschäft.

Schreiben Sie etwas zu folgenden Punkten:

- Was und wann Sie bestellt haben
- Warum Sie die Bücher dringend brauchen
- Was Sie möchten
- Was Sie tun, wenn nichts passiert

In der Prüfung bekommen Sie einen neuen Antwortbogen für den Teil *Schreiben*. Sie müssen zuerst die Angaben auf dem Bogen mit den Angaben in Ihrem Ausweis vergleichen. Erst wenn die Aufsichtspersonen sagen: „Jetzt beginnt *Schreiben*." dürfen Sie im Aufgabenheft umblättern und die Aufgaben für *Schreiben* lesen.

Die Prüfungsaufgabe Schritt für Schritt lösen

1 Aufgabe A und Aufgabe B lesen und eine Aufgabe wählen

- Lesen Sie schnell beide Aufgaben.
- Wählen Sie **eine** Aufgabe. Wichtig ist: Verstehen Sie die Situation? Verstehen Sie die Punkte, zu denen Sie etwas schreiben sollen?
- Kreuzen Sie auf dem Antwortbogen an, welche Aufgabe Sie wählen.

Entscheiden Sie so: Zu welcher Aufgabe habe ich mehr Ideen? Welche Aufgabe ist leichter für mich?

2 Die Aufgabe genau lesen und Ideen notieren

- Lesen Sie die Aufgabe noch einmal und unterstreichen Sie wichtige Wörter.
- Achten Sie darauf: An wen sollen Sie schreiben? Gibt es einen Namen? Wie müssen Sie an die Person schreiben: formell (Sie) oder informell (du)?

An Freundinnen/Freunde und Bekannte können Sie informell schreiben. An eine Nachbarin/einen Nachbarn oder eine Kollegin/einen Kollegen können Sie formell oder informell schreiben. An die Hausverwaltung oder eine Firma müssen Sie formell schreiben.

- Notieren Sie eine passende Anrede und einen passenden Gruß.

3 Ideen zu den Punkten notieren und schreiben

- Lesen Sie die vier Punkte und überlegen Sie, in welcher Reihenfolge Sie zu den Punkten schreiben wollen.
- Notieren Sie zu allen vier Punkten Ideen für Ihren Text.

Sie können in der Prüfung im Aufgabenheft auf der Seite rechts neben der Aufgabe Notizen machen und Ihren Text vorschreiben. Achten Sie aber auf die Zeit. Bewertet wird nur der Text auf dem Antwortbogen.

- Schreiben Sie Ihren Text. Sie müssen zu jedem Punkt mindestens einen Satz schreiben. Besser ist aber, wenn Sie 2–3 Sätze zu jedem Punkt schreiben.

Versuchen Sie, Ihre Ideen und Sätze zu verbinden, z. B. mit Konnektoren (*und, oder, weil, deshalb* ...) oder Pronomen (*Ich habe <u>Bücher</u> bestellt, aber <u>sie</u> sind noch nicht angekommen.*).

4 Kontrollieren

- Haben Sie noch Zeit? Korrigieren Sie Ihren Text:
- Lesen Sie einmal und achten Sie auf den Inhalt: Haben Sie zu allen Punkten genug geschrieben? Passen die Anrede und der Gruß? Haben Sie unterschrieben?
- Lesen Sie noch einmal und achten Sie auf die Form: Haben Sie Satzzeichen (Punkt, Komma, Fragezeichen) geschrieben? Haben die Verben die richtige Endung? Sind die Positionen im Satz richtig? Haben Sie auf Akkusativ und Dativ geachtet? ...

Sie dürfen in Ihrem Text Fehler machen: Wichtig ist, dass Sie etwas zu allen vier Punkten schreiben und dass man versteht, was Sie sagen möchten.

- Nach 30 Minuten müssen Sie den Antwortbogen abgeben. Dann ist die schriftliche Prüfung zu Ende.

Die Lösung verstehen

1a Eine Lösung zu Aufgabe A: Was fehlt? Ergänzen Sie die Wörter aus der Aufgabe und den Punkten.

Sie lesen in der Aufgabe:

> Ihr Freund Andrij Kulik hat ein Praktikum in einem Supermarkt gemacht.
> Sie interessieren sich auch für ein Praktikum dort.
> Schreiben Sie eine E-Mail an Ihren Freund.
>
> - Grund für Ihr Schreiben
> - Wie war das Praktikum?
> - Bezahlung bekommen?
> - Treffen?

Das hat ein Teilnehmer geschrieben:

Hallo ....,

du hast ..ein.. .... in einem ....

Ich .... mich auch .... ein .... im Supermarkt,

deshalb schreibe ich dir.

.... war das ....?

Hast du eine .... bekommen?

Amin

1b Kontrollieren Sie die E-Mail und kreuzen Sie an.

In der E-Mail	ja	nein
(1) gibt es eine Anrede und die Anrede passt zur Situation.	☐	☐
(2) gibt es einen Gruß und der Gruß passt zur Situation.	☐	☐
(3) gibt es mindestens einen Satz zu jedem Punkt.	☐	☐
(4) versteht man alles gut.	☐	☐
(5) sind mehrere Sätze und Ideen verbunden (z. B. Haupt- und Nebensätze mit Konnektoren).	☐	☐

Für eine B1-Bewertung müssen Sie zu allen vier Punkten etwas schreiben. Schreiben Sie besser mehr als nur einen Satz zu jedem Punkt und verbinden Sie Ihre Ideen und Sätze.

2a Lösen Sie die Aufgabe A besser: Ergänzen Sie die E-Mail.

Hast du viel gelernt? Was musstest du machen? | Ich habe zum Beispiel am Samstag Zeit. Wir könnten in ein Café gehen. | weil ich dort auch gern ein Praktikum machen möchte. | ob du eine Bezahlung bekommen hast. | wie geht es dir?

Sie lesen in der Aufgabe	Das könnten Sie schreiben:
Ihr Freund Andrij Kulik hat ein Praktikum in einem Supermarkt gemacht. Sie interessieren sich auch für ein Praktikum dort. Schreiben Sie eine E-Mail an Ihren Freund.	Hallo Andrij, (1) …………………… Ich habe gehört, dass du ein Praktikum im Supermarkt „Prima" gemacht hast. Ich schreibe dir, (2) …………………… …………………… Der Supermarkt ist in meiner Nähe.
• Grund für Ihr Schreiben • Wie war das Praktikum? • Bezahlung bekommen? • Treffen?	Wie war das Praktikum? (3) …………………… Ich würde auch gern wissen, (4) …………………… Oft bekommt man kein Geld für ein Praktikum, das weiß ich. Du siehst: Ich habe viele Fragen. Können wir uns vielleicht treffen? (5) …………………… Du kannst mich gern anrufen, damit wir einen Termin ausmachen.
Ihre Unterschrift (unterschreiben Sie mit Ihrem Vornamen) →	Viele Grüße ……………………

Manchmal können Sie Formulierungen aus der Situation und den Punkten in Ihrem Text benutzen. Wenn Sie in anderen Worten formulieren, zeigen Sie, was Sie können.

2b Lesen Sie die E-Mail in 2a noch einmal. Kontrollieren Sie und kreuzen Sie an.

In der E-Mail	ja	nein
(1) gibt es eine Anrede und die Anrede passt zur Situation.	☐	☐
(2) gibt es einen Gruß und der Gruß passt zur Situation.	☐	☐
(3) gibt es mindestens einen Satz zu jedem Punkt.	☐	☐
(4) versteht man alles gut.	☐	☐
(5) sind mehrere Sätze und Ideen verbunden (z. B. Haupt- und Nebensätze durch Konnektoren).	☐	☐

→ Ein Beispiel für Aufgabe B finden Sie auf Seite 155.
→ Auf den Seiten 106–111 können Sie für *Schreiben* üben.

Die Prüfungsaufgabe kennenlernen

Suchen Sie auf dem Aufgabenblatt und ergänzen Sie.

Der Teil *Sprechen* dauert insgesamt ca. 16 Minuten. Meistens machen zwei Teilnehmerinnen oder Teilnehmer (TN) zusammen die Prüfung: TN .... und TN ....
In *Sprechen Teil 1* sollen Sie zuerst allein ...über... ....
Auf dem Aufgabenblatt sind sechs .... (Themen), über die Sie sprechen können.
Danach stellt Ihnen die Prüferin oder der Prüfer noch Fragen.

das Aufgabenblatt

Sprechen ca. 16 Minuten

Teil 1

Teilnehmer*in **A** und **B**

Über sich sprechen

die Stichpunkte

Name

Geburtsort

Wohnort

Arbeit/Beruf

Familie

Sprachen

Die Prüfungsaufgabe Schritt für Schritt lösen

1 Die mündliche Prüfung beginnt

- Die Prüferin/der Prüfer begrüßt Teilnehmer/in A und Teilnehmer/in B und stellt sich und die zweite Prüferin/den zweiten Prüfer vor.
- Die Prüferin/der Prüfer erklärt kurz die drei Prüfungsteile und bittet dann TN A zu beginnen: „Würden Sie Sich bitte vorstellen?" oder „Erzählen Sie bitte etwas über sich."

2 Über sich sprechen

Sprechen Teil 1 ist immer zu denselben Stichpunkten. Sie können die Aufgabe gut zu Hause vorbereiten.

- Stellen Sie sich vor. Formulieren Sie ganze Sätze zu den Stichpunkten auf dem Aufgabenblatt.

In *Sprechen Teil 1* geht es um SIE. Erzählen Sie also über sich und Ihr Leben. Es wird bewertet: Wie sprechen Sie? Versteht man, was Sie sagen wollen? Sie und Ihr Leben werden nicht bewertet.

- Die Stichpunkte auf dem Aufgabenblatt sind eine Hilfe. Sie müssen nicht in der Reihenfolge über die Stichpunkte sprechen und auch nicht über alle Stichpunkte.
- Sprechen Sie ca. eine Minute.

Üben Sie den Teil vorher mit einer Uhr. Dann wissen Sie, wie lange Sie sprechen müssen.

3 Auf Fragen antworten

- Wenn Sie sich vorgestellt haben, stellt Ihnen die Prüferin/der Prüfer noch Fragen.

Wenn Sie die Fragen nicht verstehen, können Sie nachfragen: „Wie bitte?", „Entschuldigung, das habe ich nicht verstanden."

- Oft sind die Fragen zu Ihren Informationen. Wenn Sie zum Beispiel gesagt haben: „Ich habe zwei Kinder.", dann ist die Frage vielleicht: „Wie alt sind Ihre Kinder?" oder „In welche Schule gehen Ihre Kinder?"

Auch wenn Sie mit einem Wort antworten können: Antworten Sie länger und erzählen Sie noch etwas mehr (z. B.: „Meine Kinder sind 4 und 7 Jahre alt. Mein Sohn geht in die Kita. Meine Tochter ist in der Schule, in der zweiten Klasse. Sie geht sehr gern in die Schule.")

- Die Prüferin/Der Prüfer kann auch Fragen zu einem neuen Thema stellen, z. B.: „Was sind Ihre Hobbys?" oder „Was wollen Sie nach dem Deutschkurs machen?"
- Die Prüferin/der Prüfer beendet *Sprechen Teil 1* für TN A nach insgesamt ca. 2 Minuten. Danach macht TN B *Sprechen Teil 1*.

Die Lösungen verstehen

16 **1a Was sagt Teilnehmerin A (TN A)? Hören und verbinden Sie.**

Sie sehen auf dem Aufgabenblatt:

Name
Geburtsort
Wohnort
Arbeit/Beruf
Familie
Sprachen

Das sagt Teilnehmerin A:

1	Ich heiße	**a**	dem Kosovo.
2	Ich komme aus	**b**	Ich bin verheiratet.
3	Ich wohne in	**c**	Schneiderin.
4	Beruf? Ich bin	**d**	Ersa Miftari.
5	Familie?	**e**	Albanisch und Deutsch.
6	Ich spreche	**f**	Stuttgart.

17 **1b Was antwortet TN A auf die Prüferfragen? Hören und verbinden Sie.**

1	Aus welcher Stadt kommen Sie denn?	a	Nein.
2	Arbeiten Sie?	b	Sport.
3	Was machen Sie in Ihrer Freizeit?	c	Pläne? Ich weiß nicht.
4	Was möchten Sie nach dem Deutschkurs machen? Haben Sie Pläne?	d	Aus Pristina.

1c Wie spricht TN A? Notieren Sie links oder rechts: A.

So spricht **TN** ....:

- stellt sich ganz kurz vor.
- gibt wenig Informationen.
- antwortet ganz kurz auf die Fragen.
- sagt kurze Sätze oder nur ein Wort.
- macht viele Pausen.

So spricht **TN** ....:

- stellt sich ausführlicher vor.
- gibt Details und mehr Informationen.
- antwortet ausführlich auf die Fragen.
- sagt längere Sätze und verbindet Sätze und Informationen.
- macht wenig Pausen, spricht flüssig.

In *Sprechen Teil 1* müssen Sie für eine B1-Bewertung zeigen, dass Sie flüssig und mit Details über sich sprechen können. TN A spricht hier viel zu wenig.

18 **2a Wie spricht TN B? Hören und notieren Sie in 1c: B.**

2b Was sagt TN B zu den Punkten? Verbinden Sie.

Name
Geburtsort
Wohnort
Arbeit/Beruf
Familie
Sprachen

Mein Name ist Kajally Conteh.

Ich bin 21 Jahre alt und ich komme aus Brikama. Brikama ist in Gambia.

Meine Muttersprache ist Mandinka, aber ich spreche auch Englisch. Und jetzt spreche ich ein bisschen Deutsch und auch ein bisschen Türkisch. Ich kaufe in einem türkischen Laden ein. Da spreche ich mit den Mitarbeitern. Sie sagen mir Wörter auf Türkisch und ich sage Wörter auf Englisch. Das macht Spaß, weil ich Sprachen mag und ich spreche gern mit Menschen.

Seit zwei Jahren wohne ich in Stuttgart. Ich wohne in einer WG mit drei Freunden. Hier sind meine Freunde wie meine Familie.

Meine Familie lebt in Gambia. Wir telefonieren oft oder wir chatten.

Ich möchte eine Ausbildung machen. Deshalb muss ich noch einen B2-Kurs machen. Am liebsten möchte ich eine Ausbildung zum Mechatroniker machen, weil ich Autos mag.
Ich habe auch schon ein Praktikum in einer Werkstatt gemacht. Das war sehr interessant. Und die Kollegen waren sehr nett.

2c Was antwortet TN B auf die Prüferfragen? Ergänzen Sie die Details.

zweimal in der Woche | Computerspiele und Fußball | nächstes Jahr | bei den Hausaufgaben

Prüfer: Danke. Sie haben gesagt, dass Sie hier in einer WG wohnen: Was machen Sie mit Ihren Mitbewohnern?

TN B: Wir machen sehr viel zusammen. Zum Beispiel essen.
Aber oft spielen wir auch (1) ....
Ein Mitbewohner macht auch einen Deutschkurs. Wir lernen oft zusammen und die anderen helfen (2) ....

Prüfer: Und was machen Sie am liebsten in Ihrer Freizeit?

TN B: Fußball spielen. Das ist mein Hobby. Ich spiele in einem Verein und ich gehe (3) .... zum Training. Am Montag und am Donnerstag. Manchmal ist ein Spiel am Wochenende. Das ist am besten.

Prüfer: Sie haben auch gesagt, dass Sie eine Ausbildung zum Mechatroniker machen möchten. Wissen Sie, wie lange die dauert?

TN B: Wie bitte? Das verstehe ich nicht.

Prüfer: Wie lange dauert die Ausbildung zum Mechatroniker? Wie viele Jahre?

TN B: Ach so, wie lange dauert … Das weiß ich nicht. Ich möchte gern (4) .... die Ausbildung machen, aber ich muss noch fragen.

→ **Auf den Seiten 112–115 können Sie für *Sprechen Teil 1* üben.**

Den Prüfungsteil kennenlernen

Suchen Sie auf dem Aufgabenblatt und ergänzen Sie.

In *Sprechen Teil 2* sollen Sie ...über........ ....

Auf dem Aufgabenblatt sehen Sie ein .... Sie sprechen zuerst allein über das Foto und das Thema auf dem Foto. Danach stellt Ihnen die Prüferin/der Prüfer Fragen zu Ihren Erfahrungen mit dem Thema.

das Aufgabenblatt

Sprechen ca. 16 Minuten

Teil 2

Teilnehmer*in **B**

Über Erfahrungen sprechen

das Foto/das Bild

Was die Prüferin/der Prüfer noch fragt, sehen Sie nicht auf dem Aufgabenblatt.

Die Prüfungsaufgabe Schritt für Schritt lösen

In Teil 2 beginnt TN B.

1 Das Foto beschreiben

- Sie bekommen das Aufgabenblatt mit dem Foto. Sehen Sie das Foto kurz an und beginnen Sie dann.
- Sagen Sie, was Sie auf dem Foto sehen. Beschreiben Sie: *Was sehen Sie? Welche Person oder Personen sehen Sie? Wo ist das? Was macht die Person?*

Sie müssen nicht jedes kleine Detail nennen. Wichtig sind besonders die Informationen, durch die Sie die Situation und das Thema auf dem Foto erkennen.

2 Die Situation erkennen und das Thema nennen

- Was für eine Situation zeigt das Bild? Sagen Sie, was Sie denken: *Warum sind die Personen in dieser Situation? Warum machen die Personen das? Was passiert vielleicht gleich? Wie geht es den Personen?*

Zeigen Sie hier, dass Sie sprechen können. Sprechen Sie insgesamt ca. eine Minute über das Foto.

- Nennen Sie am Ende ein Thema: Worum geht es also auf dem Foto?

Es geht immer um ein Thema, über das Sie in Ihrem Deutschkurs gesprochen haben, z. B.: Mobilität/Verkehr, Gesundheit, Freizeit, Wohnen, Feiern …

3 Über das Thema und die eigenen Erfahrungen sprechen

- Die Prüferin/der Prüfer stellt Ihnen jetzt Fragen zu dem Thema und der Situation auf dem Foto.

In den Fragen geht es um Ihre Erfahrungen mit der Situation: „Wie ist das bei Ihnen?" Oft sollen Sie auch vergleichen, wie die Situation in Ihrer Heimat ist: „Wie ist das in Ihrem Heimatland? …"

- Antworten Sie in ganzen Sätzen. Sie können auch mehr erzählen, aber bleiben Sie bei dem Thema.

Sie sollen jetzt allgemein über das Thema und Ihre Erfahrungen damit sprechen, nicht mehr über das Foto.

- Die Prüferin/Der Prüfer beendet *Sprechen Teil 2* für Sie nach ca. 2–3 Minuten.

Dann bekommt TN A ein Aufgabenblatt mit einem anderen Foto. Das Thema ist dasselbe. Auch die Fragen können ähnlich sein.

Die Lösungen verstehen

1a **Was sehen Sie auf dem Foto? Ergänzen Sie.**

1 eine Fr_ _
2 G_s_cht
3 die H_nd
4 s_tzt im Auto
5 ist nicht gl_ckl_ch
6 andere A_t_s
7 rote L_cht_r
8 f_hr_n nicht
9 ein St_ u

1b **Was sagt Teilnehmer B (TN B)? Ergänzen Sie Wörter aus 1a**

Auf dem Foto sehe ich links (1) .... Sie (2) ....
Man sieht im Hintergrund auch (3) ...andere.... Autos... auf der Straße. Vor der Frau.
Ich glaube, da ist auch die Polizei. Nein, das sind (4) .... von den anderen Autos. Das sehe ich nicht so gut. Die Autos (5) ...., sie stehen.
Und die Frau (6) ...., das sieht man in ihrem (7) .... Und sie hat (8) .... so oben, sie ärgert sich.
Vielleicht sagt sie: „He, was ist los? Warum fahren wir nicht?“ Wahrscheinlich fahren die anderen Autos nicht, weil da (9) .... ist. Ja, ich denke, da ist ein Unfall passiert und man kann nicht fahren. Und die Frau kommt zu spät. Ich glaube, das ist am Morgen und die Frau fährt zur Arbeit. Oder sie hat einen wichtigen Termin.
Das Thema hier ist vielleicht Autofahren oder Verkehrsmittel.

19 1c **Hören Sie zur Kontrolle.**

20 2a **Was antwortet TN B auf die Fragen? Hören und verbinden Sie.**

1	Kennen Sie diese Situation auch? Fahren Sie auch oft mit dem Auto und stehen im Stau?	**a**	Ja, also … Das ist für die Umwelt besser. Manchmal geht das auch schneller als mit dem Auto. Aber der Bus steht auch manchmal im Stau. Und die S-Bahn kommt manchmal pünktlich, manchmal nicht. Und mit den Tickets – das ist kompliziert und auch teuer.
2	Was denken Sie: Welche Vorteile hat es, mit den öffentlichen Verkehrsmitteln zu fahren?	**b**	Am häufigsten … Hm, das ist schwierig! Das weiß ich nicht. Das ist ein bisschen anders in Gambia, nicht so wie in Deutschland. Es gibt Minibusse. Damit fahren sehr viele Menschen. Aber viele haben auch ein Auto.
3	Wie ist das denn in Gambia? Mit welchen Verkehrsmitteln fahren die Menschen dort am häufigsten?	**c**	Nein, ich habe kein Auto hier. Aber die Situation kenne ich. In Stuttgart ist immer Stau, deshalb ist ein Auto nicht praktisch. Man kann mit dem Bus fahren oder mit der S-Bahn. Ich wohne im Zentrum und kann viel zu Fuß gehen. Manchmal fahre ich mit dem Bus und manchmal nehme ich die S-Bahn.

2b **Wie spricht TN B in Teil 2? Notieren Sie: B.**

So spricht **TN** ....:

- nennt ganz kurz die Hauptinformationen auf dem Foto.
- beschreibt die Situation nicht (gut).
- antwortet nur kurz auf die Fragen.
- spricht wenig über eigene Erfahrungen und gibt wenig Informationen.

So spricht **TN** ....:

- nennt alle Hauptinformationen auf dem Foto und wichtige Details.
- beschreibt die Situation und das Thema auf dem Foto gut.
- antwortet ausführlicher auf die Fragen.
- spricht ausführlicher über eigene Erfahrungen und gibt mehr Informationen.
- macht längere Sätze und verbindet Sätze und Informationen.

21 2c **Wie spricht TN A? Hören und notieren Sie in 2b: A.**

Teilnehmer*in **A**

In *Sprechen Teil 2* müssen Sie für eine B1-Bewertung zeigen, dass Sie die Situation und wichtige Details auf dem Foto nennen können. Und, dass Sie Fragen zu Ihren Erfahrungen verstehen und gut beantworten können.

→ **Auf den Seiten 116–119 können Sie für *Sprechen Teil 2* üben.**

Die Prüfungsaufgabe kennenlernen

Suchen Sie auf dem Aufgabenblatt und ergänzen Sie.

In *Sprechen Teil 3* sollen Sie .... etwas ....
TN A und TN B bekommen also das gleiche Aufgabenblatt mit einer .... und der Aufgabe.
Die .... auf dem Aufgabenblatt geben Ihnen Ideen, was Sie planen können.

das Aufgabenblatt

Sprechen ca. 16 Minuten

Teil 3

Teilnehmer*in **A** und **B**

Gemeinsam etwas planen

Situation:
Sie wohnen im selben Mietshaus. Der Aufzug ist schon wieder kaputt. Sie möchten etwas unternehmen.

Aufgabe:
Planen Sie gemeinsam, was Sie tun wollen. Hier haben Sie einige Notizen:

- Wem Bescheid sagen? (Hausmeister, Vermieterin ...)
- Anrufen oder schreiben? (wer macht das?)
- Was sagen oder schreiben?
- Andere Nachbarn informieren?
- Was tun, wenn nichts passiert?
- ...?

Die Prüfungsaufgabe Schritt für Schritt lösen

1 Die Situation und die Notizen lesen und verstehen

- Sie bekommen das Aufgabenblatt.
- Lesen Sie schnell die Situation und die Notizen.

Die Aufgabe ist immer: Sie sollen gemeinsam etwas planen. Die Situationen kennen Sie oft aus dem Deutschkurs, z. B.: Jemand ist krank und Sie wollen helfen. Oder: Sie wollen ein Fest, eine Reise oder einen Ausflug organisieren oder zusammen Deutsch lernen.

- Die Prüferin/Der Prüfer fragt Sie, ob Sie alles verstanden haben.

Wenn Sie etwas nicht verstanden haben, können Sie nachfragen.

- Die Prüferin/Der Prüfer bittet Sie, zu beginnen.

In ***Sprechen Teil 3*** kann TN A oder TN B beginnen.

2 Gemeinsam planen

- Eine/Ein TN beginnt. Am Anfang sagen Sie am besten, was Sie beide planen sollen.

Sie spielen hier eine Rolle: Sie sind z. B. Nachbarn, Freunde oder Kollegen. Sagen Sie also z. B. „Hast du gesehen/gehört …", „Hallo, wir sollten doch …". Sie können den Personen auch Namen geben: „Unsere Nachbarin Katja ist krank.", „Wir sollten unseren Hausmeister Herrn Stross informieren."

- Stellen Sie eine Frage oder machen Sie einen Vorschlag zu einer Notiz.
- Ihre Gesprächspartnerin/Ihr Gesprächspartner reagiert, sie/er antwortet auf Ihre Frage, stimmt dem Vorschlag zu oder lehnt den Vorschlag ab. Einigen Sie sich, was Sie machen. Sprechen Sie dann über die nächste Notiz.

Sie können die Notizen der Reihe nach besprechen. Sie müssen aber nicht über alle Notizen sprechen.

- Jetzt kann Ihre Gesprächspartnerin/Ihr Gesprächspartner einen Vorschlag machen oder eine Frage stellen und Sie reagieren.

Es ist wichtig, dass Sie in diesem Teil **gemeinsam** planen und beide ungefähr gleich viel sprechen.

- Wenn Sie einen Vorschlag ablehnen, machen Sie einen neuen Vorschlag, damit das Gespräch weitergeht.

Wenn Sie etwas nicht verstehen, können Sie sagen: „Noch einmal, bitte." oder „Das habe ich nicht verstanden."

- Die Prüferin/Der Prüfer beendet *Sprechen Teil 3* nach ca. 5–6 Minuten.
- Die mündliche Prüfung ist zu Ende.

Die Lösungen verstehen

22 **1a Über welche Notizen auf dem Aufgabenblatt sprechen TN A und TN B? Hören Sie das Gespräch und kreuzen Sie an.**

Aufgabe:
Planen Sie gemeinsam, was Sie tun wollen. Hier haben Sie einige Notizen:

- ☐ Wem Bescheid sagen? (Hausmeister, Vermieterin …)
- ☐ Anrufen oder schreiben? (wer macht das?)
- ☐ Was sagen oder schreiben?
- ☐ Andere Nachbarn informieren?
- ☐ Was tun, wenn nichts passiert?
- ☐ …?

1b Was machen TN A und TN B im Gespräch? Ergänzen Sie.

macht Vorschlag | antwortet | stimmt zu | lehnt ab

TN B: Hast du schon gesehen? Der Aufzug in unserem Haus ist schon wieder kaputt. Wir müssen etwas unternehmen.	*sagt, was man planen soll*
TN A: Ja, das ist nicht gut. Aber was können wir machen?	
TN B: Also: Wir können dem Hausmeister Herrn Stross Bescheid sagen.	(1) ...macht Vorschlag......
TN A: Ja, okay, das ist eine gute Idee.	*stimmt zu*
TN B: Aber wie? Sollen wir anrufen oder schreiben?	*fragt zur nächsten Notiz*
TN A: Anrufen ist besser.	*antwortet*
TN B: Anrufen? Das finde ich nicht so gut. Ich denke, dass schreiben besser ist, weil das offiziell ist.	(2) .... *den Vorschlag* .... *und macht Gegenvorschlag*
TN A: Gut.	(3) ....
TN B: Okay, dann schreiben wir einen Brief an den Hausmeister. Wer schreibt? Du oder ich?	*stimmt zu und fragt weiter*
TN A: Du.	(4) ....
TN B: Okay, das kann ich machen. Und was schreiben wir? Hast du eine Idee?	(5) .... *und fragt zur nächsten Notiz.*
TN A: Ich weiß nicht. Hast du eine Idee?	*wiederholt die Frage*
TN B: Wir könnten schreiben: Der Aufzug ist kaputt. Das passiert immer wieder. Das ist ein Problem für alle Nachbarn. Es gibt alte und kranke Mieter. Die können nicht gut laufen. Sie müssen den Aufzug sofort reparieren!	(6) ....

TN A:	Ja, das ist gut.	(7) ....
TN B:	Ja.	
TN A:	Gut. Und: Sollen wir andere Nachbarn informieren?	*macht Vorschlag zur nächsten Notiz*
TN B:	Ja, gute Idee. Kannst du die Nachbarn informieren? Ich denke, alle Nachbarn sollen den Brief unterschreiben. Wir müssen alle zusammenarbeiten. Das ist wichtig, finde ich. Und was machen wir, wenn keine Antwort kommt?	(8) .... *und macht Vorschläge, fragt zur nächsten Notiz*
TN A:	Das verstehe ich nicht.	*versteht nicht und fragt nach*
TN B:	Also, vielleicht antwortet der Hausmeister nicht. Was machen wir dann? Wir können zum Beispiel schreiben: Sie haben eine Woche Zeit. Dann bezahlen wir keine Miete. Oder was denkst du?	(9) *erklärt und* ....
TN A:	Okay, einverstanden.	(10) ....
TN B:	Gut, also ich schreibe den Brief und du informierst die Nachbarn?	*beendet die Planung, sagt noch einmal, was der Plan ist*
TN A:	Ja, machen wir.	*stimmt zu*

1c **Wie sprechen die beiden TN? Notieren Sie: A und B.**

So spricht **TN** ....:	So spricht **TN** ....:
- spricht wenig. - macht wenige Vorschläge. - stimmt oft nur zu und reagiert, führt das Gespräch nicht.	- spricht viel. - macht viele Vorschläge. - führt das Gespräch weiter. - macht längere Sätze und verbindet Sätze und Informationen.

In *Sprechen Teil 3* sollten beide TN ungefähr gleich viel sprechen. Beide sollten Vorschläge machen, Fragen stellen und ihre Meinung zu den Vorschlägen sagen.
Für eine B1-Bewertung müssen Sie zeigen, dass Sie das Gespräch „in Gang halten" können, das heißt: Sie können durch Fragen oder Vorschläge das Gespräch weiterführen.

→ **Auf den Seiten 120–123 können Sie für Sprechen Teil 3 üben.**

Die Bewertung für Schreiben

Im Teil *Schreiben* ordnen Bewerter/innen den Text nach vier Kriterien einem Niveau zu.

Inhaltliche Angemessenheit / Aufgabenbewältigung: Was schreiben Sie? Passt Ihr Text zu der Aufgabe? Haben Sie etwas zu allen vier Punkten geschrieben? Wenn Sie nicht zu allen vier Punkten in der Aufgabe etwas schreiben, bekommen Sie weniger Punkte. Wenn Sie einen Text schreiben, der sehr gut ist, aber überhaupt nicht zur Aufgabe passt, bekommen Sie keine Punkte.

Kommunikative Gestaltung: Wie schreiben Sie? Benutzen Sie z. B. die passenden Höflichkeitsformen? Können Sie z. B. an ein Geschäft schreiben und um Informationen bitten oder an Ihre Vermieterin schreiben, um sich zu beschweren? Erkennt man, was für ein Brief das ist? An ein Geschäft schreibt man etwas anders als an eine bekannte Person. Wichtig ist auch: Verbinden Sie einzelne Sätze und Ideen zu einem Text?

Korrektheit: Wie gut ist Ihre Grammatik? Sie dürfen Fehler machen, aber man muss verstehen, was Sie sagen wollen. Denken Sie z. B. an die richtigen Verbendungen, Zeitformen, Verbindungen, den Satzbau und auch an Satzzeichen (Punkt, Komma, Fragezeichen).

Wortschatz: Benutzen Sie die passenden Wörter für das Thema und die Aufgabe?

Die Bewertung für Sprechen

Im Teil *Sprechen* ordnen zwei Prüfer/innen Ihre Leistung nach fünf Kriterien einem Niveau zu.
Für jeden Teil wird die **Inhaltliche Angemessenheit / Aufgabenbewältigung** bewertet.

Teil 1: Können Sie sich vorstellen? Nur ganz kurz oder auch mit mehr Details? Können Sie auf die Fragen nur knapp oder ausführlich antworten?

Teil 2: Können Sie die Hauptinhalte auf dem Foto nur ganz kurz beschreiben oder mehr dazu sagen? Antworten Sie auf die Fragen zu Ihren Erfahrungen nur ganz kurz oder können Sie etwas mehr erzählen?

Teil 3: Können Sie das Gespräch anfangen und weiterführen, Ihre Vorschläge machen und Ihre Meinung sagen? Verstehen Sie, was Ihr/e Gesprächspartner/in sagt und reagieren Sie passend? Sprechen Sie wirklich miteinander und planen Sie zusammen?

Alle Teile zusammen werden nach diesen Kriterien bewertet:

Aussprache/Intonation: Kann man Sie verstehen? Versteht man, welches Wort Sie sagen oder ob Sie eine Frage stellen oder eine Aussage machen?

Flüssigkeit: Dauert es länger, bevor Sie etwas sagen (weil Sie zuerst überlegen müssen, wie Sie das sagen)? Sie dürfen natürlich nachdenken, aber die Pausen sollten nicht zu lang sein.

Korrektheit: Wie gut ist Ihre Grammatik? Sie dürfen Fehler machen und Sie dürfen sich auch korrigieren. Aber man muss verstehen, was Sie sagen wollen. Denken Sie z. B. an die richtigen Verbendungen, Zeitformen und Verbindungen.

Wortschatz: Kennen Sie die Wörter, die man für den Alltag braucht? Benutzen Sie die Wörter richtig, wenn Sie über die verschiedenen Themen und Aufgaben sprechen?

Üben

23 **1 Durchsagen: Wo hören Sie die Durchsage? Kreuzen Sie an.**

	a	b
1	☒ am Bahnhof	b in der Straßenbahn
2	a im Flugzeug	b im Bus
3	a in der U-Bahnstation	b im Zug
4	a am Busbahnhof	b im Kaufhaus
5	a am Flughafen	b im Möbelhaus
6	a im Supermarkt	b im Elektromarkt

2a Durchsagen im Kaufhaus und Supermarkt: Ergänzen Sie die Wörter.

1 Nur heute im S_o_nd__r__ng__b__t: Äpfel und Birnen aus der Region!

2 Machen Sie bei unserem G__w__nnsp__el mit und gewinnen Sie ein Handy.

3 Im August beginnt der Schlussverkauf und Sie bekommen 15 % R__b__tt auf Sommermode.

4 Die Sportabteilung ist im vierten St__ckw__rk, der Supermarkt ist im Erdg__sch__ss.

5 Wir haben neue Öffn__ngsz__ __ t__n: Jetzt immer bis 21 Uhr geöffnet!

24 **2b Was passt am besten? Hören Sie die Durchsagen und kreuzen Sie an.**

		a	b
1	Das Kaufhaus	a schließt bald.	b ist morgen geschlossen.
2	Im dritten Stock gibt es	a 20 % Rabatt.	b Elektrogeräte.
3	Kleidung für Kinder	a gibt es im Erdgeschoss.	b ist im Sonderangebot.
4	Die Lebensmittelabteilung	a macht ein Gewinnspiel.	b eröffnet neu.
5	Ein Kilo Äpfel kostet heute	a 1,99 €	b 1,69 €
6	Vier Flaschen Cola kosten	a 3,50 €	b 3,10 €

3a Durchsagen unterwegs: Trennen Sie sieben Wörter in der Wortschlange.

FLUGGÄSTE|SCHALTERFAHRGÄSTEGLEISZÜGEHALTESTELLEVERSPÄTUNG

3b Ergänzen Sie die Wörter aus der Wortschlange.

1 Personen im Flugzeug sind ...Fluggäste... oder Passagiere.

2 Der Bus fährt am Hauptbahnhof ab, die nächste .... ist dann „Rathaus".

3 Der IC 234 kommt an .... 4 an.

4 Informationen und Tickets bekommt man im Bahnhof am ....

5 Der Bus hat fast jeden Tag ...., weil auf der Strecke eine Baustelle ist.

6 Passagiere in öffentlichen Verkehrsmitteln sind ....

7 ICE, Intercity (IC), Regionalexpress und Regionalbahn sind ....

3c **Ergänzen Sie das passende Verb.**

abfahren | nehmen | hält | fällt … aus | landet | steigen … um

1 Dieser Bus fährt heute nur bis „Kaiserplatz". Zum Bahnhof ………… Sie die Linie 106.
2 Nächster Halt: Karlsruhe Hauptbahnhof. Fahrgäste nach Stuttgart Hauptbahnhof ………… hier bitte in den ICE Richtung München ………… .
3 Wegen Bauarbeiten ………… dieser Zug heute nicht in Köln Süd.
4 Leider kann dieser Zug erst in 15 Minuten …………, da wir auf den ICE aus Passau warten. Wir bitten um Entschuldigung.
5 Die Maschine SL 234 aus Istanbul ………… mit zwei Stunden Verspätung.
6 ICE 997 nach Dresden Hauptbahnhof ………… heute ………… . Grund dafür ist …

25 3d **Was passt am besten? Hören Sie die Durchsagen und kreuzen Sie an.**

1 Der Bus M41 hält am [a] Adenauerplatz. [b] Südbahnhof.
2 Fahrgäste nach Köln [a] steigen in Siegburg um. [b] bleiben im Zug sitzen.
3 Der Flug LH 2245 [a] fällt heute aus. [b] landet um 12:15 Uhr.
4 Am Wochenende [a] fährt die Linie S1 nicht. [b] ist die Innenstadt gesperrt.

4 **Ansagen bei Behörden: Welche Ansage passt zur Situation? Ordnen Sie zu.**

a Das Fundbüro hat am Montag leider geschlossen.

b Um eine Veranstaltung anzumelden, wenden Sie sich an das Bürgerbüro in Ihrem Stadtteil.

c Termine vereinbaren Sie bitte auf unserem Online-Portal im Internet.

d Antragsformulare für Anwohnerparkausweise finden Sie auf unserer Internetseite.

e Das Service-Center der Stadtreinigung erreichen Sie unter der Nummer 012 …

	Ansage:
1 Herr Niegel braucht einen Termin beim Sozialamt.	…c…
2 Der Müll wurde bei Ihrem Haus letzte Woche nicht abgeholt.	………
3 Sie müssen einen Parkausweis beantragen.	………
4 Sie haben Ihre Tasche verloren.	………
5 Frau Volkov möchte in ihrer Straße einen Flohmarkt organisieren.	………

5a Ansagen beim Arzt: Was bedeuten die Wörter? Verbinden Sie.

1 Praxis	**a** hier bekommt man Medikamente
2 Sprechzeiten	**b** hier arbeitet eine Ärztin / ein Arzt
3 ärztlicher Bereitschaftsdienst	**c** etwas ist sehr wichtig und muss schnell gehen
4 Rezept	**d** eine gefährliche Situation
5 Apotheken	**e** zu diesen Zeiten arbeitet die Ärztin / der Arzt
6 Notfall	**f** damit bekommt man das richtige Medikament
7 dringend	**g** dort arbeiten Ärztinnen und Ärzte nachts oder am Wochenende, man kann dort anrufen

26 5b Welche Wörter hören Sie? Kreuzen Sie an.

- ☐ Bereitschaftsdienst
- ☐ dringenden
- ☐ Rezept
- ☐ Apotheken
- ☐ Notfallnummer
- ☒ Hausarztpraxis
- ☐ Sprechzeiten

5c Ergänzen Sie die passenden Wörter aus 5b.

Sie sind verbunden mit der (1) ......Hausarztpraxis...... Dr. Asenow. Leider rufen Sie außerhalb unserer (2) .... an. Diese sind: Montag bis Freitag von 7 Uhr bis 13 Uhr. In (3) .... Fällen sind wir unter der (4) .... 01773 455211 erreichbar. Immer montags, dienstags, donnerstags und freitags bis 19 Uhr. Nach 19 Uhr sowie an Wochenenden und Feiertagen wenden Sie sich bitte an den ärztlichen (5) .... unter der Rufnummer 116 117.

27 5d Was passt am besten? Hören Sie die Ansagen und kreuzen Sie an.

1 Welche Apotheke ist am Sonntag geöffnet?
- [a] die Apotheke am Markt.
- [b] die Sonnen-Apotheke.

2 Es ist 23 Uhr, Sie haben Zahnschmerzen. Was sollen Sie tun?
- [a] Zur Zahnklinik gehen.
- [b] Die Notfallnummer wählen.

28 6 Ansagen bei einer Hotline: Was sollen Sie machen? Hören Sie und kreuzen Sie an.

	Die „1“ wählen.	Die „2“ wählen	Die „3“ wählen
Hotline: Anbieter für Kabelfernsehen und Internet			
1 Sie möchten ein Problem melden.	☐	☐	☐
2 Sie möchten sich über einen Internetanschluss informieren.	☒	☐	☐
3 Sie haben ein Problem mit Ihrer Rechnung.	☐	☐	☐
Hotline: Konzertkasse			
1 Sie möchten eine Konzertkarte zurückgeben.	☐	☐	☐
2 Sie möchten ein Ticket kaufen.	☐	☐	☐
3 Sie möchten wissen, wann das Konzert im Park stattfindet.	☐	☐	☐

▶ 29 7a Persönliche Nachrichten: Wer ruft Sie an? Hören und verbinden Sie.

Nachricht 1	**a**	Ihr Vermieter
Nachricht 2	**b**	ein Mitarbeiter von der Bank
Nachricht 3	**c**	die Lehrerin von Ihrer Tochter
Nachricht 4	**d**	eine Mitarbeiterin von der Bibliothek
Nachricht 5	**e**	eine Mitarbeiterin von Ihrer Hausarztpraxis

7b Ergänzen Sie die Verben.

1 Sie haben einen Kuchen bestellt. Morgen können Sie den Kuchen abh__l__n.

2 Sie haben einen Termin beim Amt und sollen Ihren Ausweis m__tbr__ng__n.

3 Es gibt ein Problem mit Ihrem Termin. Sie sollen den Zahnarzt z__r__ckr__f__n.

4 Sie können eine Wohnung besichtigen. Der Vermieter bittet Sie, um 8 Uhr zu k__mm__n.

5 Sie möchten ein Konto eröffnen und müssen ein Formular an die Bank sch__ck__n.

▶ 30 7c Was hören Sie nicht? Streichen Sie durch.

1 Sie können das Medikament ~~am Abend~~ | erst morgen abholen.
2 Sie müssen den Antrag | das Angebot per Mail schicken.
3 Sie können zum Bereitschaftsdienst am Kirchplatz | in der Bergstraße gehen.
4 Sie sollen die Papiere in der Schule | bei der Lehrerin abgeben.

▶ 31 7d Was passt am besten? Hören Sie die Mitteilungen und kreuzen Sie an.

1 Wann können Sie zum Bürgerbüro gehen?
[a] Montagvormittag [b] Montagnachmittag [c] Dienstagnachmittag

2 Wann ist Ihr neuer Arzttermin?
[a] am Montag um 12 Uhr [b] am Mittwoch um 11 Uhr [c] am Freitag um 10 Uhr

8 Zeiten: Was bedeutet dasselbe? Verbinden Sie.

Uhrzeiten

1 9 Uhr	**a** früh am Morgen
2 12:30 Uhr	**b** am Nachmittag
3 6:00 Uhr	**c** am Abend
4 15 Uhr	**d** mittags
5 21 Uhr	**e** neun Uhr morgens

Tage und Wochen

1 Montag	**a** vor zwei Tagen
2 Donnerstag	**b** Anfang der Woche
3 Samstag und Sonntag	**c** in zwei Tagen
4 übermorgen	**d** am Wochenende
5 vorgestern	**e** gegen Ende der Woche

1a Was läuft im Radio? Trennen Sie acht Wörter.

VERANSTALTUNGSTIPPS/WERBUNGSPORTWETTERBERICHT

VERKEHRSMELDUNGENNACHRICHTENMUSIKGEWINNSPIELE

1b Was läuft im Radio? Ordnen Sie die Wörter aus 1a zu.

1 Fest, Wochenende, feiern, ansehen, besuchen, Museum: Veranstaltungstipps

2 Regen, sonnig, kälter, im Westen, Temperaturen, Herbst: ……

3 Lied, Sängerin, Künstler, Star, Konzert, auftreten: eine Sendung über

4 Autobahn, Stau, Baustelle, Umleitung, A 2, Unfall, vorsichtig, Achtung: ……

5 Minister, Politik, Konferenz, international, Hauptstadt, Entscheidung: ……

6 neu, kaufen Sie, Euro, Angebot, ausprobieren, am besten: ……

7 Fußball, Ergebnis, Spiel, gewinnen, verloren, Stadion, Wettbewerb: …… nachrichten

8 Chance, Preis, anrufen, Frage, Geld, Gutschein, gewinnen: ……

32 **1c Was hören Sie im Radio? Hören Sie und kreuzen Sie an.**

1 Sie hören ☒ Verkehrsmeldungen. ☐ Sportnachrichten.
Es geht um ☐ Fußball. ☐ einen Stau.

2 Sie hören ☐ eine Musiksendung. ☐ Veranstaltungstipps.
Das Konzert ☐ ist ein Tipp für nächste Woche. ☐ war gestern.

3 Sie hören ☐ Tipps für die Gesundheit. ☐ den Wetterbericht.
Es geht um ☐ Erkältungen. ☐ das schlechte Wetter.

4 Sie hören ☐ die Nachrichten. ☐ Werbung.
Man ☐ bekommt wichtige Informationen. ☐ soll in dem Kaufhaus einkaufen.

2a Nachrichten: Unterstreichen Sie die Verben.

Bonn: Gestern kam es zu einem großen Feuer in der Bonner Altstadt. In der Nacht brannten mehrere Häuser. Es gab zehn Verletzte, einige davon schwer. An der Rettungsaktion nahmen die Feuerwehr und viele freiwillige Helferinnen und Helfer teil. Die Polizei sprach mit Augenzeugen. Niemand wusste etwas zur Ursache des Unglücks.

2b Ordnen Sie die Verben aus 2a zu den Infinitiven.

Infinitiv	Präteritum
kommen	es kam
brennen	Häuser ……
geben	es ……

Infinitiv	Präteritum
teilnehmen	sie (Pl.) …… ……
sprechen	die Polizei ……
wissen	niemand ……

3a Wetterbericht: Was bedeutet dasselbe? Ergänzen Sie.

Blitze | kalt | nass | sonnig | windig

1 Die Sonne scheint. — Der Tag wird ....
2 Es regnet weiter in allen Regionen. — Überall bleibt es ....
3 Es gibt einen Sturm. — Es wird sehr ....
4 Die Temperaturen fallen auf Minus 5 Grad. — Es wird sehr ....
5 Von Westen her zieht ein Gewitter auf. — Es gibt Regen, Donner und ....

33 **3b Wie wird das Wetter? Hören und verbinden Sie.**

1 In Norddeutschland
2 In Westdeutschland
3 In Süddeutschland
4 In Ostdeutschland

a wird es warm, aber nass.
b wird es trocken und kalt.
c wird es sonnig.
d schneit es am Montag.

34 **3c Welche Lösung passt am besten? Hören Sie und kreuzen Sie an.**

1 Wann wird es windig?
- a am Donnerstag
- b am Mittwoch
- c am Wochenanfang

2 Wie wird das Wetter am Dienstag?
- a regnerisch und kühl
- b warm und sonnig
- c wärmer und trocken

4a Verkehrsmeldungen: Was passt nicht? Streichen Sie durch.

1 Straßen: Autobahn | Fahrbahn | Bundesstraße | Straßenbahn | Landstraße
2 Fahrzeuge: Bus | Feuerwehr | Auto | PKW | LKW | Fahrrad
3 Probleme im Verkehr: Stau | Falschfahrer | Baustelle | freie Fahrt | Sperrung | Unfall

4b Schreiben Sie die Wörter richtig.

1 Fahren Sie bei ......Nebel...... (belNe) bitte vorsichtig, Sie sehen keine 50 Meter weit.
2 Hier stehen alle Autos, es sind bereits 8 Kilometer .... (taSu).
3 Hier gibt es eine .... (Uleimtugn), fahren Sie über die B 41.
4 Fahren Sie bitte langsam, es sind Tiere auf der .... (banhFhra).
5 Auf der B 2 gab es einen .... (llafUn), die Polizei ist im Einsatz.
6 Wegen einer Demonstration ist die Innenstadt für den Verkehr .... (perrgest).
7 Achtung auf der A 6: Im Kreuz Walldorf laufen .... (sonPreen) auf der Fahrbahn.
8 Die .... (zeiliPo) bittet um Ihre Mithilfe.

4c Kennen Sie die Abkürzungen? Ergänzen Sie.

1 Autobahn 5: ....
2 Bundesstraße 3: ....
3 Umleitung 45: ....

▶ 35 **4d Hören Sie die Verkehrsmeldung und kreuzen Sie an.**

1 Auf der A 2
[a] gibt es einen Stau. [b] sind Personen auf der Fahrbahn.

2 Auf der A 5
[a] gibt es eine Umleitung. [b] gibt es keinen Stau mehr.

3 Auf der B 203
[a] gab es einen Unfall. [b] sieht man schlecht.

5a Werbung: Ergänzen Sie.

1 K__ __fen Sie den neuen *TAP 3 Automatik* jetzt zum Sonderpreis!

2 T__st__n Sie das Angebot eine Woche kostenlos!

3 K__mm__ __ Sie zum verkaufsoffenen Sonntag in unser Shopping-Paradies!

4 Pr__b__ __ren Sie es __ __s ! Sie bekommen das Spray in jeder Apotheke.

▶ 36 **5b Hören Sie die Werbung und kreuzen Sie an.**

1	Wann ist die Neueröffnung?	[a] Am Samstag.	[b] Am Sonntag.	[c] Am 15. Mai.
2	Wann öffnet das Möbelhaus?	[a] Um 12 Uhr.	[b] Um 14 Uhr.	[c] Um 15 Uhr.
3	Was ist im Mai billiger?	[a] Lampen.	[b] Sofas.	[c] Gartenmöbel.
4	Wann schließt das Möbelhaus?	[a] Um 15 Uhr.	[b] Um 18 Uhr.	[c] Um 20 Uhr.

6a Gesundheit: Schreiben Sie die Wörter richtig.

1 Man bekommt das Medikament ohne Rezept, es ist .... (zepretfrei).

2 Die Vitamine nimmt man jeden Tag, also .... (ägtichl).

3 Wenn etwas wehtut, sagt man auch: Ich habe .... (Smerchenz).

4 Wenn man Sport gemacht hat, sagt man auch: Ich war beim .... (raiTingn).

▶ 37 **6b Medikamente: Hören Sie und verbinden Sie.**

1 Die Tabletten	**a** sind gut bei Erkältungen.
2 Die Tropfen	**b** ist gut bei Rückenschmerzen.
3 Das Spray	**c** hilft bei Allergien.
4 Die Salbe	**d** helfen gegen Magenschmerzen.

6c Welche Lösung passt? Hören Sie noch einmal und kreuzen Sie an.

1 Die Tabletten
[a] können auch Kinder nehmen.
[b] soll man einmal am Tag nehmen.

2 Die Tropfen
[a] bekommt man auf Rezept.
[b] soll man vor dem Essen nehmen.

3 Das Spray
[a] ist nur für Kinder.
[b] nimmt man jeden Tag.

4 Die Salbe
[a] gibt es nur in Apotheken.
[b] kann man nach dem Sport benutzen.

7 Veranstaltungen: Ergänzen Sie.

Flohmarkt | Stadtfest | Sportfest | Tag der offenen Tür | Kurs

1 Sie wollen tanzen lernen? Es sind noch Plätze frei in unserem Salsa-.................... für Anfänger.

2 Den ganzen Tag über gibt es auf dem .... Musik, Spiele und Essen für die ganze Familie – am Sonntag auf dem Marktplatz.

3 Was macht die Feuerwehr? Sehen Sie selbst am ....

4 Gebrauchte Sachen kaufen oder verkaufen? Am Samstag findet im Stadtpark der große .... statt.

5 Der älteste Turnverein der Stadt lädt zum .... ein. Dort können Sie auch unbekannte Sportarten wie Bogenschießen oder Jugger ausprobieren!

38 8 Uhrzeiten: Hören Sie und kreuzen Sie an.

1 Wann kann man etwas gewinnen?
[a] um 5 Uhr [b] um 7 Uhr [c] um 7:15 Uhr

2 Wann kommt das Interview mit der Fotografin?
[a] um 10 Uhr [b] um 15 Uhr [c] um 17 Uhr

3 Ab wann kann man Musik hören?
[a] ab 20:00 Uhr [b] ab 20:30 Uhr [c] ab 21:30 Uhr

9a Warnungen: Was sollen Sie tun? Ergänzen Sie in der richtigen Form.

fahren | ~~waschen~~ | anrufen | trinken | tragen | installieren | rausgehen | hören

1 ....Waschen.................... Sie sich Gesicht und Hände, wenn Sie nach Hause kommen.

2 .... Sie in den nächsten Stunden möglichst nicht ....

3 .... Sie regelmäßig Nachrichten, um sich zu informieren.

4 .... Sie nicht mit dem eigenen Auto in die Innenstadt.

5 .... Sie kein Leitungswasser.

6 .... Sie den Notruf ...., wenn Sie Gas riechen.

7 .... Sie die Notfall-App, um alle Informationen direkt zu bekommen.

8 .... Sie einen Sonnenhut und trinken Sie viel Wasser.

39 9b Was raten Expertinnen und Experten? Kreuzen Sie an.

1 Wie oft soll man einen Allergietest machen?
[a] alle drei bis 5 Jahre [b] jährlich [c] oft

2 Was sollen Sie bei Schmerzen in der Hand tun?
[a] Schmerzmittel nehmen [b] Übungen machen [c] weniger am Computer arbeiten

3 Wer soll bei hohen Temperaturen nicht aus dem Haus gehen?
[a] Erwachsene und Jugendliche [b] Kinder und Jugendliche [c] Kinder und Senioren

1a Finden und markieren Sie 8 Personen.

G	B	P	A	F	G	H	N	A	C	H	B	A	R
M	I	T	A	R	B	E	I	T	E	R	Y	Z	Q
K	O	L	L	E	G	E	K	F	M	X	A	R	N
O	P	K	K	U	N	D	E	B	I	C	H	E	F
B	E	K	A	N	N	T	E	W	E	R	T	Z	U
D	F	G	H	D	P	A	T	I	E	N	T	I	N

1b Ergänzen Sie Personen aus 1a. Schreiben Sie die weibliche und die männliche Form.

1 wohnt in Ihrem Haus, nebenan oder gegenüber: die Nachbarin, der Nachbar
2 arbeitet mit Ihnen in derselben Firma: die ..., der ...
3 kennt Sie gut, oft auch schon lange: die ..., der ...
4 kennt Sie, aber nicht so gut: die ..., der ...
5 geht zum Arzt, weil sie/er krank ist: die ..., der ...
6 kauft oder bestellt etwas in einem Geschäft: die ..., der ...
7 arbeitet in einem Geschäft, einer Firma: die ..., der ...
8 sagt Ihnen, was Sie bei der Arbeit machen müssen: die ..., der ...

▶ 40 1c Wer sagt das? Hören Sie und kreuzen Sie an.

1 [a] ein Kunde [b] ein Verkäufer
2 [a] eine Ärztin [b] eine Patientin
3 [a] Ihre Freundin [b] Ihre Nachbarin
4 [a] der Lehrer von Simon [b] der Vater von Simon
5 [a] ein Arzt [b] ein Mitarbeiter im Sportstudio
6 [a] eine Kundin [b] eine Mitarbeiterin vom Technik-Service

▶ 41 1d Was passt am besten? Hören Sie und kreuzen Sie an.

1 Die Patientin soll [a] zu einem Spezialisten gehen. [b] einen neuen Termin machen.
2 Frau Rizzo kann [a] später einen Kurs machen. [b] einen Onlinekurs buchen.
3 Die Kundin [a] wartet bis 10 Uhr. [b] hat nachmittags Zeit.

2a Bei der Arbeit: Was passt? Ergänzen Sie.

übernehmen | zeugnis | Praktikum | Personal | beantragen | Überstunden

1 Kannst du am Freitag für mich arbeiten und meine Schicht ....?

2 Schicken Sie bei der Bewerbung bitte auch Ihr Zertifikat vom Sprachkurs mit und Ihr letztes Schul.. .

3 Ich würde gern ein .... machen, für drei Monate.

4 Wir haben zu wenig Leute in der Firma! Wir brauchen dringend mehr ....

5 Im Sommer will ich nach Spanien fahren, aber ich muss den Urlaub noch ....

6 Ilana arbeitet zu viel, sie hat diesen Monat schon 20 .... gemacht.

2b Was passt nicht? Streichen Sie durch.

1 einen Termin vereinbaren | verschieben | ~~kommen~~ | absagen
2 wichtige Papiere unterschreiben | schicken | wegwerfen | bewerben
3 eine Kollegin anrufen | abschicken | abholen | treffen
4 die Bestellung vergessen | erkundigen | ändern | bekommen

42 2c Was passt am besten? Hören Sie und kreuzen Sie an.

1 Die Kollegin soll die Geräte	a anmachen.	b ausmachen.
2 Patrick sucht	a eine Arbeit.	b Hilfe bei seiner Bewerbung.
3 Die Mitarbeiterin kann	a keinen Kurs machen.	b am Kurs teilnehmen.
4 Der Kunde möchte einen Termin	a ausmachen.	b absagen.

2d Welches Verb passt am besten? Unterstreichen Sie.

Miguel, es ist sehr wichtig, dass du bis morgen den Vertrag liest und unterschreibst, okay?

1 Miguel <u>muss</u> | kann | will den Vertrag lesen.

Frau Cheng, könnten Sie bitte daran denken, abends immer die Tür abzuschließen?

2 Frau Cheng darf | kann | soll die Tür abschließen.

Mein Chef hat nicht erlaubt, dass ich im August Urlaub nehme, weil immer nur zwei Leute gleichzeitig Urlaub machen können.

3 Sina will | darf | muss im August keinen Urlaub nehmen.

Denkst du, es gibt noch Karten für das Zirkusfest? Jule würde so gern hingehen. Ich habe aber vergessen, Karten zu reservieren.

4 Jule möchte | muss | kann zum Zirkusfest gehen.

▶ 43 3 Hören und verbinden Sie.

1 Sara	**a** hat keine Lust auf das Fest.
2 Herr Rahil	**b** beschwert sich über einen Mitarbeiter.
3 Linus Barth	**c** ärgert sich über die Arbeit.
4 Carolin	**d** freut sich auf die Feier.

▶ 44 4 Hören und markieren Sie: richtig oder falsch?

1 Daniela und Nils sind Nachbarn.	*richtig / falsch*
2 Daniela und ihr Chef sprechen über Danielas Urlaub.	*richtig / falsch*
3 Daniela geht mit ihrem Kollegen zum Mittagessen.	*richtig / falsch*
4 Daniela und ihr Freund sind im Fitness-Studio.	*richtig / falsch*

▶ 45 5a Hören Sie das Gespräch und markieren Sie: Ist die Aussage richtig oder falsch? Und welche Antwort (a, b oder c) passt am besten?

1 Frau Nielsen ist in einem Elektrogeschäft.
richtig/falsch

2 Frau Nilsen möchte
- **a** einen neuen Drucker kaufen.
- **b** ihr Geld zurück.
- **c** den Drucker zurückgeben.

▶ 45 5b Hören Sie das Gespräch und markieren Sie: Ist die Aussage richtig oder falsch? Und welche Antwort (a, b oder c) passt am besten?

10 Frau Nielsen ist im Büro.
richtig/falsch

11 Frau Nielsen hat den Drucker
- **a** gerade repariert.
- **b** neu gekauft.
- **c** schon umgetauscht.

Teil 3

10	☐ richtig		☐ falsch	**10**
11	☐ a	☐ b	☐ c	**11**

▶ 46 6 Hören Sie das Gespräch und markieren Sie: Ist die Aussage richtig oder falsch? Und welche Antwort (a, b oder c) passt am besten?

12 Frau Ramirez sucht eine Wohnung.
richtig/falsch

13 Die Wohnung ist
- **a** frisch renoviert.
- **b** sehr hell.
- **c** 40 Quadratmeter groß.

12	☐ richtig		☐ falsch	**12**
13	☐ a	☐ b	☐ c	**13**

In der Prüfung müssen Sie Ihre Lösungen auf dem Antwortbogen ankreuzen:

Markieren Sie so: ☒ NICHT so: ✗☐ ☒ ⊠

1a Trennen Sie die Wörter in der Wortschlange.

MEDIEN\AUSBILDUNGERNÄHRUNGUMWELTWOHNENGESUNDHEITSCHULEVERKEHR

1b Welches Thema aus 1a passt zu der Aussage? Ordnen Sie zu.

1 Die Leute sehen zu viel fern.	Medien
2 Es ist wichtig, regelmäßig zum Arzt zu gehen.	
3 Zug fahren ist in Deutschland zu teuer.	
4 Die Mieten sind in Deutschland viel zu hoch.	
5 In der Zeit lernt man einen Beruf.	
6 Es ist wichtig, viel Gemüse zu essen.	
7 Kinder sollten mehr praktische Sachen lernen.	
8 Zu viel Müll ist das größte Problem.	

1c Was bedeutet ungefähr dasselbe? Verbinden Sie.

1 sich untersuchen lassen	**a** Zeit zusammen verbringen
2 sich besser ernähren	**b** sich um jemanden kümmern
3 mit dem Rauchen aufhören	**c** weniger Strom verbrauchen
4 jemanden betreuen	**d** zum Arzt gehen
5 gemeinsam etwas machen	**e** versuchen, weniger wegzuwerfen
6 Müll vermeiden	**f** mehr gesunde Sachen essen
7 Strom sparen	**g** nicht mehr rauchen

1d Ergänzen Sie.

1 Ich verbringe wenig Zeit im Int__rn__t. Eigentlich bin ich nur bei der Arbeit onl__n__.

2 Ich versuche gerade, meine Ernährung zu __nd__rn: Ich will Zucker r__d__zier__n, im Moment esse ich viel zu viel Schokolade.

3 Die öffentlichen Verkehrsmittel n__tz__ ich nicht so oft. Manchmal f__hr__ ich mit der U-Bahn, aber nicht so gern.

4 Ein gesundes Leben ist doch gar nicht so t__ __er! Es k__st__t nicht viel, sich regelmäßig zu bewegen und weniger Fastfood zu essen.

5 Es ist nicht leicht, eine günstige Wohnung zu f__nd__n, man muss oft lange s__ch__n.

6 Den F__rns__h__r mache ich fast nie an, ich sehe mir Serien und Filme am C__mp__t__r an.

2a Adjektive: Was ist das Gegenteil? Ergänzen Sie.

hässlich | modern | gesund | ruhig / leise | dunkel | günstig / billig | langsam | unpraktisch | wenig | niedrig / tief

1 laut – ....
2 teuer – ....
3 ungesund – ....
4 schnell – ....
5 altmodisch – ....
6 viel – ....
7 schön – ....
8 praktisch – ....
9 hoch – ....
10 hell – ....

▶ 47 2b Was hören Sie? Kreuzen Sie an.

1 [a] teuer [b] zu teuer [c] am teuersten
2 [a] besser [b] am besten [c] am meisten
3 [a] zu viel [b] sehr viel [c] viel mehr
4 [a] wenig [b] weniger [c] zu wenig
5 [a] wichtig [b] wichtiger [c] am wichtigsten

2c Was passt? Kreuzen Sie an.

1 Ich muss 50 € mehr Miete zahlen. Meine Wohnung ist [a] teurer [b] teuer als letztes Jahr.
2 Die Wohnung wird dann wirklich [a] am teuersten [b] zu teuer für mich. Mehr Miete kann ich nicht zahlen.
3 München ist [a] die teuerste [b] zu teuer Stadt in Deutschland. Hier zu leben, kostet so viel wie in keiner anderen Stadt.
4 Frankfurt ist auch sehr [a] teurer [b] teuer und die Mieten sehr hoch.

2d Was sagt die Person? Ergänzen Sie.

1 Auf dem Land ist man mit dem Auto ..... schneller ..... als mit dem Bus.
2 In der Stadt fährt man mit Bus und Bahn ....
3 Manche Autofahrer fahren in der Stadt viel ....

zu schnell | ~~schneller~~ | am schnellsten

4 Früher war die Schule .... als heute.
5 Die Zeit zum Lernen ist viel ....
6 In einer Ganztagsschule lernen die Kinder ....

zu kurz | am meisten | besser

7 Kleine Kinder sollten .... Süßigkeiten essen.
8 Man kann auch .... Obst essen.
9 Aber .... Obst ist auch nicht gut.

zu viel | weniger | mehr

10 Eine schnelle Internetverbindung ist ....
11 Man hat Nachteile, wenn die Verbindung .... ist.
12 Es ist also ...., etwas mehr Geld zu zahlen.

schlecht | besser | am wichtigsten

▶ 48 2e Hören Sie zur Kontrolle.

3 Was bedeutet dasselbe? Kreuzen Sie an.

		a	b
1	Wir haben <u>eben</u> <u>erst</u> darüber gesprochen.	[a] vor wenigen Minuten	[b] gestern
2	Das muss man <u>direkt</u> machen.	[a] in ein paar Stunden	[b] sofort
3	Ich spreche <u>zuerst</u> mit einem Arzt.	[a] vorher	[b] am Ende
4	Ich gehe <u>ab und zu</u> zum Sport.	[a] nicht so oft	[b] häufig
5	Wir machen das nur <u>selten</u>.	[a] nie	[b] nicht oft
6	Die Kollegen machen <u>ständig</u> Urlaub.	[a] manchmal	[b] sehr oft

4 Meinungen: Sind die Aussagen eher positiv oder negativ? Markieren Sie.

1	Das finde ich schrecklich.	☺	☹ (markiert)
2	So finde ich das richtig.	☺	☹
3	Das kann ich sehr gut verstehen.	☺	☹
4	Am besten finde ich …	☺	☹
5	Das kann man so nicht machen.	☺	☹
6	Das ist echt eine gute Idee.	☺	☹
7	Das ist nicht in Ordnung.	☺	☹
8	Das sollte immer so sein.	☺	☹
9	So etwas kann ich nicht verstehen.	☺	☹
10	Das ist problematisch.	☺	☹
11	Genau das ist wirklich wichtig.	☺	☹
12	Ich persönlich mag das überhaupt nicht.	☺	☹
13	Zum Glück …	☺	☹

5a Welcher Satz passt besser zu der Aussage? Kreuzen Sie an.

1 *Wenn meine Nachbarn um 10 Uhr abends noch laut Musik hören, finde ich das nicht in Ordnung. Ich gehe dann auch manchmal zu ihnen und bitte um Ruhe. Aber immer höflich.*

[a] Nach 22 Uhr sollen die Nachbarn leise sein.
[b] Wenn es zu laut ist, sollte man sich beschweren.

2 *Bio-Produkte sind oft zu teuer. Das ist problematisch, denn so können sich nicht alle Leute gesunde Lebensmittel leisten.*

[a] Die Leute sollten mehr Bio-Produkte essen.
[b] Die Preise von gesunden Lebensmitteln sind zu hoch.

3 *Mein Gehalt als Auszubildender ist sehr niedrig. Ich kann mir keine eigene Wohnung leisten, obwohl ich viel arbeite. Das verstehe ich einfach nicht. Ich arbeite gern viel, aber dann will ich auch mehr verdienen.*

[a] In der Ausbildung sollte der Lohn höher sein.
[b] Auszubildende arbeiten zu viel.

49 **5b Welcher Satz passt besser zur Aussage? Hören Sie die Aussagen und kreuzen Sie an.**

1 a Man sollte das Auto weniger benutzen.
b Man sollte weniger einkaufen.

2 a Kinder sollen in der Kita mehr lernen.
b Es ist besser, wenn Kinder früh in die Kita kommen.

3 a Es ist nicht gut, immer gleich Medikamente zu nehmen.
b Wenn man viel Tee trinkt, ist man seltener krank.

6a Unterstreichen Sie wichtige Wörter in den Sätzen.

a Für die Gesundheit sollte man in der Stadt wohnen.
b Kinder sollten in der Natur aufwachsen.
c Am besten gefällt mir die Ruhe auf dem Land.
d Am wichtigsten ist das Auto, wenn man auf dem Land wohnt.

50 **6b Welcher Satz passt am besten zur Aussage? Hören Sie und kreuzen Sie in 6a an.**

Achten Sie in der Aussage darauf: Wie sagt die Person ihre Meinung? Was ist für die Person z.B. am wichtigsten?

6c Welche Stelle in der Aussage hat Ihnen bei der Lösung geholfen? Unterstreichen Sie.

Ich weiß, dass viele Leute lieber in der Stadt sind. Aber ich wohne gern auf dem Land. Hier ist es nicht so laut und die Luft ist besser, das ist ja auch gesund. Wir haben drei Kinder und die fühlen sich hier natürlich sehr wohl. Eigentlich vermissen wir nichts. Klar, man braucht oft ein Auto, die Busse fahren hier sehr selten. Aber mir ist am wichtigsten, dass ich nicht in dem Stress und dem Lärm der Stadt wohne. Dafür fahre ich auch mal gern länger zum Supermarkt.

7a Lesen Sie die Sätze und unterstreichen Sie wichtige Wörter.

a Am besten nimmt man gleich eine Tablette.
b Bei Rückenschmerzen sollte man schnell zum Arzt gehen.
c Bei Rückenschmerzen helfen Wärme und Schmerztabletten.
d Man sollte bei Schmerzen viel Sport machen.
e Wenn man Rückenschmerzen hat, hilft etwas Bewegung.
f Wichtig ist, dass man keine starken Medikamente nimmt.

51 **7b Welcher Satz aus 7a passt zu welcher Aussage? Hören Sie und markieren Sie Ihre Lösungen.**

18 …

19 …

20 …

Teil 4

18	☐ a	☐ b	☐ c	☐ d	☐ e	☐ f	18
19	☐ a	☐ b	☐ c	☐ d	☐ e	☐ f	19
20	☐ a	☐ b	☐ c	☐ d	☐ e	☐ f	20

1a Übersichten: Was für Texte sind das? Ergänzen Sie.

Ihre Krankenkasse – Bleiben Sie gesund	
Bereich	**Kurse**
Entspannung	Yoga, Meditation, Schlaftraing, Power
Bewegung und Fitness	Herz-Kreislauf-Training, Rückengymnastik, Lauftraining

1 K__rs__ und __ng__b__t__ von einer Krankenkasse

Das Handwerkerparadies Wo finden Sie was?	
Abteilungen	**Produkte**
Alles für das Bad	Armaturen, Fliesen, Badewannen, Duschkabinen
Gartenbedarf	Gartenmöbel, Gießsysteme, Pflanzen, Gartengeräte

4 Katalog von einem G__sch__ft oder einem V__rs__ndhandel

ARD	11:15 Uhr: Spaß in Entenhausen (Zeichentrick) 12:00 Uhr: Mittagsmagazin – Regionale Rezepte zum Wochenende 20:15 Uhr: Zimmer aus Beton (Fernsehfilm/Drama)
ZDF	16:30 Uhr: Wohnwelt: Tipps zum Sparen beim Wohnungskauf 16:15 Uhr: Die Rosenheim Cops (Krimiserie) 23.45 Uhr: Und Aktion! Nachrichten aus dem Showbusiness (Unterhaltungssendung)
Arte	13:45 Uhr: Wichtige Personen der Vergangenheit: Mozart (1756–1791) (Doku) 16:10 Uhr: Wissen ist: Aha! (Kindersendung) 22:00 Uhr: Rocky I (Sport-Drama)

2 Pr__gr__mmt__pps in einer F__rns__hzeitschrift

Lokale und Gaststätten
Kaffee und Kuchen am Marktplatz – Konditorei am Strausberg – Spezialitäten aus der regionalen Küche – Internationale Gerichte – Gesund und fit mit vegetarischer Küche

Kunst und Kultur
Galerie für Fotografie – Historisches Stadtmuseum – Fotoausstellung „Kunst und Küche Italiens" – Naturkundemuseum – Spielzeugmuseum (mit Malkursen für kleine Künstler)

Sehenswürdigkeiten
Schloss Dreispitz – Stadtführungen für Kinder und Erwachsene – Altstätter Dom – Historische Gebäude der Altstadt – Botanischer Garten – Zoo und Aquarium

Veranstaltungen
Theater am Rosenplatz – Filme der Woche im Kino – Historisches Stadtfest – Konzerte in der Eisenbahnhalle – Stadtmeisterschaften im Boxen –

5 V__r__nst__lt__ngstipps in einer Zeitung oder online

Stockwerk	Wo finden Sie was?
5. OG	Bürgerbeteiligung – Quartiersmanagement – Wohngeldstelle – städtische Wohnbaugesellschaften – Mieterberatung
4. OG	Kinder und Jugendliche (Kitas, Kindergärten, Horte; Jugendheime) – Frauen (Gleichstellungsstelle) – Senior*innen (Seniorenheime, Tagespflege, häusliche P – Geflüchtete – Menschen mit Migrationshintergrund – Antidiskriminierungsste
3. OG	Ausweise – Reisepässe – Meldestelle – Eheschließungen, Geburten, Sterbefälle – Kfz-Stelle (Zulassung von Fahrzeugen, Fahrerlaubnisse) – Steuern und Abgaben
2. OG	Grünflächen – Kinderspielplätze – Amt für Abfallwirtschaft (Entsorgung von Haushaltsabfall, Sperrmüll, Sondermüll, Recyclinghöfe) –Stadtentwicklung und Verkehrsplanung – Energieberatung – Umweltamt
1. OG	Bauamt – Wasser-, Gas- und Stromversorgung – Parkgenehmigungen –

3 Wegweiser im B__rg__r__mt oder in der St__dtverwaltung

Mit Erfolg zum Traumberuf!

Kapitel 1: Welcher Beruf passt zu Ihnen?	4
Kapitel 2: Die Stellensuche	24
Kapitel 3: Die Bewerbung	28
Kapitel 4: Das Vorstellungsgespräch	52
Kapitel 5: Der Arbeitsvertrag	63

6 Inh__ltsverzeichnis in einem B__ch oder in einem R__tgeber

1b Rubriken und Kategorien: Was passt wo? Verbinden Sie.

1 Ansprechperson / Zuständige/r
2 Etage / Stockwerk
3 Bereich bei Kursen
4 Sender / Kanal
5 Abteilung im Kaufhaus
6 Amt / Behörde

a Schuhe, Damenbekleidung, Möbel, Garten
b ARD, ZDF, 3 Sat, Regio-TV
c Kfz-Stelle, Gesundheitsamt, Standesamt
d Frau Meyer, Herr Galicia
e Gesundheit, Fitness, Senioren, Sprachen
f UG, EG, OG, 2. OG, Dachgeschoss (DG)

2 Wo findet man die Informationen? Ergänzen Sie.

~~Amt~~ | Kinderbekleidung | Kurs | Ratgeber | Komödie | Abteilung | Vorstellungsgespräch | Kunst | Ansprechperson | Museum | Vortrag

1 Herr Nahimi ist umgezogen und muss seine neue Adresse melden.
➲ Er sucht das richtige ...Amt... oder die .... in der Stadtverwaltung.

2 Ihre Bekannte will einen lustigen Film sehen.
➲ Sie sucht in den Programmtipps nach einer ....

3 Sie möchten am Wochenende eine Ausstellung ansehen.
➲ Sie suchen in den Veranstaltungstipps Stichwörter wie ...., ... oder Bilder.

4 Ihre Nachbarin möchte nicht mehr rauchen und braucht Hilfe.
➲ Sie sucht bei der Krankenkasse einen .... wie „Mit dem Rauchen aufhören" oder einen .... zum Thema.

5 Ihr Nachbar braucht eine Hose für seinen kleinen Sohn und möchte sie sofort mitnehmen.
➲ Er sucht im Kaufhaus eine .... wie ....

6 Sie habe sich auf eine neue Stelle beworben und brauchen Tipps.
➲ Sie suchen in einem .... ein Kapitel wie „Das ....".

3a Ämter und Behörden: Was bedeutet ungefähr dasselbe? Ordnen Sie zu.

Ticket | Fahrerlaubnis | Kindergarten | Fahrzeug | ~~Abfall~~ | Behörde | WC | Energie | Altersheim | Hochzeit

1 Müll – ...Abfall...
2 Führerschein – ....
3 Pflegeheim – ....
4 Fahrkarte ....
5 Toilette – ....
6 Kita – ....
7 Heirat – ....
8 Strom – ....
9 Amt – ....
10 Auto – ...., PKW, Kfz

3b Welches Wort passt zur Situation? Verbinden Sie.

1 Sie brauchen eine Auskunft.
2 Sie haben Ihren Führerschein verloren.
3 Sie haben Hunger.
4 Sie brauchen ein Passbild für Ihren neuen Ausweis.
5 Sie müssen ein Dokument kopieren.

a Cafeteria
b Fotoautomat
c Information
d Münz-Kopiergerät
e Fundstelle / Fundsachen

3c Wohin gehen Sie? Unterstreichen Sie.

1 Sie brauchen einen Ausweis.
Kfz-Zulassungsstelle | Meldestelle | Garderobe

2 Sie haben Fragen zur Ihrer Steuererklärung.
Wohnungsvermittlung | Familienkasse | Steuerangelegenheiten (Formulare und Beratung)

3 Isa Menzel sucht für Ihren Vater (78 Jahre alt) Unterstützung bei der Pflege.
Amtsärztlicher Dienst | Gesundheitsamt | Seniorenhilfe

4a Wann läuft die Sendung? – Welche Uhrzeit passt? Kreuzen Sie an.

1 abends:	a 18:00 bis 22:00 Uhr	b 6 bis 10 Uhr
2 am frühen Morgen:	a nach 7 Uhr	b vor 7 Uhr
3 am Nachmittag:	a 13:00 bis 18:00 Uhr	b 12 bis 13 Uhr
4 am späteren Abend:	a nach 21 Uhr	b vor 21 Uhr
5 am Vormittag:	a 18 bis 21 Uhr	b 9:00 bis 12:00 Uhr
6 mittags:	a von 12 bis 13 Uhr	b nach 0:00 Uhr
7 morgens:	a um 21 Uhr	b nach 5 und vor 10 Uhr
8 nachts:	a ca. 22:00 bis 4:00 Uhr	b ca. 4:00 bis 07:00 Uhr

4b Sendungen: Was passt nicht? Streichen Sie durch.

1 **Krimi:** Polizei | Verbrecher | spannend | verhaften | ~~Tagesschau~~ | Gefängnis | Amtsgericht
2 **Tiersendung:** Vogel | Fisch | Kochshow | Hund | Katze | Pferd | Kuh | Unsere Haustiere
3 **Film:** lustige Komödie | spannendes Drama | romantische Liebesgeschichte | Fußball live
4 **Musiksendung:** Spielfilm | Sänger | Rhythmen Afrikas | Konzert | Gitarre | Klavierkonzert
5 **Kindersendung:** Zeichentrick | Gute-Nacht-Geschichten | Wirtschaft aktuell | Märchenfilm
6 **Dokumentation:** Geschichte | historische Personen | Verstehen Sie Spaß? | Natur | Meer | Berge
7 **Informationssendung:** Ratgeber | Serie | Gesundheit | Tipps für … | Expertengespräch
8 **Sport:** Fußballspiel | Sportschau | Olympia | Zeichentrick | Wettbewerb | Radrennen

4c Welche Sendung passt besser zu der Situation? Kreuzen Sie an.

1 Ihre Mutter möchte abnehmen.
a So isst Deutschland (Quizshow)
b 8:16 Intervallfasten (Ratgeber)

2 Sie passen nachmittags auf das Nachbarskind auf.
a 19 Uhr: Das Sandmännchen: Gute-Nacht-Geschichten
b 15:15 Uhr: Super-Maus (Zeichentrick)

3 Ihre Nachbarin will ihre Wohnung schöner machen.
a Die Handwerker-Profis: So geht renovieren.
b Die lieben Nachbarn (Doku-Serie)

5a Einkaufen: Was passt? Unterstreichen Sie.

1 Wo können Sie Medikamente kaufen?
im Supermarkt | in der Apotheke | beim Arzt

2 Wer macht Kleidungsstücke größer?
der Schneider | der Schuster | der Frisör

3 Wo können Sie Schuhe reparieren lassen?
in der Sportabteilung | im Schuhgeschäft | beim Schuhservice

4 Wo kaufen Sie Shampoo, eine Creme oder Zahnpasta?
in der Damenbekleidung | im Drogeriemarkt | im Baumarkt

5b Lesen Sie die Situationen und den Wegweiser im Kaufhaus: Wohin gehen Sie? Kreuzen Sie an.

21 Sie brauchen eine Kopfschmerztablette.
a UG b EG c andere Etage

22 Ihre Schuhe sind kaputt. Sie möchten sie schnell reparieren lassen.
a 1. OG b 4. OG c andere Etage.

23 Sie brauchen noch Mehl für einen Kuchen.
a UG b 2. OG c andere Etage

24 Sie möchten eine Hose kleiner machen lassen.
a 3. OG b 4. OG c andere Etage

25 Sie brauchen eine Creme für die Hände.
a EG b 1. OG c andere Etage

Kaufhaus Waldstätten – Wegweiser	
4. OG	Restaurant „Kaufrausch" – Kundentoilette – Wickelraum – Änderungsschneiderei – Sport: Sportbekleidung, Sportschuhe, Schwimmbekleidung, Zubehör
3. OG	Bastelmaterial – Modellbau (Autos, Züge, Flugzeuge) – Brettspiele – Musikinstrumente – Puppen- und Puppenzubehör – Kuscheltiere
2. OG	Kuchenformen – Töpfe – Geschirr – Besteck – Haushaltswäsche – Haushaltsgeräte: Herde, Kühlschränke, Spülmaschinen, Waschmaschinen, Kleingeräte
1. OG	Damenmode: Kleider, Röcken, Hosen, Kostüme, Blazer, Blusen – Herrenmode: Anzüge, Hosen, Hemden, Jacketts T-Shirts – Jeans-Store – Bekleidung für Kinder und Babys – Schuhe (Männer, Frauen, Kinder) – Accessoires: Schals, Mützen, Handschuhe, Taschen
EG	Reisebüro: Flug- und Bahntickets, Pauschalreisen, Beratung – Apotheke – Drogerie – Kosmetik und Parfümerie – Uhren und Schmuck
UG	Zugang zum Parkhaus – Getränkeautomat – Fotoautomat – Schuhservice – Lebensmittel – Bäckerei

5c Markieren und korrigieren Sie die Lösungen (von 5b) auf dem Antwortbogen.

	a	b	c	
21	☐	☐	☐	**21**
22	☒	☐	☐	**22**
23	⊡	☐	☐	**23**
24	☐	☐	☐	**24**
25	☐	☐	☐	**25**

Wichtig für die Prüfung!

Markieren Sie so: ☒

NICHT so: ☐ ☒ ☒

Wenn Sie **korrigieren** möchten, füllen Sie das falsch markierte Feld ganz aus: ■
und kreuzen dann das richtige Feld an: ☒

Üben Sie auch, wie man auf dem Antwortbogen ankreuzt und korrigiert.

1a Um welche Themen geht es in Anzeigen? Trennen Sie die Wörter.

GESUNDHEIT|BILDUNGARBEITWOHNENEINKAUFENBETREUUNGMIGRATIONFREIZEIT

1b Welches Thema aus 1a passt zu den Wörtern? Ordnen Sie zu.

1 ....: Zimmer, Wohnung, Makler, Immobilien, Lage, Balkon, renoviert, Bad
2 ....: Bewerbung, Minijob, Stelle, Vollzeit, Aushilfe, Ausbildung, erwünscht
3 ....: Anerkennung von Abschlüssen, Zuwanderer, neu, Beratung, Integration
4 ....: Erzieherin, Pflege, Babysitter, Kindertagesstätte, Kita, unterstützen
5 ....: tanzen, Leute treffen, Sportverein, kochen lernen, Kurs machen
6 ....: Praxis, Medikament, Rückenkurs, Brille, Arzt, Spezialist, Apotheke
7 ....: Lebensmittel, Möbel, gebraucht, Größe, Flohmarkt, günstig, abholen
8 ....: Ausbildung, Weiterbildung, Kurs, Schulabschluss, Förderung, Fortbildung

1c Was für Anzeigen sind das? Ordnen Sie zu.

Stellenangebot | Angebot: Sprachkurse | Angebot vom Fitnessstudio | Unterstützung für Senioren | Angebot für Bekleidung | Wohnungsangebot

Zimmer frei in 2er-WG
für Studenten oder
Berufstätige,
max. 30 Jahre alt.
- Uninähe,
- 20 qm
- KM 450 €
Bewirb dich: 030-4464471

1 ....

Fit in den Frühling!
Im Winter zu wenig bewegt?
Ein paar Pfunde mehr?
Zeit, etwas für Ihren Körper
zu tun! Wir helfen Ihnen im
Fitnessstudio Rödler.
10 % Preisnachlass für Neukunden im ganzen Februar.

2 ....

Herbstaktion
vom 10. bis 16.10.
alle Geschäfte am
Berliner Platz
Sonderangebote für
- warme Wintermäntel
- schicke Schuhe
Einfach vorbeikommen!

3 ....

Nie wieder sprachlos!
Von Albanisch bis Zulu –
wir haben das passende
Angebot!
Einzelunterricht oder Kurse,
in Präsenz oder online.
nie-wieder-sprachlos.com

4 ....

Sie haben **Probleme** mit der
Rente? Sie brauchen Hilfe bei
Behörden und Formularen?
Sie schaffen es nicht mehr
allein in die **Arztpraxis**?
Rufen Sie die Seniorenhilfe!

5 ....

Hotel Aurora sucht
für Wochenenden/Feiertage:
Servicekräfte (m/w/d)
für das Frühstücksbüffet
Arbeitszeit: 6–11 Uhr
Infos und Bewerbung vor Ort:
Berliner Straße 15

6 ....

2a Angebot oder Suche? Was passt nicht? Streichen Sie durch.

a

Kleines Haus auf dem Land, ruhig
5 Zimmer, Garage, großer Garten
frei ab dem 1.6.
Miete: 1600 € zzgl. NK
Renovierungsbedürftig!
Infos unter 03333 78433, Maklerbüro Geist

Wohnungsangebot | ~~Wohnungssuche~~
Ein Makler bietet ein Haus | eine Wohnung an.
Man muss renovieren. | Alles ist gut.

b

Wir suchen **Wohnungen** oder **Häuser** für unsere Kunden mit gesichertem Einkommen. Keine Kosten für Vermieter oder Verkäufer.
Dringend gesucht: Wohnung für Familie mit 3 Kindern, in der Nähe von Schule, bis 2000 € kalt. Immobilien Pohlmann 898989

Wohnungsangebot | Wohnungssuche
Ein Makler sucht eine Wohnung für eine Familie mit Schulkindern. | Haustieren.

c

Ausgebildete Erzieherin
sucht Teilzeitstelle
in Haushalt, für Pflege oder am liebsten in der Kinderbetreuung.
Bin flexibel, auch stundenweise abends einsatzbereit, keine Wochenendarbeit.
Adria Kasonic, 01777 774445

Stellenangebot | Stellengesuch
Eine Erzieherin sucht |
Ein Kindergarten bietet Arbeit.

d

Wir suchen für unsere
Kindertagesstätte
eine Reinigungskraft (m/w/d)
Ihre Aufgaben sind die Reinigung aller Räume und Hilfe in der kitaeigenen Küche.
Ausbildung als Hauswirtschaftskraft erforderlich.

Stellenangebot | Stellengesuch
Eine Reinigungskraft sucht |
Ein Kindergarten bietet Arbeit.

e

Privater Hof-Flohmarkt
Haushaltsauflösung: Verkaufe Möbel, Geschirr, Kleidung, Fahrräder …
Samstag 9 bis 19 Uhr,
Am Weg 12

Angebot | ein Gesuch
Jemand verkauft | sucht gebrauchte Sachen.

f

Brauche dringend einen **Schreibtisch** für mein Home-Office.
Höhenverstellbar wäre super, mindestens 80 cm tief, gern mit Platte aus Glas.
V. Weber, 0178119998

Biete | Suche
Jemand verkauft | sucht einen gebrauchten Schreibtisch.

2b Was für eine Anzeige ist für die Person interessant? Kreuzen Sie an.

1 Pavi Kaur möchte Kleidung für den Winter kaufen.
- [a] Stellenanzeige von Geschäft für Damenmode
- [b] Angebot von Person, die warme Pullover und Jacken verkauft

2 Annika Schmidt zieht um und braucht Möbel. Sie hat wenig Geld.
- [a] Werbung von Marken-Möbelgeschäft
- [b] Anzeige für einen Flohmarkt

3 Kim Woo Bin arbeitet nachts und braucht eine Kinderbetreuung.
- [a] Stellengesuch von Babysitter/in
- [b] Stellenanzeige vom Kindergarten

4 Ihr Nachbar hat eine Ausbildung im Pflegebereich und sucht eine Stelle in seinem Beruf.
- [a] Anzeige von Zeitarbeitsagentur für Handwerker/innen
- [b] Anzeige von einer Person, die Betreuung für Senior/innen sucht

3a **Wie alt sind die Personen? Ordnen Sie die Wörter von jung nach alt.**

Erwachsene/r | Jugendliche/r | Kleinkind | Senior / Seniorin | ~~Baby~~ | Schulkind | 50 plus | junge Erwachsene

Baby, ...

....

3b **Wie nennt man ...? Notieren Sie ein passendes Wort aus 3a im Plural.**

1 Säuglinge, die Allerkleinsten, Neugeborene – Babys
2 ältere Personen, über 60 – ....
3 kleinere Kinder unter 4 Jahren – ....
4 Kinder über 6 Jahre – ....
5 Teenager – ....

4 **Was passt zu diesen Personen? Verbinden Sie.**

1 eine Frau, die ein Kind bekommt
2 eine Person, die auf ein Kind aufpasst
3 Personen, die bald ein Kind haben
4 jemand, die/der sich um alte Menschen kümmert
5 zwei Menschen, die heiraten
6 jemand, die/der aus dem Ausland kommt
7 alte Person, die nicht mehr arbeitet
8 eine Person, die eine Ausbildung macht
9 jemand, die/der nach einer anderen Person in ein Zimmer/eine Wohnung zieht

a Pflegekraft, Senioren-Betreuung
b Rentner/in, Person im Ruhestand
c Nachmieter/in
d Schwangere, werdende Mutter
e zukünftige Eltern, werdende Eltern
f Auszubildende/r, Azubi, Lehrling
g Babysitter, Tagesmutter
h Braut, Bräutigam, Brautpaar
i Ausländer/in, Migrant/in, Zuwanderer

5 **Monate und Jahreszeiten: Ergänzen Sie.**

1 Wann ist Frühling? Von _är_ bis M___.
2 Im S_pt_mb_r fängt das H_rb_t-Semester an der Volkshochschule an.
3 Wir suchen eine Aushilfe für die S_mm_rmonate _un_, J_l_ und _ug_t.
4 W_nt_rsport-Angebot im ganzen _ebr_a_: Skischuhe 20 % billiger!
5 Nutzen Sie die Weihnachtsferien für eine Städte-Reise: 4 Tage Berlin im _ez_m_e_ oder _an_a_ für 450 Euro pro Person – inklusive Bahnfahrt.

6 **Was passt nicht? Streichen Sie durch.**

1 Ermäßigung | Rabatt | ~~Laden~~ | Sonderangebot | günstiger | reduziert | für wenig Geld
2 Sport | Rückengymnastik | Schwimmen | Kochkurs | Fitness | sich sportlich betätigen
3 bezahlte Tätigkeit | Stelle | ehrenamtliche Mithilfe | Minijob | Arbeit
4 gestresst | gesund | entspannt | fit | Entspannung | Erholung | Ruhe
5 Trainingsgruppe | Sportverein | Team | Computerkurs | zusammen
6 Fortbildung | Weiterbildung | Job | Studium | lernen | Abschluss machen
7 beruflich neue Wege gehen | sich beruflich verändern | in Rente gehen
8 Hilfe | helfen | Bürgerbüro | Unterstützung | unterstützen | Beratung | beraten
9 regelmäßig | einmal | im Abo | als Abonnement

7 Arbeit: Welches Wort passt am besten? Kreuzen Sie an.

1 nur für eine festgelegte Zeit, z. B. für ein Jahr, ein paar Monate:
a Ferienjob b Wochenendarbeit c befristet

2 mal früh, mal spät, mal nachts:
a Schichtarbeit b Nachtdienst c Frühschicht

3 nur zu einer bestimmten Zeit im Jahr, z. B. im Sommer im Tourismus:
a Aushilfe b Saisonarbeit c Schichtdienst

4 nur ab und zu ein paar Stunden:
a Vollzeit b Teilzeit c stundenweise

5 man hat keine volle Stelle, arbeitet aber regelmäßig:
a Vollzeit b Teilzeit c flexible Arbeitszeiten

6 man arbeitet, wenn Arbeitskräfte fehlen, z. B. weil sie krank sind:
a Saisonkraft b Vertretung c Nachtdienst

7 nur bei Bedarf stundenweise, nicht regelmäßig:
a Nachtdienst b befristet c Aushilfe

8a Einkaufen: Was ist jeweils das Gegenteil? Ergänzen Sie.

nur komplett | Festpreis | funktioniert | gebraucht

1 ganz neu – ....

2 defekt – ....

3 Preis verhandelbar – ....

4 auch einzeln – ....

8b Einkaufen: Was passt zu der Situation? Kreuzen Sie an.

1 Sie brauchen preiswerte Möbel für Ihr Wohnzimmer.
a Ledersofa – gute Marke! Nur 1000 Euro.
b Regal, Tisch mit 6 Stühlen, Couch, komplett 200 Euro, auch einzeln, nur an Selbstabholer

2 Herr Min möchte vegetarisch kochen und braucht noch Lebensmittel.
a Heute im Sonderangebot: Wienerwürstchen, Braten mit Gemüsefüllung, Metzgerei Baum
b Bioladen in der Clarastraße – heute im Angebot: Tomaten, Paprika, Blumenkohl, Kartoffeln

3 Eine Freundin ist zu einer Hochzeit eingeladen und braucht elegante Kleidung.
a Zweite Hand – Ihre Wahl für gebrauchte Brautkleider, elegante Markenware!
b Kaufhaus am Bebelplatz – aktuelle Mode für Sie und Ihn für jede Gelegenheit!

4 Ihre Tochter spielt Fußball im Verein und braucht spezielle Schuhe.
a Sport Schack: Wir haben alles für Ihren Sport!
b Fußball-Fan-Shop: Schals, Tassen, Banner …

5 Herr Amos will im Urlaub in den Bergen wandern und sucht noch eine Hose.
a Mayer – Ihr Online-Shop für Berufsbekleidung
b Biete Outdoor-Kleidung in verschiedenen Größen, Wanderstiefel, Funktionsjacke

9 **Freizeitaktivitäten: Was passt zu der Situation? Kreuzen Sie an.**

1 Ihre Freundin möchte die Stadt besichtigen.
[a] Führung durch das historische Zentrum jeden Samstag
[b] Unsere Stadt in Fotografien. Besichtigen Sie unsere aktuelle Ausstellung im Rathaus!

2 Sie lesen gern Krimis und möchten ein Buch ausleihen.
[a] Stadtbibliothek
[b] Kriminacht im Kinopalast

3 Sie möchten eine Ausstellung von berühmten Malern sehen.
[a] Kunst und Kultur heute: neue Filme aus dem Iran
[b] Staatliches Kunstmuseum: Große Meister – bekannte Bilder

4 Ihr Bekannter möchte mit seinen Kindern ins Theater gehen.
[a] Junge Schauspieler:innen auf der Bühne: Verschiedene Vorstellungen am Nachmittag.
[b] Kein Theater mit den Kleinen! – Wie Erziehung gelingen kann. Vortrag im Rathaus.

5 Ihre Bekannte möchte abends zu einem Konzert von einer Sängerin gehen.
[a] Blues Nacht – erleben Sie die Frau mit der großen Stimme: Nada Javadi.
[b] Bekannte Sängerin gibt Tipps und zeigt Übungen: Finden Sie Ihre eigene Stimme!

6 Sie möchten vegetarisch kochen lernen.
[a] Wenn jetzt alle vegetarisch kochen – rettet das das Klima? Diskussionsveranstaltung
[b] Moderne Küche ohne Fleisch – schnell und lecker! Wir zeigen Ihnen, wie es geht!

10a **Abkürzungen in Wohnungsanzeigen: Verbinden Sie.**

1 qm / m^2	**a** Nebenkosten
2 NK	**b** 1 Zimmer, Küche, Bad
3 KM	**c** Quadratmeter
4 WG	**d** Einbauküche
5 DG	**e** Kaltmiete
6 1-ZKB	**f** Wohngemeinschaft
7 EBK	**g** Dachgeschoss

10b **Was passt? Ordnen Sie zu.**

Warmmiete | ~~ruhige~~ | Haustiere erlaubt | gute Einkaufsmöglichkeiten | zentral | möbliertes Zimmer | helle | verkehrsgünstig

1 in einer Seitenstraße oder Nebenstraße – ...ruhige... Lage
2 in der Wohnung gibt es viel Licht – eine .... Wohnung
3 Katzen und Hunde sind willkommen – ....
4 Nebenkosten inklusive – ....
5 Zimmer mit Bett, Tisch, Stuhl und Schrank – ....
6 nah an einer Bus- oder U-Bahnstation – .... gelegen
7 in der Stadtmitte, mitten in der Stadt – .... gelegen
8 viele Geschäfte in der Nähe – ....

11a **Lesen Sie die Situationen und unterstreichen Sie wichtige Wörter.**

1 Ein Bekannter (22) möchte bei seinen Eltern ausziehen.

2 Julia ist Studentin und braucht ein Zimmer in guter Lage.

11b **Zu welcher Situation in 11a passt die Anzeige? Ordnen Sie zu.**

> Zimmer frei in 3er-WG, in Universitätsnähe
> für Mann, max. 30 Jahre alt, 15 qm, KM 450 €
> Die anderen Zimmer haben Hannes (24) und
> Maja (26), keine Haustiere, 0221/345687

Passt zu Situation ....

11c **Welche Anzeige passt zu dieser Situation? Lesen Sie und kreuzen Sie an.**

Frau Gummich sucht für sich, ihren Mann und ihren Hund eine ruhige Wohnung.

[a]
> Hübsche, in einer Seitenstraße zentral gelegene **2-Zimmer Wohnung** mit Balkon, frei ab dem 15.5., 800 € kalt
> EBK kann auf Wunsch übernommen werden, Ablöse 2000 €.
> Haustiere willkommen.
> Kontakt: Makler-Sauer@wupp.com

[b]
> **Kleines Haus auf dem Land,**
> ruhig, mitten in der Natur,
> mit 5 Zimmern, Garage, großem Garten
> frei ab dem 1.6., Miete: 1600 € zzgl. NK
> Renovierungsbedürftig.
> Keine Haustiere erlaubt!
> Mehr Informationen unter 03333 78433

12 **Welche Anzeige passt zu welcher Situation? Ordnen Sie zu.**
Zu einer Situation passt keine Anzeige – notieren Sie: x.

1 Sie brauchen mehr Geld und können am Wochenende arbeiten. ....

2 Ihre Bekannte macht bald ein Praktikum in Italien und möchte Italienisch lernen. ....

3 Es wird langsam kalt und Sie brauchen einen neuen Pullover. ....

4 Sie sind oft müde und krank. Sie suchen einen neuen Arzt. ....

5 Frau Fendt ist Rentnerin und kann die Steuererklärung nicht mehr selbst machen. ....

a
> **Nie wieder sprachlos!**
> Von Albanisch bis Zulu – wir haben das passende Angebot!
> Einzelunterricht oder Kurse, in Präsenz oder online.
> nie-wieder-sprachlos.com

b
> Sie haben **Probleme** mit der **Rente**? Sie brauchen Hilfe bei **Behörden** und **Formularen**? Sie schaffen es nicht mehr allein in die **Arztpraxis**? Die ehrenamtlichen Mitarbeiter der **Seniorenhilfe** unterstützen Sie. Rufen Sie an: 02345 1789

c
> **Herbstaktion**
> vom 10. bis 16.10.
> Geschäfte am **Berliner Platz**
> **Sonderangebote** für warme Winterkleidung, Schuhe, Mützen und noch viel mehr.
> Einfach vorbeikommen!

d
> **Fit in den Frühling!**
> Im Winter bewegen wir uns oft zu wenig und bekommen nicht genug Vitamine.
> Jetzt, wo der Frühling kommt, ist es an der Zeit, wieder aktiv etwas für den eigenen Körper zu tun!
> www.fit-in-den-frühling.de

e
> ***Hotel Aurora*** sucht
> besonders für Samstage, Sonntage und Feiertage
> **Aushilfen/Servicekräfte (m/w/d)**
> für **Frühstücksbüffet und Reinigung**
> Arbeitszeit: 5–11 Uhr
> Infos und Bewerbung: 0876 43216

1a Wie nennt man diese Personen? Verbinden Sie.

Personen, die

1 in einem Verein sind, z.B. einem Sportverein
2 alle in einem Haus wohnen
3 in derselben Straße wohnen
4 in derselben Stadt wohnen
5 Ihre Kinder in der Schule unterrichten
6 ein Abonnement haben oder etwas abonnieren, z.B. eine Zeitung

sind

a Anwohner/innen, Nachbarschaft
b Abonnent/in
c Lehrer/innen, Klassenlehrer/in
d Einwohner/innen, Bürger/innen
e Mitglieder
f Bewohner/innen, Mieter/innen, Nachbar/innen

1b Wer schreibt diesen Personen? Ergänzen Sie.

An	schreibt
1 die Mitglieder in einem Verein	der Vereinsvorstand
2 alle Bewohner in einem Mietshaus	die ……………… verwaltung
3 alle Eltern von einer Schulklasse	der/die ……………… nlehrer/in, der/die ……………… leiter/in
4 eine Mieterin von einer Wohnung	der/die Ver……………… /in
5 ein Mitglied von einer Krankenkasse	die ………………

1c Was für ein Text ist das? Für wen ist der Text? Lesen Sie und kreuzen Sie an.

Mit frischer Energie in den Frühling!
Endlich wieder runter vom Sofa, raus an die frische Luft – es wird Frühling! Jetzt können Sie im Luisenpark etwas für Ihre Fitness tun. Der neue Sportpfad wurde renoviert und kann ab Sonntag, 7.3., wieder von allen Bürgerinnen und Bürgern genutzt werden. Das Angebot ist kostenfrei, nur den Eintritt für den Park müssen Sie bezahlen. Feierliche Neueröffnung mit Bürgermeister Funke und Schnupperkurs „Freiluft-Zumba“ vom Sportverein Stadtheim e.V. um 10 Uhr im Luisenpark.

1 Das ist
[a] Werbung von einer Krankenkasse – an alle Versicherten.
[b] eine Information in der Zeitung – für alle Bürgerinnen und Bürger.

Liebe Mitglieder,
eine wichtige Information für euch alle: Wie ihr wisst, wird unsere Sporthalle renoviert. Deshalb kann das Training von Juni bis Ende September nur draußen auf dem Sportplatz stattfinden. Falls noch jemand von einer Schulsporthalle weiß, die wir eventuell benutzen könnten, sprecht uns bitte an.
Zu unserem Vereinsfest: Bitte denkt daran, euch rechtzeitig in die Liste einzutragen, wer was zum Essen mitbringt und wer wann Kuchen verkaufen kann.

Der Vorstand

2 Das ist
[a] eine Einladung von einer Sportlehrerin – an alle Eltern von einer Schulklasse.
[b] eine Nachricht von einem Sportverein – an alle Vereinsmitglieder.

2a Schon passiert (Vergangenheit) oder passiert noch (Zukunft)? Unterstreichen Sie.

1 Wir bieten demnächst zwei neue vegetarische Menüs an. Vergangenheit Zukunft
2 Die Zahl der Schulanfänger ist letztes Jahr gestiegen. Vergangenheit Zukunft
3 Vor drei Wochen haben Sie die 1. Mahnung bekommen. Vergangenheit Zukunft
4 Sie können sich noch für den Kurs anmelden. Vergangenheit Zukunft
5 Der Sperrmüll wird am kommenden Freitag abgeholt. Vergangenheit Zukunft

2b Ergänzen Sie die Verben in der richtigen Form.

1 überweisen Sie ...haben... den Betrag schon ....wiesen.
Bitte .... Sie das Geld bis zum 31.3.

2 anmelden Sie ...haben... Ihre Tochter noch nicht ....ge.. .
Bitte füllen Sie das Formular aus, um Ihr Kind ....zu............................... .

3 informieren Sie haben die Pflicht, uns sofort über Änderungen zu ....
Danke, dass Sie uns über Ihre neue Adresse ....haben.... .

2c Ergänzen Sie die Verben im Perfekt.

1 lüften Manche Mieter ...haben... im Winter nicht richtig ...gelüftet.... .
2 umziehen Das Beratungszentrum .... letzten Monat ....
3 stattfinden Die Vorlesestunde .... bereits letztes Jahr mit Erfolg ....
4 kontrollieren Die Handwerksfirma .... die Heizungen bereits ....

3a Wie oft? Ordnen Sie die Wörter von *oft* zu *selten*.

einmal pro Quartal | vierzehntägig | ~~stündlich~~ | wöchentlich | halbjährlich | alle drei Wochen | monatlich | einmal im Jahr

oft ↓ selten

...stündlich,..
....
....
....

3b Was ist ungefähr das Gegenteil? Ordnen Sie zu.

neue Kundin | seit | regelmäßig | rechtzeitig

1 nur einmal – ....
2 .... – schon lange Kundin
3 zu spät / nicht pünktlich – ....
4 in 2 Jahren – .... 2 Jahren

4 Was bedeutet ungefähr dasselbe? Verbinden Sie.

1 den Müll trennen
2 Strom sparen
3 Möbel richtig wegwerfen
4 Fahrräder im Flur abstellen
5 ist verboten
6 ist kaputt
7 mittags und abends leise sein
8 sich an die Hausordnung halten
9 wegräumen
10 müssen

a in den Ruhezeiten Lärm vermeiden
b Räder im Gang stehen lassen
c freiräumen
d den Abfall in die entsprechende Tonne werfen
e die Pflicht haben, verpflichtet sein
f auf dem Sperrmüll entsorgen
g wurde beschädigt
h ist nicht erlaubt, ist untersagt
i den Energieverbrauch reduzieren
j die Regeln beachten

5 Was sollen Sie tun? Kreuzen Sie an.

Überweisen Sie den Betrag innerhalb von zwei Wochen.

1 Sie sollen in den nächsten zwei Wochen
[a] an die Bank schreiben. [b] das Geld bezahlen.

Wir bitten Sie, die nötigen Unterlagen umgehend an Ihre Krankenkasse zu senden.

2 Sie müssen
[a] bald zur Krankenkasse gehen.
[b] schnell Papiere an die Krankenkasse schicken.

Uns fehlt leider noch Ihre Bankverbindung.

3 Sie sollen
[a] der Firma Ihre Kontodaten mitteilen.
[b] Ihre Bank anrufen.

6a Was ist richtig? Lesen Sie und kreuzen Sie an.

Stadtbibliothek Kreilsingen – Am Marktplatz 7 – 98765 Kreilsingen

Sehr geehrter Herr Fitz,
leider haben Sie folgende Bücher nicht rechtzeitig zurückgegeben: „So schläft Ihr Kind besser" und „Richtig kochen für Kleinkinder", beide fällig am 26.6.
Bitte geben Sie die Bücher so schnell wie möglich zurück. Für das Überziehen der Ausleihfrist berechnen wir Ihnen pro Woche eine Gebühr von 0,50 Euro sowie eine Mahngebühr von 1,50 Euro. Diese Gebühren können Sie begleichen, wenn Sie die Bücher bei uns an der Ausleihe

1 ☐ Herr Fitz ☐ Die Bibliothek schreibt eine Mahnung.

Sehr geehrter Herr Unterberg,
nach dem Wasserschaden in Ihrer Wohnung haben wir jetzt eine Handwerkerfirma für die Renovierungsarbeiten gefunden. Diese beginnen am 11.11. und werden voraussichtlich zwei Wochen lang dauern. Ihre Vermieterin Frau Rose hat den Kostenvoranschlag bereits erhalten und bewilligt. Wir hoffen, dass die Renovierungsarbeiten dann sobald wie

2 Die Wohnung von Herrn Unterberg ☐ wird bald ☐ wurde im November renoviert.

Liebe Familie Schmidt,
beim letzten Elternabend haben wir Sie bereits über die schlechten Leistungen Ihres Sohnes Dirk in den Hauptfächern Mathematik und Deutsch informiert. Wir freuen uns, dass die Gelder für Förderkurse jetzt bewilligt wurden. Ihr Sohn kann kostenfrei an dem Nachmittagsangebot „Fit in Deutsch" für die 5. Klasse teilnehmen. Bitte melden Sie Ihren Sohn bis nächste Woche verbindlich an. Sobald wir ein Angebot für Mathematik haben, werden wir Sie informieren.

Mit freundlichen Grüßen

Anwar Bari, Schulleitung

3 ☐ Anwar Bari ☐ Dirk Schmidt ist nicht gut in Deutsch.

6b Sind die Aussagen richtig oder falsch? Lesen Sie Text 3 in 6a noch einmal und markieren Sie.

1 Dirk Schmidt ist schlecht in Mathematik. *richtig / falsch*
2 An der Schule wird ein Mathekurs stattfinden. *richtig / falsch*
3 Familie Schmidt hat Dirk schon für den Förderkurs angemeldet. *richtig / falsch*

1a Was für eine Textsorte ist das? Kreuzen Sie an.

> ***Kaffeevollautomat Sabroso 400***
> **Vor dem ersten Gebrauch / Standort**
> Stellen Sie das Gerät sicher und nicht in der Nähe einer offenen Feuerstelle auf. Spülen Sie das Gerät einmal mit der Reinigungsfunktion durch, bevor Sie das erste Mal Kaffee zubereiten.
> **Entkalkung und Reinigung**

1 Das ist eine Gebrauchsanweisung für [a] ein Gerät. [b] ein Medikament.

> **Erich-Kästner-Grundschule Nachmittagsbetreuung**
> Für alle Schülerinnen und Schüler ab der ersten bis zur vierten Klasse
> **Zeiten**
> Während der Schulzeiten ab 11:30 Uhr bis 17 Uhr. Keine Betreuung in den Schulferien und an gesetzlichen Feiertagen.
> **Kosten**
> Wir erheben eine monatliche Gebühr je nach Anzahl der Tage für die Betreuung.
> Für einzelne Tage berechnen wir 15,- €, für die ganze Woche (5 Tage) 63,- €.

2 Das sind allgemeine Informationen von [a] einer Bank. [b] einer Kinderbetreuung.

> **ALLES! ONLINE-HANDEL** SCHÖN, DASS SIE BEI UNS EINKAUFEN.
> **Lieferung und Versand:**
> In der Regel liefern wir die Ware in 2 bis 3 Werktagen. Bitte überprüfen Sie die Bestellung umgehend. Sie können die Ware ohne die Angabe von Gründen innerhalb von 21 Tagen nach Erhalt zurücksenden.
> **Bestellwert und Versandkosten:**

3 Das sind Allgemeine Geschäftsbedingungen (AGB) von
[a] einem Geschäft. [b] einem Mobilfunkanbieter.

> ***Ihr Online-Konto – Eine gute Wahl!***
> Ihre Karte erhalten Sie in den nächsten Tagen mit der Post.
> **Geld abheben**
> Bargeldabhebungen sind bis zu 1000 Euro täglich an unseren Geldautomaten und denen unserer Partnerbanken möglich.

4 Das ist ein Schreiben mit Informationen von [a] einer Bank. [b] einem Verkehrsverbund.

1b In was für einem Text lesen Sie diese Sätze? Verbinden Sie.

1 Die Tickets sind nur entwertet gültig.
2 Nicht für Kinder unter 3 Jahren geeignet.
3 Kinder über 6 Jahre dürfen allein fahren.
4 Lesen Sie die Hinweise, bevor Sie zum ersten Mal spielen.

AGB Verkehrsverbund

Anleitung Spielzeug

2a **Ergänzen Sie die Überschriften.**

1 L i ef__r__ng
In der Regel liefern wir die Ware in vier bis sechs Werktagen. Bitte überprüfen Sie die Bestellung. Bei beschädigten oder fehlenden Artikeln kontaktieren Sie unseren Kundenservice.

2 Z__hl__ng
Wir akzeptieren verschiedene Zahlungsarten. Sie können ab einem Bestellwert von 100 Euro auch auf Rechnung bezahlen. Es gibt eine Zahlungsfrist von 30 Tagen nach Erhalt der Ware. Danach erheben wir eine Mahngebühr.

3 V__rs__nd und V__rs__ndk__st__n
Wir liefern nur nach Deutschland und in die EU. Für den Versand berechnen wir je nach Bestellmenge zwischen 4,99 € und 9,99 €.

4 R__g__str__er__ng
Um Home-Fit zu nutzen, müssen Sie sich auf unserer Webseite anmelden und ein Benutzerprofil anlegen. Benutzer unter 16 brauchen das Einverständnis der Erziehungsberechtigten.

5 V__rtr__gslaufzeit und K__nd__g__ng
Nach Ablauf der Mindestlaufzeit von einem Jahr verlängert sich Ihre Mitgliedschaft. Sie können Ihren Vertrag zu Ende jeden Monats mit einer dreiwöchigen Kündigunsfrist beenden.

2b **Welches Wort passt nicht zu der Überschrift? Streichen Sie durch.**

Home-Fit – Ihr Fitnessstudio im Internet AGB

1 **Registrierung:** Anmeldung | registrieren | liefern | anmelden | Passwort | bestätigen
2 **Vertragslaufzeit:** beginnt | beantragen | Vertrag endet | ein Jahr | dauert | verlängern
3 **Kündigung:** Kündigungsfrist | kündigen | fristgerecht | Vertragsende | beenden | eröffnen

Alles! Online-Handel – Allgemeine Geschäftsbedingungen

4 **Lieferung und Versand:** liefern | verschicken | überprüfen | zurückgeben | zusenden
5 **Bestellwert und Versandkosten:** Menge | Stück | Vertrag | betragen | mindestens
6 **Rückgabe:** zurückgeben | umtauschen | Umtausch | erhalten | Rückgabefrist
7 **Zahlung:** Rechnung | abheben | Betrag | bezahlen | Abbuchung | Mahnung | überweisen

2c **Was bedeutet dasselbe? Verbinden Sie.**

1 Mindestbestellwert 10 Euro
2 begrenzt auf einen Benutzer
3 auf bis zu drei Geräten nutzen
4 fristgerecht kündigen

a auf nicht mehr als drei Computern installieren
b rechtzeitig den Vertrag beenden
c für mehr als zehn Euro bestellen
d nur eine Person darf das benutzen

2d **Welcher Satz bedeutet dasselbe? Kreuzen Sie an.**

1 *Sie können die Ware ohne die Angabe von Gründen zurücksenden.*
a Sie müssen nicht erklären, warum Sie die Bestellung zurückschicken.
b Sie müssen erklären, warum Sie die Bestellung zurückschicken.

2 *Ab einer Bestellung von 50 Euro ist der Versand für Sie kostenfrei.*
a Wenn Sie für mehr als 50 Euro bestellen, bezahlen Sie weniger für den Versand.
b Wenn Sie für mehr als 50 Euro bestellen, bezahlen Sie nichts für den Versand.

3 *Bei Kauf auf Rechnung überweisen Sie den Betrag bitte innerhalb von 14 Tagen.*
a Sie haben zwei Wochen Zeit, um die Rechnung zu bezahlen.
b Sie können die Rechnung nach zwei Wochen bezahlen.

3a Gebrauchsanweisung: Was lesen Sie unter welcher Überschrift? Verbinden Sie.

1 Dauer der Einnahme:	**a** Mit welchem Kabel oder wann lädt man das Gerät?
2 Art der Anwendung:	**b** Wer darf das Gerät reparieren oder warten?
3 Sicherheitshinweise:	**c** Wie soll man das Gerät sauber machen?
4 Anschließen und Aufladen:	**d** So lange müssen Sie das Medikament nehmen.
5 Aufstellungsort / Standort:	**e** Das ist gefährlich, z. B.: zu warm werden.
6 Reparatur:	**f** Sie müssen das Medikament z. B. mit Wasser einnehmen.
7 Reinigung:	**g** Wo dürfen Sie das Gerät (nicht) hinstellen oder benutzen?

3b Was passt nicht? Streichen Sie durch.

1. Wenn das Gerät nicht funktioniert, muss es vom Fachhändler repariert | bezahlt werden.
2. Stellen | Stehen Sie das Gerät nie direkt neben die Heizung.
3. Sie können das Gerät auch im Freien benutzen | schützen .
4. Zum Laden müssen Sie das Gerät an Ihren Computer anschließen | aufschließen .
5. Babys, Schwangere und Diabetiker dürfen die Tropfen nicht verkaufen | einnehmen .
6. Nach Ablauf des Verfallsdatums dürfen Sie die Salbe nicht anwenden | verschreiben .
7. Die Powerbank bitte regelmäßig voll aufladen | einladen .

3c Unter welcher Überschrift lesen Sie passende Informationen? Ordnen Sie zu.

Kontrollanzeige und Aufladen
Wenn die Kontrollanzeige durchgehend grün ist, ist das Gerät vollständig geladen. Sobald die Anzeige rot blinkt, laden Sie das Gerät auf.

Sicherheitshinweise
Achten Sie darauf, dass sich das Gerät während des Ladens nicht stark erhitzt. Ziehen Sie sofort den Stecker, wenn das Gerät heiß wird.

Anwendung
Bis zu 8 Stunden Wärme bei Rückenschmerzen. Geeignet für Jugendliche ab 16. Zur einmaligen Anwendung. Begrenzt auf 2 Pflaster/Tag.

Warnhinweise
Das Wärmepflaster ist wirkstofffrei und somit auch für Schwangere geeignet.
Das Pflaster nicht auf verletzter Haut oder bei

1. Sollten Schwangere die Pflaster benutzen? ....
2. Wie oft kann man die Pflaster benutzen? ....
3. Wann muss ich mein Gerät aufladen? ....
4. Darf das Gerät warm werden, wenn man es lädt? ....

3d Sind die Aussagen *richtig* oder *falsch*? Lesen Sie noch einmal die Texte in 3c und markieren Sie.

1. Das Gerät darf nicht zu warm werden, wenn Sie es aufladen. *richtig / falsch*
2. Erwachsene dürfen höchstens zwei Pflaster pro Tag benutzen. *richtig / falsch*

3e Was ist richtig? Lesen Sie und kreuzen Sie an.

Wie ist Paraprofen einzunehmen?
Jugendliche und Erwachsene nehmen dreimal täglich 2 Tabletten, Kinder unter 12 Jahren dreimal täglich eine Tablette. Die maximale Tagesdosis darf nicht überschritten werden.

Kinder dürfen [a] die Tabletten nicht einnehmen. [b] höchstens 3 Tabletten am Tag nehmen.

4 **Ist die Aussage richtig oder falsch? Lesen und markieren Sie.**

Mitnahmeregelungen für Zeitkarten
Erwachsene Inhaber:innen einer nicht ermäßigten Wochen-, Monats- oder Jahreskarte können einen Erwachsenen und beliebig viele Kinder unter 15 Jahren kostenlos mitnehmen. Das gilt täglich ab 19:00, an Wochenenden und gesetzlichen Feiertagen sogar ganztägig.

1 Wenn Sie eine Monatskarte haben, können Sie freitagsmorgens Freunde mitnehmen.
richtig / falsch

Geld abheben
Bargeldabhebungen bis zu 1000 Euro sind täglich an unseren Geldautomaten und denen unserer Partner möglich. Höhere Beträge können Sie nur an einem Schalter in einer unserer Filialen abheben. Für Kunden unserer Bank ist die Abhebung an unseren Automaten kostenfrei.

Gebühren
Ihr Girokonto kostet eine monatliche Grundgebühr von 3,95 Euro. Für Kontoinhaber*innen, die jünger als 27 Jahre sind, ist die Kontoführung kostenlos. Online-Überweisungen sind gebührenfrei, für SEPA-Überweisungen am Schalter fallen 1,50 Euro pro Überweisung an.

1 Sie müssen zur Bank gehen, wenn Sie mehr als 1000 Euro abheben möchten. *richtig / falsch*
2 Jugendliche müssen für das Konto nichts bezahlen. *richtig / falsch*

5a **Informationen von der Kinderbetreuung: Ergänzen Sie die Überschriften.**

1 __ffn__ngsz__it__n
Unsere Kindertagesstätte ist von Montag bis Freitag von 7 Uhr bis 17 Uhr geöffnet. In den Schulferien sowie an Feiertagen haben wir geschlossen.

2 M__hlz__it__n
Freitags bieten wir ein Buffet für ein gesundes Frühstück an. An allen anderen Tagen geben Sie Ihrem Kind bitte ein Frühstück mit, z.B. ein belegtes (Vollkorn)brot – keine Süßigkeiten! Wasser, Saft und Früchtetee bekommen sie bei uns. Mittagessen gibt es zwischen 11:30 und 13:30 Uhr.

3 G__b__hr__n
Die Kosten setzen sich aus Betreuungskosten (Elternbeitrag), Verpflegungskosten und Zusatzkosten für die anderen Aktivitäten zusammen. Der Betrag wird monatlich von Ihrem Konto abgebucht. Bitte erteilen Sie uns eine SEPA-Lastschrift.

4 Abwesenheit und Kr__nkh__it
Sagen Sie uns Bescheid, wenn Ihr Kind krank ist und informieren Sie uns, wie lange Ihr Kind voraussichtlich fehlen wird. Der Elternbeitrag muss auch dann voll bezahlt werden, wenn Ihr Kind mehrere Tage im Monat fehlt.

5 Ang__b__t__ und Akt__v__t__t__n
Jeden zweiten Mittwoch findet das Kinderturnen für die 3 und 4-Jährigen statt. Kinder über 5 können Sie zum Schwimmkurs beim Verein Seepferd anmelden. Für die Teilnahme an Ausflügen und anderen Aktivitäten benötigen wir Ihre schriftliche Einverständniserklärung.

5b **Sind die Aussagen richtig oder falsch? Lesen Sie im Text in 5a und markieren Sie.**

1 Die Eltern sollen den Kindern ein Frühstück mitgeben. *richtig / falsch*
2 Sie müssen weniger bezahlen, wenn Ihr Kind einen Tag krank ist. *richtig / falsch*
3 Im Kindergarten können alle Kinder schwimmen lernen. *richtig / falsch*

1a **Trennen Sie die Wörter in der Wortschlange.**

TERMIN|ANGEBOTVERTRAGKÜNDIGUNGBEWERBUNGANZEIGESUCHE

1b **Welchen Artikel haben die Wörter aus 1a? Ordnen Sie zu.**

der: ……………………

das: ……………………

die: ……………………

1c **Ergänzen Sie die Wörter aus 1a. Ein Wort passt nicht.**

1 Wir können Ihnen am Montag um neun Uhr einen …Termin… anbieten.
2 Hiermit bestätigen wir die …………… Ihres Vertrags zum 31.03.
3 In Ihrer …………… steht, dass Sie eine erfahrene Verkäuferin suchen.
4 Auf der …………… nach einer neuen Stelle bin ich auf Sie aufmerksam geworden.
5 Ihr …………… interessiert mich sehr, aber ich hätte noch ein paar Fragen.
6 Herzlich willkommen bei Intermobile. Mit diesem Schreiben erhalten Sie Ihren …………… .

2 **In welchen Texten können Sie diese Sätze lesen? Kreuzen Sie an.**

1 *Wir bedauern sehr, dass Sie uns verlassen, und wünschen Ihnen für die Zukunft alles Gute.*

a Kündigung eines Arbeitsvertrags
b Bewerbung um eine Stelle

2 *Ihr Mitarbeiter war sehr unfreundlich und konnte viele Fragen nicht beantworten.*

a Bestellung von Produkten
b Beschwerde über schlechten Service

3 *Ihr Beitrag erhöht sich zum 01.09. um 0,5 %. Alle Mitglieder der gesetzlichen*

a Mitteilung von der Krankenkasse
b Rechnung vom Energieversorger

4 *Wir suchen ein Einfamilienhaus mit einem Garten. Haben Sie passende Angebote?*

a E-Mail von einem Kunden an einen Makler
b Angebot von einem Makler an einen Kunden

5 *Leider verzögert sich die Lieferung um einige Tage. Wir bitten um Ihr Verständnis.*

a Termin für ein Bewerbungsgespräch
b Informationen zu einer Bestellung

3 Was passt nicht? Streichen Sie durch.

1 Um unseren Service zu verbessern | ~~korrigieren~~ , bitten wir Sie um eine Bewertung.
2 Bitte bestätigen | beantworten Sie den Eingang meiner Kündigung.
3 Sie erreichen | anrufen uns täglich von 8 bis 18 Uhr.
4 Ich möchte mich bei Ihnen als Koch kündigen | bewerben .
5 Ich möchte Ihr Angebot benutzen | nutzen und bestelle 4 Gläser zum Preis von 49,90 €.
6 Wir möchten einen Liefertermin mit Ihnen vereinbaren | haben , bitte rufen Sie uns an.

4a Welche Präpositionen passen? Ordnen Sie zu.

~~von~~ | als | an | auf | bei | für | für | über | um

abhängen ...von...
danken ....
sich bewerben .... / ....
sich freuen .... / ....
helfen / Hilfe brauchen ....
Interesse haben .... / sich interessieren ....

4b Was passt zusammen? Verbinden Sie.

1 Ich habe mich sehr
2 Ich bedanke mich im Voraus
3 Ich bewerbe mich
4 Ich habe großes Interesse
5 Sehr gern helfen wir Ihnen
6 Ihr monatlicher Beitrag hängt
7 Ich habe eine Frage
8 Sprechen Sie bitte
9 Ich habe bereits viel Erfahrung
10 Ich freue mich

a auf Ihre Antwort.
b mit einem Mitarbeiter aus der Technik.
c bei der Suche nach einem passenden E-Bike.
d zu meinem Vertrag.
e in diesem Bereich gesammelt.
f an Ihrem Angebot.
g für Ihre Hilfe.
h über Ihre Einladung gefreut.
i von Ihrem Einkommen ab.
j um die Stelle als Krankenpfleger.

5a Was passt nicht? Streichen Sie durch.

1 Wir wünschen ~~Sie~~ | Ihnen viel Spaß mit dem neuen Gerät.
2 Wir haben ein neues Angebot für Sie | Ihnen , das Sie vielleicht interessiert.
3 Wenn Sie | Ihnen noch Fragen haben, melden Sie sich bei uns.
4 Ich fordere Sie | Ihnen auf, uns bis Dienstag einen Ersatzkopierer zur Verfügung zu stellen.
5 Wir müssen Sie | Ihnen leider mitteilen, dass sich die Lieferung verzögert.
6 Wir haben Ihren | Ihrem Auftrag erhalten und bearbeiten ihn so schnell wie möglich.
7 Vielen Dank für Ihr | Ihre Mühe.
8 Mit Ihrer | Ihrem Service bin ich leider nicht zufrieden.
9 Ihr | Ihre Abonnement endet am 31.8.
10 Wir haben großes Interesse an Ihren | Ihrem Produkten und hätten gern ein Angebot.

5b Welches Wort passt am besten in die Lücke: a, b oder c? Markieren Sie.

> Sehr geehrte Damen und Herren,
> ich möchte **(1)** beschweren: Vor zwei Jahren habe ich bei **(2)** eine Waschmaschine gekauft und **(3)** hat zwei Jahre problemlos und sehr gut gewaschen.
> Letzte Woche ist die Garantie abgelaufen und jetzt funktioniert der Motor nicht mehr richtig. **(4)** macht beim Schleudern sehr laute Geräusche und schleudert auch nicht mehr gut.
> Das Wollprogramm geht auch nicht mehr. **(5)** läuft fünf Minuten und stoppt dann.
> Ich habe deswegen gestern mit **(6)** Kundenservice telefoniert. Der Mitarbeiter war sehr unfreundlich und sagte nur, dass **(7)** die Reparatur bezahlen muss.
> Ich bitte **(8)**, noch einmal zu prüfen: Kann man die Maschine doch noch auf Garantie reparieren?
> Mit freundlichen Grüßen

1	2	3	4	5	6	7	8
a dir	**a** Ihnen	**a** er	**a** Er	**a** Er	**a** Ihr	**a** er	**a** euch
b mich	**b** Ihren	**b** es	**b** Ihn	**b** Es	**b** Ihrem	**b** ich	**b** Ihnen
c mir	**c** Sie	**c** sie	**c** Ihm	**c** Sie	**c** Ihren	**c** Sie	**c** Sie

6a Sätze und Informationen verbinden: Unterstreichen Sie die Konnektoren.

warum? ← Grund

1 Ich kündige meinen Vertrag, weil ich einen anderen Anbieter gefunden habe.
2 Ich kündige meinen Vertrag, denn ich habe einen anderen Anbieter gefunden.

Grund

3 Da ich eine neue Stelle als Koch suche, bewerbe ich mich bei Ihnen.

→ Folge

4 Ich suche eine neue Stelle in diesem Bereich, deshalb bewerbe ich mich bei Ihnen.
5 Schreiben Sie mir die Artikelnummer, dann kann ich Ihnen besser helfen.
6 Bitte kommen Sie um 8 Uhr, sodass der Termin pünktlich anfangen kann.

Bedingung

7 Die Lieferung ist kostenlos, wenn Sie bis Donnerstag bestellen.

→ Gegensatz ←

8 Ihr Mitarbeiter hat schon etwas repariert, aber meine Waschmaschine ist noch kaputt.
9 Ihr Mitarbeiter hat schon etwas repariert, trotzdem ist meine Waschmaschine noch kaputt.
10 Obwohl Ihr Mitarbeiter schon etwas repariert hat, ist meine Waschmaschine noch kaputt.

wozu? → Absicht / Ziel

11 Wir brauchen Ihre Kundennummer, damit wir Ihnen schnell helfen können.

6b Markieren Sie die Verben in den Sätzen in 6a. Ergänzen Sie dann die Tabelle.

Konnektoren, die **verbinden**

Hauptsatz + Hauptsatz			Hauptsatz + Nebensatz		
_b_r d_sh_lb	_e_n tr_tzd_m	d_n_	d a w_ _l	d_m_t _enn	_bw_hl s_d_ss

In einem Hauptsatz steht das konjugierte Verb auf Position 2.
In einem Nebensatz steht das konjugierte Verb am Satzende.

6c Welcher Konnektor passt? Markieren Sie die Verben und ergänzen Sie.

~~aber~~ | damit | dann | denn | deshalb | obwohl | trotzdem

1 Sie haben uns um einen Rückruf gebeten, ...aber..... leider konnte ich Sie nicht erreichen.
2 Rufen Sie uns an, ... vereinbaren wir einen zeitnahen Termin.
3 Wir brauchen noch ein paar Informationen, ... wir das passende Produkt finden.
4 Ich werde nichts mehr bei Ihnen bestellen, ... Ihr Service ist nicht gut.
5 .... ich eine rote Hose bestellt habe, haben Sie eine blaue Hose geliefert.
6 Ich habe schon bezahlt, jetzt haben Sie mir .... noch eine Rechnung geschickt.
7 Ihr Service ist nicht gut, meinen Vertrag werde ich .... nicht verlängern.

Die Konnektoren *trotzdem* und *deshalb* können an verschiedenen Stellen im Satz stehen.

7 Was passt am besten? Markieren Sie.

1 Wir hoffen, dass Sie mit der Änderung einverstanden | glücklich | sicher sind.
2 Sie haben gesagt, dass der Kühlschrank am 12.09. behalten | geliefert | gestellt wird.
3 Die Kosten für das Abo sind leider hoch | höher | zu hoch für uns, sodass wir kündigen.
4 Die von Ihnen genannte | gesagte | gehörte Telefonnummer ist leider falsch, deshalb konnte wir Sie nicht rufen | anrufen | telefonieren .
5 Können wir den Termin auf später verschieben? Ich muss immer | schon | bald am 5.10. nach Berlin fahren.

8 Welches Wort passt am besten: a, b oder c? Markieren Sie.

Liebe Mieter des Hauses Humboldtstraße 63,

(1) gibt es immer wieder Beschwerden über Fahrräder, die im Treppenhaus abgestellt werden – **(2)** ist verboten! Nur Kinderwagen **(3)** hinter der Eingangstür stehen. Das Treppenhaus muss frei bleiben, **(4)** im Falle eines Brandes die Feuerwehr ungehindert löschen kann. Wir **(5)** Sie hiermit zum letzten Mal, die Räder an den vorgesehenen Ständern hinter dem Haus abzustellen. Sollten in den **(6)** Wochen wieder Räder im Treppenhaus stehen, werden sie kostenpflichtig entfernt. Wir bitten dafür um Ihr Verständnis.

Mit freundlichen Grüßen

Ihre Hausverwaltung

1 **a** gern **b** leider **c** schade

2 **a** das **b** dass **c** denn

3 **a** dürfen **b** müssen **c** sollen

4 **a** da **b** damit **c** wenn

5 **a** bitten **b** empfehlen **c** fragen

6 **a** kommenden **b** letzten **c** vergangenen

1a An wen schreiben Sie? Ergänzen Sie.

Schreiben Sie an …

1 den B__kannten	die ... Bekannte ....
2 den Fr__ __nd	die ....
3 den N__ __ __barn	die ....
4 den Verm__ __t__r	die ....
5 den	die Ch__f__n
6 den K__ll__g__n	die ....
7 den	die L__hr__r__n
8 den	die V__rkä__f__rin

9 den Herst__ller
10 die B__blioth__k
11 die Sch__l__
12 das G__sch__ft
13 die Vers__ch__r__ng
14 die F__rm__
15 die Hausverw__lt__ng

1b Warum schreiben Sie? Ergänzen Sie.

1 ein Prakt__ __ __ __ machen
2 einen Raum mie__ __ __
3 ein Fest fei__ __ __
4 Hi__ __ __ beim Renovieren anbieten
5 mehr Inform__ __ __ __ __ __ __ wollen
6 im Mietsh__ __ __ stört laute Musik
7 den Deutsc__ __ __ __ __ wechseln
8 Nachbarn um Hilfe bit__ __ __
9 ein Gerät funkt__ __ __ __ __ __ __ nicht
10 den Schlüssel verl__r__ __ haben
11 einen neuen Ausweis brau__ __ __ __
12 in der Wohnung ist die Tür ka__ __ __ __
13 einen Kollegen vertr__t__n
14 eine Bestel__ __ __ __ kommt nicht
15 ein Freund braucht T__pps
16 Hausau__ __ __ __ __ __ aus der Schule brauchen

1c Die Situation verstehen: Ergänzen Sie passende Wörter aus 1b.

Ihre Nachbarin Lisa Giroud plant ein Hoffest und bittet Sie um (1) ....
Sie haben eine Anzeige gelesen. Jemand möchte ein Auto verkaufen. Sie haben Interesse und wollen mehr (2) .... Schreiben Sie an den Verkäufer.
Sie haben ein neues Gerät gekauft, aber es (3) .... nicht richtig. Schreiben Sie eine E-Mail an den Hersteller.
Sie möchten ein Fest mit vielen Gästen (4) .... Sie wissen nicht, wo Sie einen großen Raum (5) .... können. Schreiben Sie an eine Bekannte oder einen Bekannten und bitten Sie um Hilfe.
Sie haben Ihren Bibliotheksausweis verloren. Sie brauchen einen neuen (6) .... Schreiben Sie an die Bibliothek.
Sie wohnen in einem Mietshaus. Ihr Nachbar hört oft laut (7) .... Das stört Sie. Schreiben Sie an Ihre Vermieterin.
Sie haben nächste Woche einen Arzttermin. Deshalb können Sie nicht arbeiten. Ihre Kollegin soll Sie (8) ....

2a Passt die formelle oder die informelle Anrede? Ergänzen Sie.

> Sie haben ein neues Gerät gekauft, aber es funktioniert nicht richtig. Schreiben Sie eine E-Mail an den Hersteller.

1 Sehr geehrt__ D__m__n und H__rr__n,

Wenn Sie z. B. an eine Firma oder einen Hersteller schreiben und keinen Namen haben, dann passt nur die Anrede „Sehr geehrte Damen und Herren,"
Sie schreiben **formell** und müssen in der E-Mail die Formen für „Sie" benutzen.

> Sie haben eine Anzeige gelesen. Jemand möchte ein Auto verkaufen. Sie haben Interesse und wollen mehr Informationen. Schreiben Sie an den Verkäufer, Jan Wronek.

2 Lieb__ __ Herr Wronek,
3 Sehr geehrt__ __ Herr Wronek,
4 Hallo ....,

Wenn Sie an eine Person schreiben, die Sie nicht kennen, schreiben Sie „Frau ..." oder „Herr ..." und den Nachnamen.
Sie schreiben **formell** und müssen in der E-Mail die Formen für „Sie" benutzen.

> Ihre Nachbarin Lisa Giroud plant ein Hoffest und bittet Sie um Hilfe.

5 Sehr geehrt__ Frau __ __ __ __ __ __,
6 Liebe __ __ __ __ Giroud,
7 Lieb__ Lisa,
8 Hallo __ __ __ __,

An Freunde schreiben Sie immer informell. Bei Bekannten, Nachbarn, Kollegen können Sie entscheiden: **formell** oder **informell**?
Wenn Sie **informell** schreiben, müssen Sie in der E-Mail die Formen für „du" benutzen.

2b Formeller oder Informeller Gruß? Ergänzen Sie.

formeller Gruß	passt immer	informeller Gruß
1 Mit freundlich__ __ Grüß__ __	**3** Viele Gr__ße	**4** Schön__ Grüß__
2 Freundlich__ Grüß__		**5** Lieb__ Grüß__

3a Eine informelle E-Mail: Welche Formen <u>passen nicht</u>? Streichen Sie durch.

> Ihre Nachbarin Lisa Giroud plant ein Hoffest und bittet Sie um Hilfe.

Hallo Lisa,
vielen Dank für deine | Ihre Nachricht. Letztes Jahr war das Hoffest sehr schön. Hattest du | Hatten Sie viel Arbeit?
Ich kann Ihnen | dir gern helfen. Aber Sie sollten | du solltest auch andere Nachbarn fragen, weil ich nicht viel tragen kann. Frag | Fragen Sie vielleicht Akira aus dem 4. Stock, der ist stark. Ich kann die Einladungen schreiben und mit Ihnen | dir kochen.
Machst du | machen Sie wieder Ihren | deinen berühmten Kartoffelsalat? Der war lecker.
Ach ja, und die wichtigste Frage: Wann ist das Hoffest? Hast du | Haben Sie schon einen Termin? Sie können | Du kannst mich gern anrufen: 0123/456789, dann können wir planen.

Liebe Grüße
Rima

3b **Schreiben Sie die E-Mail aus 3a formell.**

Liebe Frau Giroud,
vielen Dank für **Ihre** Nachricht.
...
Mit freundlichen Grüßen
Rima Hassan

Unterschreiben Sie immer in einer neuen Zeile links mit Ihrem Namen.
Informell: nur Ihr Vorname
Formell: zuerst Ihr Vorname, dann Ihr Familienname

4a **Grund für Ihr Schreiben: Ergänzen Sie wichtige Wörter aus der Situation.**

1 Sie haben Ihren Bibliotheksausweis verloren. Sie brauchen einen neuen Ausweis. Schreiben Sie an die Bibliothek.	Sehr geehrte Damen und Herren, ich habe meinen ... . Jetzt brauche ich ... ...
2 Sie möchten ein Fest mit vielen Gästen feiern. Sie wissen nicht, wo Sie einen großen Raum mieten können. Schreiben Sie an eine Bekannte oder einen Bekannten und bitten Sie um Hilfe.	Liebe Carolina, ich möchte ein ... ... feiern. Aber ich weiß nicht, wo ich ... ... kann. Ich schreibe dir, weil ich dich ... ... bitten möchte.

Oft ist der erste Punkt „Grund für Ihr Schreiben" oder „Warum Sie schreiben". Beginnen Sie Ihre E-Mail damit und nutzen Sie Formulierungen aus der Situation.

4b **Ergänzen Sie die Pronomen *ich, mich, mein.***

Sie wohnen in einem Mietshaus. Ihr Nachbar hört oft laut Musik. Das stört Sie. Sie haben schon mit dem Nachbarn gesprochen, aber nichts hat sich geändert. Schreiben Sie an Ihre Vermieterin.	Sehr geehrte Frau Müller, ...ich... wohne in Ihrem Mietshaus im 3. Stock. ... Nachbar im 2. Stock hört oft laut Musik. Das stört ... sehr. ... habe schon mit dem Nachbarn gesprochen, aber nichts hat sich geändert. Deshalb schreibe ... an Sie: ... weiß nicht, was ... noch machen soll.

4c **Ergänzen Sie Pronomen und Verben.**

Ihr Kollege muss heute zum Arzt gehen. Sie wissen, dass der Kollege viel Arbeit hat. Schreiben Sie Ihrem Kollegen Miguel. • Ihre Hilfe anbieten	Hallo Miguel, ... habe gehört, dass ... heute zum Arzt gehen ... . Und ich ..., dass ... viel Arbeit ... . Deshalb möchte ... dir meine Hilfe ... .

5a Fragen formulieren: Lesen Sie die Situation und die Punkte. Zu welchen Punkten sollen Sie Fragen stellen? Unterstreichen Sie.

> Sie haben eine Anzeige gelesen. Jemand möchte ein Auto verkaufen. Sie haben Interesse und wollen mehr Informationen. Schreiben Sie an den Verkäufer.
> *Schreiben Sie etwas zu folgenden Punkten:*
> - Wo Sie die Anzeige gesehen haben
> - Warum Sie das Auto kaufen möchten
> - Fragen zum Auto (schon verkauft? Farbe, Alter, Preis …)
> - Wann ansehen?

5b Schreiben Sie die Fragen richtig.

1 (schon verkauft | das Auto | Sie | haben | ?) – Haben Sie das Auto schon verkauft?

2 ……………………
(hat | es | ? | welche Farbe)

3 ……………………
(wie viel | das Auto | ? | kostet)

4 ……………………
(kann | ich | wann | das Auto | ? | ansehen)

Ja-/Nein-Frage: Verb auf Position 1
W-Frage: Verb hinter dem Fragewort mit W

5c Schreiben Sie die Fragen aus 5b als indirekte Fragen.

1 Ich wollte Sie fragen, ob Sie das Auto schon verkauft …………… .
2 Können Sie mir auch sagen, …………… Farbe es …………… ?
3 Mich interessiert noch, …………… das Auto …………… .
4 Bitte schreiben Sie mir, …………… ich das Auto ansehen …………… .

Indirekte Frage: Das Verb steht am Ende, wie in einem Nebensatz. Die indirekte Frage beginnt mit ***ob*** (bei Ja-/Nein-Fragen) oder mit dem Fragewort (bei W-Fragen).

6a Sätze verbinden. Ergänzen Sie den passenden Konnektor.

Konnektor **vor** einem Hauptsatz (0-Position): **denn**, **aber**
Hauptsatz-Konnektor: **deshalb**, **trotzdem**
Nebensatz-Konnektor: **weil, obwohl**

Situation → Ihr Kollege muss heute zum Arzt gehen. Sie wissen, dass der Kollege viel Arbeit hat. Schreiben Sie Ihrem Kollegen.

weil | deshalb | denn

1 Ich schreibe dir, …………… ich deine E-Mail gelesen habe.
2 Ich schreibe dir, …………… ich habe deine E-Mail gelesen.
3 Ich habe deine E-Mail gelesen, …………… schreibe ich dir.

aber | obwohl | trotzdem

4 Ich möchte gern helfen, …………… ich leider nur wenig Zeit habe.
5 Ich habe leider nur wenig Zeit, …………… möchte ich gern helfen.
6 Ich möchte gern helfen, …………… ich habe leider nur wenig Zeit.

6b Sätze und Ideen verbinden: Welches Wort in der Mitte passt? Verbinden Sie.

1 Ich habe gelesen,	damit	du zum Arzt musst.
2 Du sollst heute zur Post gehen,	dann	kann ich für dich machen.
3 Ich mache alles fertig,	das	hast du morgen keinen Stress.
4 Soll ich dich heute Abend anrufen	dass	sprechen wir morgen?
5 Ich gebe dir meine Handy-Nummer,	oder	du mich anrufen kannst.

7a Ein letzter Satz in der E-Mail: Verbinden Sie.

1 Ich hoffe,	**a** bald.
2 Ich freue mich	**b** melden Sie sich schnell.
3 Bitte	**c** auf Ihre Antwort.
4 Ich wünsche dir	**d** auch anrufen.
5 Melde dich	**e** gute Besserung.
6 Sie können mich	**f** Sie können mir helfen.

7b Welcher Satz aus 7a passt zu der Situation in 6a? Notieren Sie.

....

8a Ideen notieren: Was passt zu welchem Punkt? Notieren Sie.

groß | ~~Geburtstag~~ | am 1.7. | etwa 50 Personen | Auto leihen, um Getränke zu kaufen | zentral | 30 Jahre

Situation

Sie möchten ein Fest mit vielen Gästen feiern. Sie wissen nicht, wo Sie einen Raum mieten können. Schreiben Sie an eine Bekannte oder einen Bekannten und bitten Sie um Hilfe.

Schreiben Sie etwas zu folgenden Punkten: (Name?) ....

- Wann und warum Sie feiern möchten (1) Geburtstag ....
- Wie viele Gäste Sie einladen (2) ....
- Raum? (3) ....
- Was Sie noch wissen wollen. (4) ....

8b Ergänzen Sie die E-Mail mit Informationen aus der Situation und den Ideen aus 8a. Ergänzen Sie auch die Anrede, den Gruß und Ihre Unterschrift.

...Hallo..,

wie geht es dir?

Ich möchte am.............................. ein großes Fest feiern, weil ich ....

habe. Ich werde .... alt. Aber ich habe ein Problem: Ich weiß nicht, ...

ich .... kann. Kannst du mir helfen? Ich weiß, dass du viele Kontakte hast.

Der Raum muss .... sein, denn ich möchte .... einladen.

Es wäre auch gut, wenn der Raum .... ist, damit die Gäste nicht lange fahren müssen. Hast du eine Idee? Wichtig ist auch noch: Könnte ich dein ....

....?

Ich hoffe, du kannst mir helfen.

Vielen Dank schon mal.

....

....

Denken Sie auch an die richtigen Satzzeichen: Nach der Anrede kommt ein Komma, nach dem Komma schreiben Sie klein weiter. Nach dem Gruß steht kein Punkt und kein Komma.

9a Lesen Sie die Aufgabe und notieren Sie Ihre Ideen zu allen Punkten.

Sie haben ein neues Gerät gekauft, aber es funktioniert nicht richtig.
Schreiben Sie eine E-Mail an den Hersteller.

Schreiben Sie etwas zu folgenden Punkten:
- Wann und wo gekauft
- Warum Sie unzufrieden sind
- Was die Firma tun soll
- Bis wann die Firma etwas tun soll

9b Kontrollieren Sie die E-Mail mit der Checkliste und kreuzen Sie an.

Hallo,

ich habe am 1.2. im Elektromarkt Grün eine Mikrowelle gekauft. Die Mikrowelle funktioniert nicht richtig.
Schicken Sie mir eine neue Mikrowelle.

Mit freundlichen Grüßen

Checkliste

- ☐ Es gibt eine Anrede.
- ☐ Die Anrede passt zur Situation.
- ☐ Es gibt einen Gruß.
- ☐ Der Gruß passt zur Situation.
- ☐ Es gibt eine Unterschrift.
- ☐ Die Unterschrift passt zur Situation.
- ☐ Es gibt mindestens einen Satz zu jedem Punkt.
- ☐ Man versteht alles gut.
- ☐ Mehrere Sätze und Ideen sind verbunden (z.B. Haupt- und Nebensätze mit Konnektoren).

9c Schreiben Sie die E-Mail aus 9b besser. Beachten Sie die Checkliste.

1a Was passt zusammen? Verbinden Sie.

1 Ich heiße Amira Younis.
2 Ich komme aus Damaskus in Syrien.
3 Ich wohne in Dortmund.
4 Ich arbeite in einem Drogeriemarkt.
5 Ich bin verheiratet.
6 Ich habe zwei Kinder.
7 Ich spreche Deutsch und Arabisch.

Name
Geburtsort
Wohnort
Arbeit/Beruf
Familie
Sprachen

Sagen Sie mehr als einen kurzen Satz zu jedem Stichpunkt. Sie können zum Beispiel begründen (warum?) oder etwas genauer erklären (wann, wo, was genau?) und so mehr Informationen und Details geben.

1b Unterstreichen Sie die Verben in den Sätzen in 1a.

1c Schreiben Sie die Verben in die Tabelle.

	heißen	wohnen	arbeiten	sein	haben	sprechen
ich	heiße	...	...	...	...	...
er/sie	heißt	...	...	...	...	...
wir	heißen	...	...	...	...	...

1d Schreiben Sie das Verb in der richtigen Form.

1 Ich .... (sein) 37 Jahre alt.
2 Meine Frau .... (heißen) Petra.
3 Sie .... (sein) 35 Jahre alt.
4 Wir .... (haben) einen Sohn
5 Er .... (haben) eine kleine Katze.
6 Unser Sohn .... (sprechen) manchmal Deutsch mit mir.
7 Ich .... (haben) eine Schwester.
8 Meine Schwester .... (wohnen) in Hamburg.
9 Samstags .... (arbeiten) ich meistens.
10 Meine Arbeit .... (sein) sehr interessant.

2a Name, Geburtsort, Wohnort: Was kann man auch sagen? Ergänzen Sie.

Name
Geburtsort
Wohnort

1 Ich heiße Amira Younis. → Mein Name ist Amira ....

2 Ich komme aus Damaskus in Syrien.
→ Ich bin in .... geboren, das ist eine Stadt in ....

3 Ich wohne in Dortmund. Seit fünf Jahren.
→ Seit .... Jahren wohne ich in ....

2b Schreiben Sie die Sätze neu: Beginnen Sie mit dem unterstrichenen Satzteil.

1 Ich wohne sehr gern hier. Hier wohne ....

2 Ich mag diese Stadt nicht so gern,
...., weil sie sehr groß ist.

3 Ich ziehe im Juni in eine große Wohnung.
....

4 Ich gehe manchmal im Park spazieren.
....

5 Ich mache vielleicht eine Ausbildung.
....

Versuchen Sie, nicht jeden Satz mit *ich* zu beginnen.

3a Arbeit / Beruf: Verbinden Sie.

Arbeit/Beruf

1 Im Moment
2 Ich arbeite
3 Mein Beruf
4 Am liebsten möchte ich als
5 Ich möchte
6 Im Moment bin ich
7 Früher habe ich
8 Ich

a Fitnesstrainer arbeiten.
b arbeitslos.
c als Koch.
d arbeite ich nicht.
e habe keinen Beruf.
f in einem Geschäft gearbeitet.
g ist Schneiderin.
h eine Ausbildung machen.

3b Ergänzen Sie die Details.

im Sommer | zwei Tage in der Woche | an der Kasse | für die Arbeit | sehr gut

Ich arbeite in einem Drogeriemarkt (1) .... Aber ich arbeite nur wenig, (2) ....
Die Arbeit gefällt mir (3) ...., deshalb möchte ich mehr arbeiten. Meine Tochter kommt (4) .... in den Kindergarten. Dann habe ich mehr Zeit (5) ....

4a **Familie: Verbinden Sie.**

Familie

1 der Bruder und die Schwester
2 die Mutter und der Vater
3 nicht verheiratet
4 nicht mehr verheiratet (aber früher)
5 der Sohn und die Tochter
6 meine Freundin / mein Freund

a die Partnerin / der Partner
b geschieden
c ledig
d die Geschwister
e die Kinder
f die Eltern

52 4b **Betonung: Hören Sie und sprechen Sie dann nach.**

1 Ein **Bru**der.	Eine **Schwes**ter.	Ich habe einen **Bru**der und eine **Schwes**ter.
2 Ge**schwis**ter	Ich habe Ge**schwis**ter.	Meine Ge**schwis**ter wohnen **auch** in Deutschland.
3 Ich bin **le**dig.	Ich bin ver**hei**ratet.	Ich bin ge**schie**den.
4 Meine **Toch**ter.	Meine **Töch**ter.	Meine **Töch**ter sind **klein**.
5 Mein **Sohn**.	Meine **Söh**ne.	Meine **Söh**ne gehen in die **Schu**le.
6 Das **Kind**.	Die **Kin**der.	Ich habe **kei**ne Kinder.

Üben Sie die Aussprache von schwierigen Wörtern und die Betonung im Satz. Zuerst allein, dann im Satz. Dann können Sie flüssiger sprechen.

4c **Informationen verbinden: Welcher Konnektor passt am besten? Ergänzen Sie.**

~~aber~~ | und | weil | deshalb | denn | dass | aber

1 Ich habe drei Geschwister, ...aber... sie wohnen alle in Italien.
2 Meine Frau ist Deutsche, ... wohnen wir hier in Deutschland.
3 Es ist schön, ... ich mit meinen Eltern über das Internet chatten kann.
4 Meine Kinder gehen noch nicht in die Schule, ... sie sind noch klein.
5 Ich bin nicht verheiratet, ... ich habe einen Freund.
6 Meine Freundin lebt nicht hier in Frankfurt, ... sie in Köln arbeitet.
7 Ich bin verheiratet .... habe ein Kind.

4d **Informationen verbinden. Ergänzen Sie: *er, sie, sein, ihr.***

Ich bin verheiratet und habe zwei Kinder: einen Sohn und eine Tochter.
Mein Sohn heißt Hamed. (1) Er............... ~~Hamed~~ ist 22 Jahre alt und (2) .... ~~Hamed~~ wohnt in Köln. Dort arbeitet (3) .... ~~Hamed~~ als Physiotherapeut. Das ist (4) .... ~~Hameds~~ Wunschberuf.
Meine Tochter heißt Naila. (5) .... ~~Nailas~~ Hobby sind Sprachen, (6) .... ~~Naila~~ spricht schon vier Sprachen sehr gut.

Verbinden Sie Sätze und Informationen. Benutzen Sie z. B. passende Konnektoren, Pronomen und Artikelwörter.

5 **Sprachen: Ergänzen Sie.**

Sprachen

1 Ich spr__ch__ Bulgarisch und ein bisschen Russisch.
2 Meine M__tt__rspr__ch__ ist Kurdisch, aber ich spreche auch Arabisch und Türkisch.
3 Ich h__b__ Englisch in der Schule g__l__rnt.
4 Mein Mann spr__cht nur Farsi.
5 Zu Hause spr__ch__n wir manchmal auch Deutsch.

6 **Bitte stellen Sie sich vor: Was sagen Sie? Bereiten Sie sich vor.**

Name
Geburtsort
Wohnort
Arbeit/Beruf
Familie
Sprachen

- Notieren Sie Ihre Informationen zu jedem Stichwort. Die Aufgaben auf den Seiten 112–115 helfen Ihnen.
- Üben Sie: Sprechen Sie ca. eine Minute lang.
- Sprechen Sie flüssig (ohne zu lange Pausen).

→ **Wollen Sie *Sprechen* mit einem Video üben? Lesen Sie auf S. 124.**

53 7a **Prüferfragen: Welche Fragen hören Sie? Kreuzen Sie an.**

1 Arbeiten Sie im Moment?
2 Gefällt es Ihnen in …?
3 Was machen Sie gern in Ihrer Freizeit?
4 Haben Sie Kinder? Wie alt sind sie?
5 Haben Sie einen Beruf gelernt oder studiert?
6 Was möchten Sie nach dem Deutschkurs machen?

7b **Ergänzen Sie die Antworten.**

Am liebsten | weil ich … will | ich wohne | ich gehe … in den | ist die … auch | Ich gehe zweimal in der Woche | Ich möchte … besuchen

1 Nein, (1) .... nur .... Deutschkurs.

2 Ja, (2) .... gern hier. Aber manchmal (3) .... Stadt .... stressig, weil sie so groß ist.

3 Sport! (4) .... schwimmen. (5) .... im Freibad. Das ist sehr schön.

6 Mehr lernen! (6) .... noch einen B2-Kurs .... , (7) .... arbeiten .... Dafür muss ich noch besser Deutsch sprechen.

7c **Was antworten Sie auf die Fragen in 7a? Notieren Sie neben den Fragen.**

54 7d **Was fragt die Prüferin? Hören Sie die vier Fragen und antworten Sie.**

1a Themen auf den Fotos: Markieren Sie 9 Themen.

Q	W	O	H	N	E	N	M	O	M	P
A	F	X	F	A	M	I	L	I	E	R
R	K	V	E	R	K	E	H	R	D	A
B	G	E	S	U	N	D	H	E	I	T
E	T	T	B	E	H	Ö	R	D	E	N
I	E	I	N	K	A	U	F	E	N	V
T	F	R	E	I	Z	E	I	T	X	Z

1b Ergänzen Sie ein passendes Thema aus 1a.

1 Die Personen auf dem Foto machen Sport und haben Spaß. Das Thema ist ...Freizeit...... .

2 Ich denke, das Thema hier ist ...., weil man einen Bahnhof und Züge sieht.

3 Die Frau ist auf einem Amt, es geht um ....

4 Die Leute sind in einem großen Geschäft und sprechen mit einer Verkäuferin, vielleicht geht es auf dem Bild um Service und ....

5 Die Frau liegt auf dem Sofa und sieht fern, der Mann hat ein Tablet in der Hand. Ich denke, das Thema könnte .... sein, also Smartphones, Computer, Fernsehen.

6 Hier geht es um ...., die Leute ziehen gerade in eine neue Wohnung ein.

7 Die Frau gibt ihrem Kind ein Medikament. Also vielleicht geht es um .... oder das Thema ist .... Das kann ich nicht genau sagen.

8 Der Mann sitzt im Büro am Schreibtisch und er hat viel Stress. Es geht um ....

2a Wo auf dem Foto ist das? Schreiben Sie das passende Wort.

oben | unten | links | in der Mitte | rechts | vorne | ~~hinten~~

(1) ↑ ....

(2) ↓ ....

(3) ...hinten..

(4) ....

(5) ....

(6) ....

(7) ....

2b Was passt nicht? Sehen Sie das Foto in 2a an und streichen Sie durch.

1 Links | Am Rand | ~~Im Vordergrund~~ sitzt eine Frau am Tisch.
2 Rechts | Vorne | Im Vordergrund ist ein Tisch, darauf liegen ein Tablet und eine Brille.
3 Im Hintergrund | Hinten | Unten stehen noch zwei Frauen.
4 Die Frau in der Mitte | oben | ganz hinten arbeitet in dem Café.

3a Vermuten: Was passt zusammen? Verbinden Sie.

1 Ich glaube,	a möchte vielleicht bezahlen.
2 Vielleicht ist	b die Frau hinten die Mitarbeiterin. Sie spricht mit der anderen Frau.
3 Das ist wahrscheinlich	c die Personen sind in einem Café.
4 Oder die Kundin	d eine Kundin, die bestellt.

„Wahrscheinlich …" und „Vielleicht …" stehen oft auf Position 1 im Satz. Sie können aber auch nach dem Verb stehen.

3b Schreiben Sie die Sätze richtig.

1 Ich denke, ...
(Freizeit. | das Thema | wahrscheinlich | ist)

2 ....
(sein. | Oder | das Thema | könnte | Essen und Trinken)

3 Vielleicht ....
(die Leute | sind | auch in der Kantine bei der Arbeit.)

4a Die Hauptinhalte auf dem Foto: Was sehen Sie? Ergänze Sie die Wörter.

die Sp__lm__sch__n__		das G__sch__rr
der M__nn	der V__t__r	der J__ng__
der S__hn	in der K__ch__	z__ H__us__
st__h__n	h__lf__n	z__m__ch__n
__rkl__r__n	__ff__n	v__ll
schm__tz__g	z__fr__ed__n	die F__m__l__e
der Ha__sh__lt	die Erz__eh__ng	

Sagen Sie, was für die Situation wichtig ist. Diese Fragen helfen: Was oder wer ist auf dem Foto? Wo ist das? Was machen die Personen? Was passiert vielleicht gleich? Wie fühlen sich die Personen?

4b Das Foto sehr kurz beschreiben: Ergänzen Sie Wörter aus 2a.

Auf dem Foto sehe ich zwei Personen: einen (1) V.................... und seinen (2) S.................... . Sie sind in der (3) K.................... . Die (4) S.................... ist offen. Der Sohn steht neben der Spülmaschine. Das Thema ist vielleicht: (5) H.................... oder (6) E.................... .

4c **Das Foto mit mehr Details beschreiben: Ergänzen Sie.**

Familie | zufrieden | zumachen | zu Hause | Personen | Junge | Jahre | offen | Mann | schmutzige | Sohn | Spülmaschine

Auf dem Foto sehe ich vorne zwei (1) .... : Da ist ein (2) .... , er ist vielleicht vier (3) .... alt. Und rechts steht ein (4) .... Ich sehe nur die Beine, die Hände und die Kleidung. Da sieht man: Das ist ein Mann. Vielleicht sind die Personen Vater und (5) .... Sie sind in der Küche. Wahrscheinlich sind sie (6) .... Sie stehen links und rechts neben der (7) .... Die Tür ist (8) .... und man sieht das (9) .... Geschirr in der Spülmaschine. Ich denke, der Junge möchte die Spülmaschine (10) .... Er sieht (11) .... aus, vielleicht, weil er seinem Vater hilft. Das Thema hier ist vielleicht (12) .... : Was macht der Vater mit dem Sohn? Oder es geht um Arbeit im Haushalt.

Zeigen Sie, dass Sie wichtige Details nennen können. Verbinden Sie Ihre Sätze und Ideen.

55 5a **Zu welchem Foto passt die Beschreibung? Hören Sie und kreuzen Sie an.**

A

B

5b **Beschreiben Sie das andere Foto. Sprechen Sie ungefähr eine Minute.**

Auf dem Foto ist …
Ich sehe …
Links / rechts / in der Mitte …
Auf dem Nachttisch stehen / liegen …
Die Frau ist …
Neben der Frau …
Wahrscheinlich …
Es kann sein, dass …

In der Prüfung bekommt TN A ein anderes Foto als TN B. Aber das Thema ist dasselbe.

56 **6a Verstehen Sie die Fragen? Ergänzen Sie. Hören Sie dann zur Kontrolle.**

Ihrem | Ihnen | sie | Sie| Sie | Sie | Sie | Sie | Sie | Sie | Sie

1 Was machen ...., wenn .... erkältet sind?
2 Gehen .... gleich zum Arzt, wenn .... krank sind? Oder was machen .... ?
3 Waren .... in Deutschland schon einmal bei einem Arzt? Wie war das?
4 Wie ist das bei ....: Gehen .... zur Arbeit oder in den Kurs, wenn .... krank sind?
5 Wie ist das in .... Land? Was machen die Menschen, wenn .... krank sind?

6b Was machen Sie, wenn ...? Ergänzen Sie.

habe | trinken | schlafen | gehe | bleibe

Was machen Sie, wenn Sie erkältet sind?

Ich (1) .... zu Hause und ich (2) .... viel Tee. Und (3) .... hilft auch. Aber wenn ich Fieber (4) ...., dann (5) .... ich zum Arzt.

Manchmal könnten Sie eine Frage nur mit *Ja* oder *Nein* beantworten. Aber es ist besser, wenn Sie länger auf die Fragen antworten und etwas mehr sagen.

57 **6c Über Erfahrungen sprechen: Welche Sätze hören Sie? Kreuzen Sie an.**

- ☐ Ich ... schon oft ...
- ☐ Normalerweise ist das ...
- ☐ Das war so: Ich habe / Einmal bin ich ...
- ☐ Das habe ich noch nie gemacht.
- ☐ Damit habe ich keine / wenig Erfahrung.
- ☐ ..., deshalb weiß ich das nicht.

6d Ergänzen Sie die Verben in der richtigen Form. Sie können Track 57 noch einmal zur Hilfe hören.

Ja, ich (1) ...war... (sein) schon oft beim Arzt hier. Das (2) .... (sein) immer so: Ich (3) .... (anrufen) und einen Termin (4) .... (machen). Und dann (5) .... (können) ich mit dem Arzt sprechen. Aber einmal (6) .... ich ohne Termin zum Arzt .... (gehen), weil ich Rückenschmerzen (7) .... (haben). Da (8) .... (müssen) ich sehr lange warten. Aber vielleicht kann man dann auch ins Krankenhaus gehen. Das (9) .... ich noch nie .... (machen), deshalb weiß ich das nicht.

58 **6e Vergleichen: Welche Sätze hören Sie? Kreuzen Sie an.**

- ☐ Bei uns ist das so: ...
- ☐ In meinem Land ist das anders.
- ☐ Das ist (ähnlich) wie hier.
- ☐ In ... ist das anders als in Deutschland.

59 **7 Was antworten Sie auf diese Fragen? Notieren Sie Ideen.**
Hören Sie dann die Fragen und antworten Sie.

Waren Sie schon einmal krank bei der Arbeit oder im Deutschkurs? Warum?

Was muss man in Ihrem Land machen, wenn man krank ist und nicht zur Arbeit gehen kann?

1a **Situationen: Ergänzen Sie.**

Reise | Hilfe | Ausflug | Party | umziehen | Prüfung

1 Man fährt zusammen weg, für einen Tag oder ein paar Stunden, z. B. in die Natur oder in ein Museum: einen .... machen.

2 Nach einem Sprachkurs macht man oft eine ....

3 Man bringt Möbel und Kisten in die neue Wohnung: ....

4 Mit Musik und Essen und vielen Leuten eine .... feiern.

5 Für ein paar Tage an einen anderen Ort fahren und auch dort schlafen: eine .... machen.

6 Wenn eine Person etwas nicht allein machen kann: die Person braucht ....

1b **Was bedeutet dasselbe? Verbinden Sie.**

1 besorgen	**a** aussuchen
2 wählen	**b** kaufen
3 planen	**c** gemeinsam
4 helfen	**d** organisieren / vorbereiten
5 zusammen	**e** unterstützen

2a **Die Situation verstehen: Ergänzen Sie.**

1 Ihre K__ll__g__n ist im Krankenhaus. Sie möchten für die F__mili__ eink__ __f__n und im Haush__lt h__lf__n.

2 Sie möchten mit Ihrem Deutschkurs e__n__n A__sfl__g machen. Sie sollen den Ausflug gemeinsam organisieren.

3 Ein guter Fr__ __nd von Ihnen ist in eine andere St__dt gez__g__n. Sie möchten den Freund z__s__mm__n bes__ch__n.

4 Sie besuchen einen Deutschkurs und bald ist die Pr__f__ng. Sie möchten gem__ __ns__m l__rn__n.

5 Ihr D__ __tschk__rs ist bald zu Ende und Sie möchten Ihrer Lehrerin / Ihrem Lehrer etwas sch__nk__n.

2b **Zu welcher Situation aus 2a passen die Gesprächsanfänge? Ordnen Sie zu.**

Unser Kurs ist bald zu Ende. Wollen wir Frau Müller etwas schenken? Was denkst du?

Was wollen wir unserem Lehrer Sebastian schenken? Der Kurs ist nächste Woche zu Ende. Hast du jetzt Zeit? Dann können wir zusammen planen.

passen zu Situation ....

2c **Ergänzen Sie die Gesprächsanfänge mit Wörtern aus den Situationen 1–4 in 2a.**

1 Unsere .... Joanna ist im Krankenhaus. Ich möchte für ihre .... und im .... Machst du mit?

2 Wir sollen .... für unseren Deutschkurs organisieren. Sollen wir das jetzt planen?

3 Unser .... Najib ist in eine andere .... Was denkst du: Sollen wir Najib .... ?

4 Bald ist die .... ! Ich will viel lernen. Möchtest du .... ?

3 **Was passt zu welcher Notiz? Ordnen Sie zu.**

Salate mitbringen | am Bahnhof | Getränke für alle kaufen | am Freitag | alle aus dem Kurs | die Familie einladen | mit dem Zug fahren | den Bus nehmen | am 5. April | nächsten Mittwoch | zu Fuß gehen | ein Picknick im Stadtpark machen | vor der Schule | bei mir | grillen | am Wochenende | in den Zoo gehen | jeder bringt etwas mit | nach dem Kurs | Pizza bestellen | mit dem Auto fahren | die Kinder mitnehmen

Situation:
Sie möchten mit Ihrem Deutschkurs einen Ausflug machen. Sie sollen den Ausflug gemeinsam organisieren.

Aufgabe:
Planen Sie gemeinsam, was Sie tun wollen.
Hier haben Sie einige Notizen:

- Wann?
- Was machen?
- Wer?
- Wie hinkommen?
- Wo treffen
- Essen? Getränke

Wann? .... , ... ,
.... , ... ,
....

Was machen? .... , ... ,
....

Wer? .... , ... ,
....

Wie hinkommen? .... , ... ,
.... , ...

Wo treffen? .... , ... ,
....

Essen? Getränke? .... , ... ,
.... , ...

60 4a **Einen Vorschlag machen: Hören Sie die Sätze und sprechen Sie nach.**

einen Vorschlag machen
Sollen wir mit dem Bus fahren?
Wir könnten mit dem Bus fahren.
Ich würde gern mit dem Bus fahren.
Wie wäre es, wenn wir mit dem Bus fahren?

Die Reihenfolge der Notizen ist oft hilfreich. Wenn Sie eine neue Notiz ansprechen wollen, können Sie eine Frage stellen oder einen Vorschlag machen.

4b **Ergänzen Sie die Vorschläge.**

wäre | würde | Sollen | Was | könnten

1 .... wir den Ausflug am Wochenende machen?
2 Wie .... es, wenn wir unsere Kinder mitnehmen?
3 Wir .... uns direkt am Bahnhof treffen, oder?
4 .... machen wir? Ein Picknick im Stadtpark?
5 Ich .... gern grillen.

5a **Nachfragen: Ergänzen Sie.**

nachfragen
Was d__nkst du? Wie f__nd__st du das? Einv__rst__nd__n? Hast du eine __d__ __?

61 5b **Hören Sie die Sätze und sprechen Sie nach.**

62 6a **Zustimmen: Hören und verbinden Sie.**

1 Wir könnten am Montag einkaufen.
2 Sollen wir noch andere im Kurs fragen?
3 Wie wäre es, wenn du Sara die Hausaufgaben bringst?
4 Ich würde für die Familie von Sara kochen.

zustimmen
a Ja, gut.
b Okay.
c Das finde ich gut.
d Das ist eine gute Idee.

6b **Ablehnen (und einen Gegenvorschlag machen): Was passt? Verbinden Sie.**

1 Wir könnten am Montag einkaufen.
2 Sollen wir noch andere im Kurs fragen?
3 Wie wäre es, wenn du Sara die Hausaufgaben schickst?
4 Ich würde für die Familie von Sara kochen.

ablehnen (+ Gegenvorschlag machen)
a Nein, das finde ich nicht so gut.
b Lieber nicht. Dienstag ist besser.
c Es wäre besser, wenn wir zusammen kochen.
d Ich würde die Hausaufgaben lieber bringen.

63 6c **Hören Sie die Sätze und stimmen Sie zu oder lehnen Sie ab.**

7 **Gemeinsam ein Geschenk kaufen: Ergänzen Sie das Gespräch.**

Sollen wir auch | Wir könnten | nicht so gut | finde ich gut | Wie wäre es | Idee | einverstanden

TN A: Hast du eine (1) ...., was wir schenken können?
TN B: (2) .... einen Gutschein für das Theater schenken. Was denkst du?
TN A: Das ist eine gute Idee. (3) .... die anderen aus unserem Kurs fragen, ob sie mitmachen?
TN B: Ja, das (4) ....
TN A: (5) ...., wenn jeder 5 Euro gibt? Oder ist das zu viel?
TN B: Nein, das finde ich (6) .... 5 Euro sind zu viel. 2 Euro sind besser.
TN A: Gut, 2 Euro, (7) ....

8a **Zusammen lernen: Ergänzen Sie das Gespräch.**

aber wie oft | ~~in vier Wochen~~ | Kannst du auch morgen? | Möchtest du zusammen lernen? | einmal ist nicht genug. | Wann hast du denn Zeit? | Nein, das ist zu viel.

TN A: Wir haben (1) ...in vier Wochen... eine Prüfung. (2) ....
TN B: Ja gern. (3) ....
TN A: Ich habe morgen Zeit. (4) ....
TN B: Ja. Ich kann morgen Nachmittag um 15 Uhr. Aber ich denke, (5) .... Wir müssen mehr lernen.
TN A: Okay, (6) .... sollen wir uns treffen? Jeden Tag?
TN B: (7) .... Vielleicht zweimal in der Woche.

64 8b **Hören Sie TN A und sprechen Sie TN B.**

9a **Einen Ausflug planen. Sie sind TN B: Was sagen Sie? Notieren Sie Ideen.**

TN A: Wir sollen einen Ausflug für unseren Deutschkurs organisieren. Können wir das jetzt planen?
TN B: ....
TN A: Gut. Wann machen wir den Ausflug?
TN B: ....
TN A: Ich finde am Wochenende besser. Dann könnten wir in den Zoo gehen.
TN B: ....
TN A: Okay, das finde ich auch gut. Sollen wir auch unsere Familien einladen? Was denkst du?
TN B: ....
TN A: Schön. Dann frage ich meine Kinder. Wann und wo treffen wir uns?
TN B: ....
TN A: Nein, das finde ich zu früh. Um 10 Uhr am Bahnhof ist besser. Einverstanden?
TN B: ....
TN A: Dann machen wir das so.

65 9b **Hören Sie TN A und sprechen Sie TN B.**

Quiz

Mit dem Quiz können Sie wichtige Wörter aus der Wortliste für den Deutsch-Test für Zuwanderer üben. Es gibt 20 Quiz zu verschiedenen Themen. Sie können jedes Quiz so oft machen, wie Sie möchten.

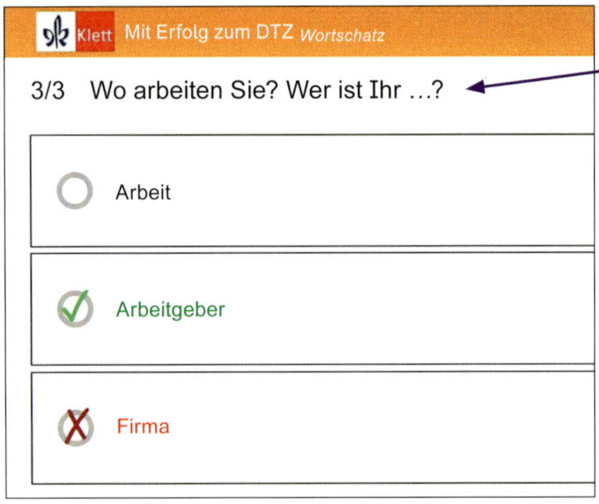

Lesen Sie den Satz oben.

Welches Wort passt am besten in die … Lücke?

Klicken Sie auf das Wort – und sofort sehen Sie die richtige Lösung.

Sie finden die Quiz in allango (siehe Seite 1).

Videos

In allango (siehe Seite 1) finden Sie die Videos:

DTZ_Sprechen Teil 1_Beispiel
DTZ_Sprechen Teil 2_Beispiel
DTZ_Sprechen Teil 3_Beispiel

Sie sehen eine komplette Prüfung* mit allen Teilen.

* Echte Prüfungen darf man nicht filmen. Diese Prüfung ist deshalb nachgestellt. Die Teilnehmerinnen haben die DTZ-Prüfung tatsächlich erst vor Kurzem gemacht und beide auf Niveau B1 bestanden.

Sehen Sie zuerst im Beispiel: So läuft die Prüfung ab, diese Aufgaben gibt es in dieser Prüfung und was kann man sagen?

Dann können Sie mit diesen Videos üben: Sie sehen immer das Aufgabenblatt und hören die Prüferin. Dann sollen Sie wie in dem Prüfungsteil sprechen. Eine Uhr zeigt, wie viel Zeit Sie ungefähr haben.

DTZ_Sprechen Teil 1 – Jetzt Sie!	„Bitte erzählen Sie etwas über sich." – die Stichpunkte sind immer dieselben. Aber was fragt die Prüferin? Antworten Sie.
DTZ_Sprechen Teil 2 – Jetzt Sie!	„Was sehen Sie auf dem Bild? Was für eine Situation ist das?" Sprechen Sie über das Bild. Antworten Sie dann auf die Fragen zu Ihren Erfahrungen.
DTZ_Sprechen Teil 3 – Jetzt Sie!	„Planen Sie zusammen" – Sie müssen ein Gespräch mit der anderen Teilnehmerin führen. Sehen Sie das Video zuerst ganz an und hören/lesen Sie, was die andere Teilnehmerin sagt und was Sie sagen könnten. Oder überlegen Sie, was Sie sagen könnten, damit alles zusammenpasst. Spielen Sie dann das Video noch einmal ab und sprechen Sie mit.

Die Aufgabenblätter zu dieser Prüfung sind digital verfügbar (siehe Seite 1).

Modelltest 2

In der Prüfung können Sie Ihre Lösungen zuerst im Aufgabenheft markieren und dann auf den Antwortbogen schreiben. Aber Achtung: Sie müssen das in der Zeit für den jeweiligen Teil machen. Nur die Lösungen auf dem Antwortbogen werden bewertet.

Sie dürfen in der Prüfung nur mit blauem oder schwarzem Kugelschreiber schreiben. Ihre Lösungen müssen Sie so ankreuzen:

☐ ☒ ☐
a b c

Einen kompletten Antwortbogen zu diesem Modelltest und die Hördateien können Sie herunterladen (siehe Seite 1).

Hören Teil 1 bis Hören Teil 4 dauert ungefähr **25 Minuten**. In dieser Zeit müssen Sie auch Ihre Lösungen auf dem Antwortbogen markieren.
In der Prüfung hören Sie alle Teile ohne Pause hintereinander.

Hören 25 Minuten

66 **Teil 1**

Sie hören vier Ansagen. Zu jeder Ansage gibt es eine Aufgabe.
Welche Lösung (a, b oder c) passt am besten?
Markieren Sie Ihre Lösungen für die Aufgaben 1–4 auf dem Antwortbogen.

Beispiel

Sie haben ein Problem mit dem Internet. Was sollen Sie tun?
a Die „1" drücken.
b Die „2" drücken.
c Die „3" drücken.

☐ a ☐ b ☒ c

1 Was müssen Sie machen?
a Die neue EC-Karte aktivieren.
b Eine Pin-Nummer wählen.
c Zur Bank kommen.

2 Wann beginnt Frau Arayas neue Arbeit?
a Am Dienstag.
b Am Montag um 8 Uhr.
c Am Montag um 12 Uhr.

3 Wo können Sie eine Sporthose für Ihren Sohn kaufen?
a Im 1. Stock.
b Im 3. Stock.
c Im 4. Stock.

4 Herr Zimmermann
a muss zu einem anderen Arzt gehen.
b soll nächsten Donnerstag kommen.
c soll zu einer anderen Uhrzeit kommen.

Die Lösungen verstehen

Beispiel: Sie haben ein Problem mit dem Internet. Was sollen Sie tun? c

Sie hören eine automatische Ansage vom Kundenservice. Sie müssen hören: Welche Nummer passt zu *Problem mit dem Internet?*

a Die „1" drücken. passt nicht am besten, denn Sie hören: *Geht es um Ihre Rechnungen? Dann drücken Sie bitte die Eins.*

b Die „2" drücken. passt nicht am besten, denn Sie hören: *Haben Sie ein Problem mit Ihrem Kabelfernsehen? Drücken Sie bitte die Zwei.*

c Die „3" drücken. passt am besten, denn Sie hören: *Gibt es eine Störung mit Ihrem Internetanschluss? Drücken Sie bitte die Drei.*

1 Was müssen Sie machen? b

Sie hören die Nachricht von einem Bank-Mitarbeiter. Er gibt Informationen zu Ihrer neuen EC-Karte.

a Die neue EC-Karte aktivieren. passt nicht am besten, denn Sie hören: *Die Karte ist schon aktiviert.*

b Eine Pin-Nummer wählen. passt am besten, denn Sie hören: *Auf der Seite Ihres Online-Bankings müssen Sie dann nur noch eine neue Pin-Nummer festlegen. Die* (= die Pin-Nummer) *können Sie selbst auswählen* (= wählen).

c Zur Bank kommen. passt nicht, denn Sie hören: *Bei Fragen können Sie sich* (= aber Sie müssen nicht) *gern auch an uns in der Bank-Filiale wenden* (= zu uns in die Bank kommen).

2 Wann beginnt Frau Arayas neue Arbeit? c

Der Chef von Frau Araya ruft an. Sie müssen hören, wann Frau Araya beginnt, also wann sie zum ersten Mal zu ihrer neuen Arbeit kommen und anfangen soll.

a Am Dienstag. passt nicht, denn Sie hören am Ende den Chef: *Wir beide (= Frau Araya und der Chef) sehen uns dann am Dienstag.* Der Chef ist also erst am Dienstag da.

b Am Montag um 8 Uhr. passt nicht, denn der Chef sagt: *Wir hatten ja besprochen, dass Sie am Montag direkt um acht Uhr beginnen. Ich bin aber an dem Tag leider nicht da. Und die Schichtleiterin kann sich natürlich nicht gut um Sie kümmern, während sie den Laden öffnet.*
Montag um 8 Uhr war der Plan, aber das geht jetzt nicht mehr wie geplant.

c Am Montag um 12 Uhr. passt am besten, denn Sie hören: *Es wäre also besser, wenn Sie erst um 12 Uhr kommen und anfangen. Dann ist am Montag der erste Stress vorbei …*

3 Wo können Sie eine Sporthose für Ihren Sohn kaufen? b

Sie hören eine Ansage im Kaufhaus, es gibt verschiedene Angebote in verschiedenen Stockwerken (= Stock). Sie müssen hören: Wo gibt es Sportsachen oder Sportbekleidung?

a Im 1. Stock. passt nicht, denn Sie hören, dass die *Damenmode-Abteilung im ersten Stockwerk ist.*

b Im 3. Stock. passt am besten, denn Sie hören: *Sie und Ihre Familie wollen das Frühlingswetter für Sport im Freien nutzen? Dann schauen Sie sich im dritten Stockwerk um: Nur heute gibt es hier in der Sportabteilung 20 Prozent Rabatt auf alle Artikel!* Hier gibt es also eine Sporthose für Ihren Sohn.

c Im 4. Stock. passt nicht, denn Sie hören: *Kulinarisch wird es im vierten Stock: Die Küchenabteilung …* – dort kann man keine Sporthose kaufen.

4 Herr Zimmermann … b

Sie hören eine Nachricht von der Arztpraxis.

a muss zu einem anderen Arzt gehen. passt nicht, die Vertretung (eine Ärztin) *hat nur Zeit für Notfälle.* Herr Zimmermann ist kein Notfall, Sie hören am Anfang: *Sie haben ja diesen Donnerstag Ihren Kontrolltermin bei uns.*

b soll nächsten Donnerstag kommen. passt am besten, denn die Frau fragt: *Können wir Ihren Termin auf nächste Woche verschieben? Tag und Uhrzeit bleiben gleich.*

c soll zu einer anderen Uhrzeit kommen. passt nicht, denn die Uhrzeit bleibt gleich.

Hören 25 Minuten

67 **Teil 2**

Sie hören fünf Ansagen aus dem Radio. Zu jeder Ansage gibt es eine Aufgabe.
Welche Lösung (a, b oder c) passt am besten?
Markieren Sie Ihre Lösungen für die Aufgaben 5–9 auf dem Antwortbogen.

5 Was soll man bei Allergien machen?
- **a** Die Fenster schließen.
- **b** Täglich die Haare waschen.
- **c** Zum Arzt gehen.

6 Ab wann kann man die Elektro-Roller ausleihen?
- **a** Ab Ende Mai.
- **b** Ab Mitte Juni.
- **c** Ab nächstem Wochenende.

7 Welche Sendung hören Sie?
- **a** Die Kulturtipps.
- **b** Die Nachrichten.
- **c** Eine Musiksendung.

8 Auf welche Möbel bekommen Sie Rabatt?
- **a** Betten.
- **b** Esstische.
- **c** Sofas.

9 Warum ist der Heinrichplatz gesperrt?
- **a** Weil eine Demonstration stattfindet.
- **b** Weil ein Musikfest stattfindet.
- **c** Weil ein Sportfest stattfindet.

Die Lösungen verstehen

5 Was soll man bei Allergien machen? b

In der Aufgabe steht: *Was soll man … machen?* Das heißt, Sie hören vielleicht einen Tipp, einen Ratschlag oder einen Satz mit *müssen* oder *sollen*.

a Die Fenster schließen. passt nicht am besten, denn Sie hören nur: *Wenn Sie das schöne Wetter aber nicht nur durch das geschlossene Fenster genießen wollen, …*

b Täglich die Haare waschen. passt am besten, denn Sie hören: *… haben wir einen Tipp vom HNO-Arzt Dr. Golenkov: Jeden Abend* (= täglich) *duschen und vor allem die Haare gut waschen!*

c Zum Arzt gehen. passt nicht am besten, denn dazu hören Sie nichts. Nur der Tipp kommt von dem HNO-Arzt Dr. Golenkov.

6 Ab wann kann man die Elektro-Roller ausleihen? a

Sie hören Werbung für neue Elektro-Roller in der Stadt. Sie müssen hören, ab wann man die Roller ausleihen kann.

a Ab Ende Mai. passt am besten, denn Sie hören: *ab dem 29.5. können Sie die Roller leihen.*
Der 29.5. ist *Ende Mai*, ab diesem Tag können Sie die Roller *leihen* (= ausleihen).

b Ab Mitte Juni. passt nicht am besten, denn Sie hören: *Bis zum 13. Juni (= Mitte Juni) können Sie die neuen Roller zum halben Preis ausleihen* – es geht also nur um den Preis bis zu diesem Datum.

c Ab nächstem Wochenende. passt nicht am besten, denn Sie hören: *ab nächstem Wochenende ist die App dazu im App-Store verfügbar.* Hier geht es also nur um die App für die Roller, nicht um die Roller.

7 Welche Sendung hören Sie? b

Achten Sie auf typische Sätze und Wörter für Radiosendungen.

a Die Kulturtipps. passt nicht am besten, denn Sie hören Wörter wie *Konzerthalle, Konzerte und Veranstaltungen*, aber es geht um ein *Feuer in der Konzerthalle*, nicht um Kulturtipps. In Kulturtipps würden Sie z. B. genaue Daten, Orte und Namen, wahrscheinlich auch mehr als nur einen Tipp hören.

b Die Nachrichten. passt am besten, denn Sie hören, was passiert ist: *Gestern Nacht brannte die Konzerthalle im Stadtteil West.* Danach geht es um ein anderes Thema: *Sauberkeit in der Stadt: Am Montag haben sich …* Kurze Informationen zu verschiedenen Themen hintereinander sind typisch für Nachrichten.

c Eine Musiksendung. passt nicht am besten, denn dazu hören Sie nichts. In einer Konzerthalle und bei Konzerten spielt man Musik, aber darum geht es in der Sendung nicht.

8 Auf welche Möbel bekommen Sie Rabatt? c

Sie hören Werbung für ein Möbelhaus. Zu allen Möbeln in den Lösungen a, b und c gibt es eine Aktion im Möbelhaus. Sie müssen verstehen: Auf was bekommen Sie *Rabatt* (= was ist billiger oder günstiger)?

a Betten. passt nicht am besten, denn Sie hören nur: *Sie können Ihr neues Bett bis zu 100 Tage testen und problemlos zurückgeben.*

b Esstische. passt auch nicht, denn Sie hören*: Esstische mit passender Tischdecke: Zu jedem Esstisch bekommen Sie eine passende Tischdecke gratis dazu – gratis* bedeutet kostenlos, das ist also auch kein Rabatt.

c Sofas. passt am besten, denn Sie hören: *Jedes Sofa aus der letzten Saison bekommen Sie 25 Prozent günstiger!* (= Sie bekommen 25 % Rabatt).

9 Warum ist der Heinrichplatz gesperrt? a

Sie hören etwas zu allen drei Lösungen.

a Weil eine Demonstration stattfindet. passt am besten, denn Sie hören: … *fahren Sie nicht über den Heinrichplatz. Dort* (= am Heinrichplatz) *findet eine Klima-Demonstration statt und der Platz ist den ganzen Tag für den Verkehr gesperrt.*

b Weil ein Musikfest stattfindet. passt nicht, denn Sie hören: *Sperrungen wird es auch am Sonntag rund um die Altstadt geben. Auf dem Europäischen Fest der Chöre treten über 500 Sängerinnen und Sänger an verschiedenen Orten auf.*

Die Altstadt (nicht der Heinrichplatz) ist also gesperrt, weil ein Musikfest stattfindet.

c Weil ein Sportfest stattfindet. passt nicht. Sie hören nur, dass das Jugendsportfest im Stadion stattfindet.

Hören 25 Minuten

68 **Teil 3**

Sie hören vier Gespräche. Zu jedem Gespräch gibt es zwei Aufgaben.
Entscheiden Sie bei jedem Gespräch, ob die Aussage dazu richtig oder falsch ist und welche Antwort (a, b oder c) am besten passt.
Markieren Sie Ihre Lösungen für die Aufgaben 10–17 auf dem Antwortbogen.

Beispiel

Hamid und Julia arbeiten zusammen. ☐ richtig ☒ falsch

Was besprechen Hamid und Julia? ☐ a ☒ b ☐ c

a Was sie kochen können.
b Was sie schenken können.
c Wie sie zu Dascha fahren.

10 Die Kundin hat eine neue Wohnung.
richtig/falsch

11 Was sucht die Kundin?
a Eine große Leiter.
b Eine spezielle Farbe.
c Hilfe bei der Renovierung.

12 Herr Al-Sayad möchte einen Computerkurs machen.
richtig/falsch

13 Herr Al-Sayad kann
a einen Abendkurs machen.
b einen Online-Kurs machen.
c einen Sommerkurs machen.

14 Denio hat sich bei einem Frisörsalon beworben.
richtig/falsch

15 Denio
a hat ein Zeugnis geschickt.
b hat schon ein Praktikum gemacht.
c schließt bald die Schule ab.

16 Susanna spricht mit einem Nachbarn.
richtig/falsch

17 Die Kinder von Susanna
a haben im Moment Ferien.
b machen am Freitag eine Party.
c sind jetzt bei den Großeltern.

Die Lösungen verstehen

Beispiel: Hamid und Julia arbeiten zusammen. **falsch**
Hamid und Julia sprechen zusammen über den Geburtstag von Dascha. Julia sagt: ... *es kommen fast alle aus unserem Englischkurs*. Etwas später hören Sie: *Konstantin aus dem Englischkurs arbeitet doch in diesem Kaufhaus*. Hamid und Julia besuchen also zusammen einen Englischkurs, aber sie arbeiten nicht zusammen. Die Aussage ist also falsch.

Beispiel: Was besprechen Hamid und Julia? **b**
a Was sie kochen können. passt nicht, denn Hamid sagt: ... *Dascha wird etwas aus ihrer Heimat kochen*. Julia und Hamid kochen also nicht.
b Was sie schenken können. passt am besten, denn Julia sagt: *Hast du vielleicht eine Idee für ein Geschenk?* Danach sprechen sie über Ideen, was und wo sie vielleicht ein Geschenk kaufen können.
c Wie sie zu Dascha fahren. passt nicht, Sie hören nur, dass Hamid sagt: *Ich könnte morgen in die Stadt fahren*.

10 Die Kundin hat eine neue Wohnung. **falsch**
Sie hören eine Kundin im Gespräch mit einem Mitarbeiter im Baumarkt. Die Kundin sagt: ... *die Wohnung wurde erst vor zwei Jahren komplett renoviert, kurz bevor ich eingezogen bin*. Die Wohnung ist also nicht neu und die Kundin wohnt schon länger dort, deshalb ist die Aussage falsch.

11 Was sucht die Kundin? **a**
Sie müssen hören, was genau die Kundin sucht (= was braucht sie noch?).
a Eine große Leiter. passt am besten, denn die Kundin sagt: *Aber ich brauche noch etwas: Kann man hier vielleicht eine Leiter leihen? Ich habe eine* (= Leiter) *zu Hause, aber die ist zu klein, um an die Decke zu kommen*. Das heißt, die Kundin sucht eine große Leiter.
b Eine spezielle Farbe. passt nicht, denn der Verkäufer sagt: *Sie haben ja schon alles: Farbe, Folie, Pinsel ...*
c Hilfe bei der Renovierung. passt nicht, denn der Mitarbeiter fragt, ob die Kundin alles (= die Renovierung) allein macht. Die Kundin sagt: *Ja! Das ist wirklich nicht so schwer*. Die Kundin sucht also keine Hilfe bei der Renovierung.

12 Herr Al-Sayad möchte einen Computerkurs machen. **richtig**
Herr Al-Sayad spricht mit einer Mitarbeiterin an einer Schule über Kurse. Die Aussage ist richtig, denn Sie hören: *Es geht um den Kurs W-127: Die wichtigsten Computerprogramme für's Büro*.

13 Herr Al-Sayad kann **b**
Sie müssen hören, welchen Kurs Herr Al-Sayad am Ende wirklich machen kann.
Die richtige Lösung hören Sie im Gespräch am Ende:
Mitarbeiterin: Aber ab September könnte ich Ihnen einen Kurs anbieten.
Herr Al-Sayad: Ist der dann auch am Abend? Das war mir nämlich wichtig, ...
Mitarbeiterin: Hm ..., ach jetzt sehe ich ... Nein, tut mir leid, der Kurs ist online. Also an zwei Vormittagen in der Woche. Aber Sie würden von zu Hause aus lernen.
Herr Al-Sayad: Ah, ja ... das geht dann auch. ...
a einen Abendkurs machen. passt nicht, denn der Kurs ist nicht am Abend.
b einen Online-Kurs machen. passt am besten, denn die Mitarbeiterin sagt: *ab September könnte ich Ihnen einen Kurs anbieten ... Der Kurs ist online*.
c einen Sommerkurs machen. passt nicht, denn die Mitarbeiterin sagt schon vorher: *über den Sommer finden leider gar keine Kurse in dem Bereich* (= Bereich Computer und Internet) *statt*.

14 Denio hat sich bei einem Frisörsalon beworben. **richtig**
Die Aussage ist richtig, denn Sie hören wie Denio und Frau Buch vom Frisörsalon telefonieren. Denio sagt: *Ich hatte Ihnen geschrieben, weil ich gern eine Ausbildung bei Ihnen machen würde.* Frau Buch sagt: *Ah ja, Ihre Bewerbung hat mir sehr gut gefallen.* – Denio hat sich also bei dem Salon beworben.

15 Denio **c**
a hat ein Zeugnis geschickt. passt nicht, denn Frau Buch sagt: *Deshalb haben Sie auch kein Zeugnis mitgeschickt?*
b hat schon ein Praktikum gemacht. passt nicht, denn Frau Buch sagt: *obwohl Sie ja noch keine Erfahrung haben … Vielleicht könnten Sie erst einmal ein Praktikum machen.*
c schließt bald die Schule ab. passt am besten, denn Denio sagt: *Ich habe ja noch einen Monat Schule* (= bald), *bevor ich den Abschluss mache* (= die Schule abschließen).

16 Susanna spricht mit einem Nachbarn. **falsch**
Susanna spricht mit Timor. Timor ist ein Kollege, denn er sagt zu Susanna: *Sonst bist du doch immer vor mir bei der Arbeit.* Susanna erzählt Timor dann von ihrem Nachbarn: *Ich musste heute schon mit meinem Nachbarn diskutieren.* Aber Timor ist kein Nachbar von Susanna.

17 Die Kinder von Susanna **a**
a haben im Moment Ferien. passt am besten, denn Timor fragt: *Wie lange sind denn noch Schulferien?* Susanna antwortet: *Noch zwei Wochen.* Das heißt, im Moment haben die Kinder auch schon Ferien.
b machen am Freitag eine Party. passt nicht, denn Sie hören nur: *ab Freitag sind sie* (= die Kinder) *dann erstmal bei meinen Eltern.* Timor sagt noch: *Aber wenn die Kinder weg sind, könnt ihr* (= die Eltern, nicht die Kinder) *ja wirklich eine Party machen.*
c sind jetzt bei den Großeltern. passt nicht, weil die Kinder erst *ab Freitag* bei den Großeltern sind.

Hören 25 Minuten

69 **Teil 4**

Sie hören Aussagen zu einem Thema. Welcher der Sätze a–f passt zu den Aussagen 18–20?
Markieren Sie Ihre Lösungen für die Aufgaben 18–20 auf dem Antwortbogen.
Lesen Sie jetzt die Sätze a–f. Dazu haben Sie eine Minute Zeit.
Danach hören Sie die Aussagen.

Beispiel

☐ a ☐ b ☐ c ☐ d ☒ e ☐ f

18 ...

19 ...

20 ...

a Bahnfahren ist besser für die Umwelt.

b Bus und Bahn haben oft Verspätung.

c Die anderen Fahrgäste sind das größte Problem.

d Die öffentlichen Verkehrsmittel sind zu teuer.

~~**e**~~ Mit der Bahn ist man meistens schneller.

f Mit einem Monatsticket spart man viel Geld.

Nicht umblättern! Warten Sie auf das Zeichen der Prüfenden! **STOP**

In der Prüfung machen Sie zuerst den Teil ***Hören***. Sie dürfen in der Zeit nur die Aufgaben für ***Hören*** ansehen und lösen. Erst wenn die Prüfenden sagen: „Jetzt beginnen wir mit dem Teil *Lesen*" dürfen Sie umblättern und mit *Lesen* beginnen.

Die Lösungen verstehen

Beispiel: **e** Mit der Bahn ist man meistens schneller.
Sie hören auch Wörter, die zu den Sätzen **b**, **c** oder **d** passen. Aber nur der Satz **e** passt genau zu der Aussage, denn der Mann sagt:
Ich komme sehr ungern zu spät und muss auch bei meiner Arbeit sehr auf Pünktlichkeit achten. Hier in der Stadt wird der Verkehr immer schlimmer. Deshalb fahre ich nur noch Bahn. Normalerweise bin ich so deutlich schneller als mit dem Auto. Manchmal trifft man auch interessante Leute in der Bahn und mit einem Job-Ticket ist das auch gar nicht so teuer.

18 **c** Die anderen Fahrgäste sind das größte Problem.
Die Frau spricht auch über Geld, sie sagt aber nicht ihre Meinung zu dem Thema – deshalb passen die Sätze **d** und **f** nicht. Die anderen Fahrgäste in der U-Bahn sind das größte Problem für die Frau. Sie sagt:
Mit der U-Bahn fahre ich nur, weil es nicht anders geht. Mein Monatsticket bekomme ich reduziert, da ich noch in der Ausbildung bin. Trotzdem würde ich lieber mit dem Auto fahren. Seit sechs Monaten spare ich für ein Auto, nächstes Jahr habe ich genug Geld. Das wird super, endlich alleine fahren! Gerade morgens ist die Bahn so voll, einfach zu viele Leute. Es ist total eng, immer steigt jemand aus oder ein, viele Fahrgäste reden laut oder essen etwas. Das finde ich so anstrengend. Morgens brauche ich meine Ruhe!

19 **f** Mit einem Monatsticket spart man viel Geld.
Die Frau spricht vor allem über die Kosten von öffentlichen Verkehrsmitteln und warum sie *nicht* zu teuer sind (deshalb passt Satz **d** nicht):
Ich verstehe schon, dass viele Leute sagen, dass ihnen das Bahnfahren zu teuer ist. Aber wenn man sich das mal genau ansieht und ausrechnet, dann stimmt das meistens nicht. Außer natürlich, man fährt immer mit dem Fahrrad. Ich habe aber zum Beispiel eine Monatskarte im Abonnement, Umweltticket heißt das bei uns. Durch das Abo ist das viel billiger (= man spart viel Geld)*, als wenn man jeden Tag eine Karte kauft. Und günstiger als das Auto ist es auch. Da sieht man die ganzen Kosten nicht so direkt. Aber mit Steuer und Versicherung kommt schon einiges zusammen.*

20 **a** Bahnfahren ist besser für die Umwelt.
Für den Mann sind die öffentlichen Verkehrsmittel wichtig, weil er Umweltschutz wichtig findet. Ein anderer Satz passt nicht zu der Aussage:
Ich wohne etwas außerhalb von einer größeren Stadt. Die meisten Leute hier fahren mit dem Auto zur Arbeit. Ich möchte das nicht und fahre jeden Tag die 10 Kilometer mit dem Fahrrad zur S-Bahn. Mir sind der Umweltschutz und unser Klima sehr wichtig. Meiner Meinung nach sollten deshalb mehr Menschen mit den öffentlichen Verkehrsmitteln fahren. Von anderen Fahrgästen höre ich, dass sie nicht oft Bahn fahren, weil das Angebot so schlecht ist: „Die Haltestellen sind zu weit weg und der Bus kommt nur zweimal am Tag." Das stimmt und muss sich ändern!

Für *Lesen Teil 1* bis *Lesen Teil 5* haben Sie insgesamt **45 Minuten** Zeit.
In dieser Zeit müssen Sie auch Ihre Lösungen auf dem Antwortbogen markieren.
Sie können entscheiden, in welcher Reihenfolge Sie die fünf Teile Lesen bearbeiten.

Lesen 45 Minuten

Teil 1

Sie suchen Informationen zu Fernsehsendungen. Lesen Sie die Aufgaben 21–25 und die Tipps aus einer Programmzeitschrift. Welcher Sender (a, b oder c) passt?
Markieren Sie Ihre Lösungen für die Aufgaben 21–25 auf dem Antwortbogen.

Beispiel

Sie kochen gern.
a ARD
b Regio TV
c anderer Sender

☒ a ☐ b ☐ c

21 Sie möchten spät am Abend einen spannenden Krimi sehen.
a ZDF
b PRO 7
c anderer Sender

22 Sie möchten am Nachmittag einen lustigen Film sehen.
a ARD
b RTL
c anderer Sender

23 Ihre Kinder lieben Tiersendungen.
a Arte
b Regio TV
c anderer Sender

24 Ihre Schwester möchte ihre Wohnung renovieren.
a ZDF
b RTL
c anderer Sender

25 Sie interessieren sich für Geschichte.
a Arte
b PRO 7
c anderer Sender

PLASMA TV empfiehlt: Programm-Tipps am 8.3.

ARD	11:15 Uhr: Spaß in Entenhausen (Zeichentrick) 12:00 Uhr: Mittagsmagazin – Regionale Rezepte zum Wochenende 20:15 Uhr: Zimmer aus Beton (Fernsehfilm/Drama)
ZDF	16:30 Uhr: Wohnwelt: Tipps zum Sparen beim Wohnungskauf 16:15 Uhr: Die Rosenheim-Cops (Krimiserie) 23:45 Uhr: Und Aktion! – Nachrichten aus dem Showbusiness (Unterhaltungssendung)
Arte	13:45 Uhr: Wichtige Personen der Vergangenheit: Mozart (1756–1791) (Doku) 16:10 Uhr: Wissen ist: Aha! (Kindersendung) 22:00 Uhr: Rocky I (Sport-Drama)
RTL	15:45 Uhr: Die Superhandwerker – Bohren, hämmern, streichen (Info-Sendung) 20:15 Uhr: Spaceballs – Kult-Komödie von 1987 22:35 Uhr: Tierhaar-Allergie – Hausmittel: Rezeptfrei und gut! (Info-Sendung)
PRO 7	18:15 Uhr: Neue Geschichten für Kinder (Unterhaltung) 20:15 Uhr: Dune – Der Wüstenplanet (Science-Fiction) 23:15 Uhr: Verhaftet! Auf den Spuren der Verbrecher (Fernsehfilm)
Regio TV	14:15 Uhr: Island Pferde – Die Könige der Insel (Natur-Doku) 15:15 Uhr: Melvin in der Stadt der Diebe (Komödie) 20:15 Uhr: Das große Fressen (Drama/Komödie)

Die Lösungen verstehen

21 Sie möchten spät am Abend einen spannenden Krimi sehen. **b**

Lesen Sie bei den Sendern, fangen Sie mit a ZDF an. Achten Sie auf die Uhrzeit! *Spät am Abend* ist ungefähr ab 22 Uhr. Suchen Sie nach Wörtern, die zu *Krimi* passen.

a ZDF passt nicht, denn um 23:45 Uhr (= spät am Abend) kommt eine Unterhaltungssendung. Das passt nicht zu *spannend* oder *Krimi*. Sie lesen auch: *16:15 Uhr: Die Rosenheim-Cops (Krimiserie)*, aber hier passt die Uhrzeit nicht. 16:15 Uhr ist am Nachmittag und nicht *spät am Abend.*

b PRO 7 passt am besten, denn um 23:15 Uhr läuft: *Verhaftet! Auf den Spuren der Verbrecher (Fernsehfilm)* – hier lesen Sie *Fernsehfilm*, nicht *Krimi* oder Krimiserie, aber *Verhaftet* und *Verbrecher* sind Wörter, die zu *Krimi* passen. Überprüfen Sie zur Sicherheit noch, ob vielleicht auf einem anderen Sender spät abends ein Krimi läuft.

c anderer Sender passt nicht besser, denn auf den anderen Sendern laufen nach 22 Uhr auch keine Krimis, nur ein Sport-Drama, eine Info-Sendung und eine Komödie.

22 Sie möchten am Nachmittag einen lustigen Film sehen. **c**

Achten Sie auf die Uhrzeit: *am Nachmittag* ist ungefähr nach 13 bis 18 Uhr. Zu *lustigen Film* passen z. B. Komödie, Zeichentrick, Spaß ...

a ARD passt nicht, denn *Spaß in Entenhausen (Zeichentrick)* ist wahrscheinlich ein *lustiger Film*, aber der Film läuft um 11:15 Uhr – das ist am Vormittag, nicht *am Nachmittag*.

b RTL passt auch nicht, denn *am Nachmittag* (15:45 Uhr) läuft eine Info-Sendung, kein *lustiger Film*. *Spaceballs* ist eine *Kult-Komödie*, also ein lustiger Film, die Uhrzeit (20:15 Uhr) passt nicht.

c anderer Sender Es gibt in *Lesen Teil 1* immer eine passende Lösung. Wenn a und b ganz klar nicht die Lösung sind, muss c die Lösung sein. Nur wenn Sie nicht sicher sind, ob a und b nicht passen, überprüfen Sie für c: Läuft auf einem anderen Sender eine passende Sendung? Hier lesen Sie: Regio TV um 15:15 Uhr: *Melvin in der Stadt der Diebe (Komödie)* – das ist ein lustiger Film am Nachmittag.

23 Ihre Kinder lieben Tiersendungen. **b**

Wichtig sind hier: *Kinder* und *Tiere* und die Uhrzeit, die zu Kindern passen muss.

a Arte passt nicht, denn *Wissen ist: Aha!* ist eine *Kindersendung*, aber Sie lesen hier nicht, dass es um Tiere geht.

b Regio TV passt am besten, denn um 14:15 Uhr läuft *Island Pferde – Die Könige der Insel (Natur-Doku)*. Das ist eine Natur-Dokumentation über Pferde, Pferde sind Tiere. Die Uhrzeit ist am Nachmittag, das passt zu *Kinder*.

c anderer Sender passt nicht besser, denn auf den anderen Sendern laufen keine Sendungen über Tiere. Im ARD läuft *Spaß in Entenhausen*, Enten sind Tiere. Aber das ist eine Zeichentrick-Sendung und keine Tiersendung. Auf RTL läuft um 22:45 Uhr eine Info-Sendung, in der es um *Allergien gegen Tierhaare* geht, aber nicht um Tiere. Außerdem ist 22:45 Uhr zu spät für Kinder.

24 Ihre Schwester möchte ihre Wohnung renovieren. **b**

Ihre Schwester sucht Informationen zum Renovieren. Suchen Sie zuerst bei ZDF und RTL nach Wörtern, die zu *Wohnung renovieren* passen, z. B. streichen, reparieren, bauen, Werkzeuge …

a ZDF passt nicht, denn in der Sendung *Wohnwelt: Tipps zum Sparen beim Wohnungskauf* geht es um *Wohnungskauf*, also kaufen und nicht um *renovieren*.

b RTL passt am besten, denn um 15:45 Uhr läuft die Info-Sendung: *Die Superhandwerker – Bohren, hämmern, streichen*. Hier lesen Sie nicht *Wohnung renovieren*, aber *Handwerker, bohren, hämmern* und *streichen* sind alles Wörter, die zu *renovieren* passen. In einer Info-Sendung bekommt man Tipps und Informationen.

c anderer Sender passt hier nicht besser, denn auf keinem anderen Sender laufen Sendungen, die Tipps zum Renovieren geben.

25 Sie interessieren sich für Geschichte. **a**

Achtung, das Wort *Geschichte* hat zwei Bedeutungen. Es gibt Geschichten zum Lesen, Vorlesen, Erzählen in einem Buch oder Film. Hier ist aber die andere Bedeutung gemeint: Vergangenheit, was früher passiert ist oder wer vor vielen Jahren gelebt hat, historische Personen.

a Arte passt am besten, denn um 13:45 Uhr läuft: *Wichtige Personen der Vergangenheit: Mozart* (1756–1791) *(Doku)*. Sie lesen hier *Vergangenheit*, die Jahreszahlen *1756–1791* und *Doku* (= Dokumentation) – das passt alles zu *Geschichte*. Sie müssen nicht wissen, wer Mozart war. Wenn Sie sich trotzdem nicht sicher sind, überprüfen Sie noch die anderen Lösungen.

b PRO 7 passt hier nicht, denn *Neue Geschichten für Kinder (Unterhaltung)* ist eine Unterhaltungssendung mit Geschichten für Kinder und nicht über Personen, die früher gelebt haben oder über Ereignisse in der Vergangenheit.

c anderer Sender passt auch nicht, weil dort auch keine Sendungen über historische Ereignisse oder Personen laufen.

Lesen 45 Minuten

Teil 2

Lesen Sie die Situationen 26–30 und die Anzeigen a–h. Finden Sie für jede Situation die passende Anzeige. Markieren Sie Ihre Lösungen für die Aufgaben 26–30 auf dem Antwortbogen. Für eine Aufgabe gibt es keine Lösung. Markieren Sie in diesem Fall ein x.

26 Ihre Tochter möchte Sport mit anderen Jugendlichen machen.

27 Sie möchten lernen, wie man gesünder kocht.

28 Ihr Großvater hat oft Rückenschmerzen und möchte deshalb Sport machen.

29 Sie brauchen eine neue Brille und suchen einen Augenarzt.

30 Ihre Bekannte bekommt ein Baby und möchte andere Eltern kennenlernen.

a

Fit und gesund – Neue Gruppe

Unser Training 55 plus garantiert Fitness auch für ältere Menschen. Wir machen sanftes Beweglichkeits- und Krafttraining. Gezielte Übungen für den Rücken und den Bauch stärken und schützen die Muskeln. Kurse am Morgen und am Nachmittag. Infos unter: gruppe55plus@fittifitte.de

b

Musik und Bewegung für Babys und Eltern

Musik fördert die kindliche Entwicklung. Gemeinsames Singen und Bewegen stärkt die Beziehung zwischen Baby (ab 6 Monaten) und den Eltern. In unseren Kursen bewegen wir uns gemeinsam zur Musik, singen und lernen uns kennen. Infos und Anmeldung unter: singsang@familienzentrum.net

c

Gesünder leben und steinalt werden!

Ungesunde Ernährung, Stress und langes Sitzen sind schlecht für unseren Körper. Der Schlüssel für ein langes Leben, jugendliches Aussehen und eine gute Gesundheit: Steine! Unsere kostenlose Broschüre informiert Sie über alles, was Sie über Edelsteine und ihre Wirkung auf die Gesundheit wissen müssen. Bestellen Sie noch heute bei uns auf www.steingesund-esomedi.de

d

Ärzte am Wall: Die Spezialisten!

In unserer modernen Orthopädie-Praxis helfen wir Ihnen bei allen Erkrankungen des Bewegungsapparats und Problemen mit Rücken und Knie, Muskeln und Gelenken. Zielgerichtete Diagnostik und fachgerechte Therapie durch unser freundliches Praxisteam. Rückensprechstunde immer montags. Vereinbaren Sie Ihren Termin unter: Praxisamwall@orthodoc.de

e

Praxis-Team Augstein hat noch Termine!

Geburtsvorbereitungskurs

für Schwangere ab der 30. Woche (mit Partner*in)

Di, Mi, Do 9–11 Uhr, 17–19 Uhr

Der Kurs vermittelt Kenntnisse zur Geburt und gibt Ihnen die Möglichkeit zum Austausch. Treffen Sie andere werdende Eltern und sprechen Sie über Hoffnungen und Sorgen. Anmeldung unter Tel. 045/345671

f

Ernährungsberatung

Wie wirken Lebensmittel auf unsere Gesundheit und unsere Energie?

Unser Experte Harald Schelter erklärt:

Warum richtige Ernährung so wichtig ist.

– Einfache Rezepte für eine gesunde und abwechslungsreiche Ernährung zum Mitmachen und Nachkochen.

Termine und Preise Tel.: 030-6922222

g

Schwimmen wie ein Fisch im Wasser

Schwimmen lernen ist wichtig und macht Spaß!

Wir bieten:

- Babyschwimmen
- Schwimmkurse für Kinder ab 3 Jahren
- Schwimmkurse für junge Erwachsene
- Trainingsgruppen für Jugendliche
- Wettkampfteam für junge „Profisportler"

Schwimmverein Regenbogenforellen
Michael-Groß-Allee 322, 09876-23521

h

Mit offenen Augen und allen Sinnen: Yoga und gesunde Gerichte

in unserem Gästehaus am Schwielowsee. Lernen Sie an einem Wochenende verschiedene Yoga- und Meditationstechniken. Nach so viel Bewegung verpflegt uns das Küchenteam mit gesunden veganen Gerichten.

Informationen, Termine und Preise über: retreat@happyhippie.de

Die Lösungen verstehen

26 Ihre Tochter möchte Sport mit anderen Jugendlichen machen. **g**

Hier ist wichtig: *Tochter* (= eine junge Person) und: *Sport mit anderen Jugendlichen (= Sport in einer Gruppe mit jungen Personen)*. Sie müssen also eine Anzeige suchen, die Sport in einer Gruppe für junge Personen anbietet.

Anzeige **a** passt nicht am besten. In der Überschrift lesen Sie: *Fit und gesund – Neue Gruppe*. Das passt zu *Sport mit anderen*, aber Sie lesen auch: *Unser Training 55 plus garantiert Fitness auch für ältere Menschen*. – das passt nicht zu *Jugendliche*.

Anzeige **g** passt am besten, denn Sie lesen in der Überschrift: *Schwimmen wie ein Fisch im Wasser* – Schwimmen ist *Sport*. Dann lesen Sie noch: *Trainingsgruppen für Jugendliche* und *Wettkampfteam für junge Profisportler* – die Anzeige passt also zu *Sport* für Jugendliche in einer Gruppe.

27 Sie möchten lernen, wie man gesünder kocht. **f**

Hier ist wichtig: *lernen* und *gesünder kochen* – suchen Sie also eine Anzeige für einen Kurs, eine Beratung oder ein Buch über Essen, Lebensmittel oder Ernährung.

Anzeige **a** passt nicht am besten. Sie lesen in der Überschrift: *Gesünder leben und steinalt werden!* und darunter: *Ungesunde Ernährung …* Dann lesen Sie noch: *Unsere kostenlose Broschüre informiert Sie über … Edelsteine und ihre Wirkung für die Gesundheit …* – das ist also kein Kochbuch oder Kochkurs.

Anzeige **f** passt am besten. In der Überschrift lesen Sie: *Ernährungsberatung* – das passt zu lernen und Essen. Dann lesen Sie noch: *Unser Experte Harald Schelter erklärt: – Warum richtige Ernährung so wichtig ist … einfache Rezepte (= kochen) für eine gesunde und abwechslungsreiche Ernährung … zum Mitmachen und Nachkochen* – das passt alles zu *gesünder kochen lernen*.

28 Ihr Großvater hat oft Rückenschmerzen und möchte deshalb *Sport* machen. **a**

Die Anzeige muss zu *Großvater* (= eine ältere Person), *Rückenschmerzen* und *Sport* passen.

Anzeige **a** passt am besten. In der Überschrift lesen Sie: *Fit und gesund – Neue Gruppe* – das passt zu *Sport*. Sie lesen dann auch: *Unser Training 55 plus garantiert Fitness auch für ältere Menschen* – das passt zu *Großvater*; *Gezielte Übungen für den Rücken* – das passt zu *Sport* und *oft Rückenschmerzen*.
In Anzeige a passt alles perfekt. Wenn die Lösung so klar ist, können Sie Zeit sparen und die anderen Anzeigen nicht mehr lesen oder nur noch kurz überfliegen.

Anzeige **g** passt nicht. Sie lesen in der Überschrift: *Schwimmen wie ein Fisch im Wasser* – Schwimmen ist Sport und auch gut für den Rücken. Aber die Anzeige ist für junge Menschen und nicht speziell für den Rücken. Außerdem ist Anzeige g schon die Lösung für Aufgabe 26. Eine Anzeige kann immer nur zu einer Aufgabe passen.

Anzeige **d** hat auch ein paar Wörter, die zu *Rückenschmerzen* passen. Sie lesen: *Orthopädie-Praxis, helfen wir Ihnen bei … Problemen mit Rücken und* Knie, *Rückensprechstunde*. Trotzdem passt die Anzeige nicht zur Situation, denn hier kann Ihr Großvater keinen Sport machen.

29 Sie brauchen eine neue Brille und suchen einen Augenarzt. **x**

Sie suchen eine Anzeige von einem Augenarzt oder eine Augenarztpraxis.

Anzeige **d** passt nicht am besten. In der Anzeige lesen Sie zwar *Ärzte am Wall: Die Spezialisten* – das passt zu *Arzt*. Aber Sie lesen in der Anzeige: *Orthopädie-Praxis, … helfen wir Ihnen bei … Problemen mit Rücken und Knie.* Anzeige d ist also nicht von einer Augenarzt-Praxis.

Anzeige **e** passt nicht. In der Überschrift lesen Sie: *Praxis Team Augstein hat noch Termine!* – aber die Termine sind für einen *Geburtsvorbereitungskurs. Das ist keine Anzeige von einem Augenarzt.*

Anzeige **h** passt auch nicht. In der Überschrift lesen Sie: *Mit offenen Augen und allen Sinnen*. Dann lesen Sie noch: *Lernen Sie an einem Wochenende verschiedene Yoga- und Meditationstechniken*.

Das ist auch keine Anzeige von einem Augenarzt.

In den Anzeigen a, f und g finden Sie keine passenden Wörter. Außerdem sind das schon die Lösungen für andere Aufgaben.

Zu Aufgabe 29 passt also keine Anzeige. Markieren Sie die Lösung **x** auf dem Antwortbogen.

30 Ihre Bekannte bekommt ein Baby und möchte andere Eltern kennenlernen. **e**

Suchen Sie eine Anzeige, mit denselben Wörtern *Baby*, *Eltern*, *kennenlernen* oder ähnlichen Wörtern, z.B. schwanger, Schwangere, vor der Geburt, treffen, Treff …

Anzeige **b** passt nicht am besten. In der Überschrift lesen Sie zwar: *Musik und Bewegung für Babys und Eltern* – aber dann lesen Sie auch: *… stärkt die Beziehung zwischen Baby (ab 6 Monaten) und den Eltern* – Ihre Bekannte hat aber noch kein Baby von 6 Monaten, diesen Kurs kann sie jetzt nicht machen. Anzeige b passt also nicht so gut. Vielleicht gibt es eine Anzeige, die besser passt.

Anzeige **e** passt am besten. In der Überschrift lesen Sie: *Geburtsvorbereitungskurs für Schwangere* – das passt zu *bekommt ein Baby*. Dann lesen Sie: *Treffen Sie andere werdende Eltern …* – das passt zu *Eltern kennenlernen*.

Lesen 45 Minuten

Teil 3

Lesen Sie die drei Texte. Zu jedem Text gibt es zwei Aufgaben. Entscheiden Sie bei jedem Text, ob die Aussage richtig oder falsch ist und welche Antwort (a, b oder c) am besten passt.
Markieren Sie Ihre Lösungen für die Aufgaben 31–36 auf dem Antwortbogen.

Beratungszentrum für Migranten am May-Ayim-Ufer

Gestern eröffnete die Bürgermeisterin die neuen Räume des Beratungszentrums für Migranten und Migrantinnen im Mehrgenerationenhaus am May-Ayim-Ufer.
Seit 2006 bietet das Zentrum jugendlichen und erwachsenen Zugewanderten vielfältige Beratung. Aber das Haus in der Waldstraße wurde zu klein, das Zentrum musste umziehen. Nun können die Mitarbeiterinnen und Mitarbeiter ihre wichtige Arbeit in den neuen Räumen fortsetzen und sogar noch mehr anbieten.
Zugewanderte bekommen dort weiter Beratung zu Aufenthalt, Asyl und Integrationskursen, aber auch Unterstützung bei der Arbeits-, Ausbildungs- oder Wohnungssuche.
Neu ist, dass es jetzt von Mittwoch bis Freitag eine pädagogische Beratung sowie Nachhilfe für Kinder und Jugendliche gibt.
Die Öffnungszeiten des Beratungszentrums bleiben unverändert.

31 Das Beratungszentrum ist umgezogen.
richtig/falsch?

32 Das Beratungszentrum
- **a** bietet täglich Nachhilfe für Kinder an.
- **b** hat Deutschkurse für Erwachsene.
- **c** hilft, wenn man eine Wohnung sucht.

Liebe Eltern,

am kommenden Samstag ab 9 Uhr findet unser Kinder- und Familiensportfest auf dem Sportplatz am Wiesenanger statt. Sie und Ihre Familie sind herzlich dazu eingeladen.

Neben vielen sportlichen Wettbewerben für Kinder und Jugendliche warten verschiedene Sportspiele auf die Kleinsten. Das Sportprogramm für Erwachsene beginnt um 10 Uhr.
Bitte melden Sie Ihre Kinder bis Freitag 16 Uhr für die Wettbewerbe an. Später ist eine Anmeldung nicht mehr möglich.

Für warmes Essen sorgen wir, aber wir freuen uns, wenn Sie etwas für unseren Kuchenverkauf mitbringen.
Da die Zahl der Parkplätze begrenzt ist, bitten wir Sie, die öffentlichen Verkehrsmittel zu benutzen oder mit dem Fahrrad zum Sportfest zu fahren.

Wir freuen uns auf Sie!

Viele Grüße
Der Vereinsvorstand

33 An dem Sportfest dürfen Kinder und Erwachsene teilnehmen.
richtig/falsch?

34 Am Samstag sollen die Eltern
a besser nicht mit dem Auto kommen.
b Essen für das Fest kochen.
c ihre Kinder für die Wettbewerbe anmelden.

Sehr geehrter Herr Boetel,

Sie hatten Schimmel in der Wohnung, deshalb kommen in der Woche vom 12. bis zum 16.4. Mitarbeiter der Firma Mahler zu Renovierungsarbeiten.
Wir möchten Sie außerdem daran erinnern: Sie sind verpflichtet, Ihre Wohnung richtig zu heizen und zu lüften! Durch Aktivitäten wie Kochen, Duschen oder Waschen entsteht viel feuchte Luft, was Schimmelpilze in der Wohnung verursachen kann.
Besonders in den Wintermonaten ist es deshalb wichtig, mehrmals täglich die Fenster für drei bis fünf Minuten zu öffnen, damit die feuchte Luft aus der Wohnung gelangen kann. Auch richtiges Heizen ist wichtig.
Achten Sie darauf, dass die Raumtemperatur in Schlafzimmer und Wohnzimmer tagsüber bei mindestens 20°C und nachts bei mindestens 17°C liegt und heizen Sie entsprechend.

Mit freundlichen Grüßen
Die Hausverwaltung

35 Die Heizung in der Wohnung wird repariert.
richtig/falsch?

36 Herr Boetel soll im Winter
- **a** nicht so oft kochen und waschen.
- **b** nur im Schlafzimmer und Wohnzimmer heizen.
- **c** regelmäßig die Fenster aufmachen.

Die Lösungen verstehen

31 Das Beratungszentrum ist umgezogen. **richtig**

In der Überschrift lesen Sie: *Beratungszentrum am May-Ayim-Ufer.*

Im Text lesen Sie: *… die Bürgermeisterin eröffnet die neuen Räume des Beratungszentrums am May-Ayim-Ufer …, Seit 2006 bietet das Zentrum jugendlichen und erwachsenen Zugewanderten vielfältige Beratung. Aber das Haus in der Waldstraße wurde zu klein, das Zentrum musste umziehen. Nun können die Mitarbeiterinnen und Mitarbeiter ihre wichtige Arbeit in den neuen Räumen fortsetzen …*

Das Beratungszentrum war in der Waldstraße und ist jetzt am May-Ayim-Ufer, an einer neuen Adresse in neuen Räumen. Das Beratungszentrum ist also umgezogen. Deshalb ist die Aussage richtig.

32 Das Beratungszentrum **c**

Was lesen Sie zu den Antworten a, b und c im Text? Suchen Sie die richtige Stelle und lesen Sie genau.

a bietet täglich Nachhilfe für Kinder an. Dazu passt der letzte Satz im Text: *Neu ist, dass es jetzt von Mittwoch bis Freitag eine pädagogische Beratung sowie Nachhilfe für Kinder und Jugendliche gibt.*

Es gibt also Nachhilfe, aber: *von Mittwoch bis Freitag* – das ist nicht *täglich*. Deshalb passt Antwort a nicht am besten.

b *hat Deutschkurse für Erwachsene.* Sie lesen die passende Textstelle: *Zugewanderte bekommen dort* (= im Beratungszentrum) *weiter Beratung zu … Integrationskursen … Integrationskurse* passt zu *Deutschkurse*, aber *Beratung* bedeutet, dass man hier nur Informationen zu Deutschkursen bekommt. Die Beratungsstelle hat keine eigenen Deutschkurse. Deshalb passt Antwort b nicht am besten.

c hilft, wenn man eine Wohnung sucht. Sie lesen die passende Textstelle: *Zugewanderte bekommen dort … auch Unterstützung bei der Arbeits-, Ausbildungs- oder Wohnungssuche. Unterstützung* bedeutet *Hilfe*, das Beratungszentrum hilft bei der *Wohnungssuche*, also *wenn man eine Wohnung sucht*. Deshalb passt Antwort c am besten.

33 An dem Sportfest dürfen Kinder und Erwachsene teilnehmen. **richtig**

Wichtig ist: Wer darf an dem Sportfest teilnehmen? Im Text lesen Sie an vielen Stellen etwas dazu: *findet unser Kinder- und Familiensportfest auf dem Sportplatz am Wiesenanger statt. Sie und Ihre Familie sind herzlich dazu eingeladen. … sportlichen Wettbewerben für Kinder und Jugendliche, … Das Sportprogramm für Erwachsene beginnt um 10 Uhr.*

Es dürfen also Kinder und Erwachsene kommen und teilnehmen. Deshalb ist die Aussage richtig.

34 Am Samstag sollen die Eltern **a**

Die passenden Textstellen sind oft in einer anderen Reihenfolge als die Antworten a, b, c. Suchen Sie nach gleichen oder ähnlichen Wörtern in der Antwort und im Text.

a besser nicht mit dem Auto kommen. Sie lesen die passenden Textstellen für Antwort a ganz am Ende: *Da die Zahl der Parkplätze begrenzt ist* (= es gibt nicht genug Parkplätze für Autos), *bitten wir Sie, die öffentlichen Verkehrsmittel zu benutzen oder mit dem Fahrrad zum Sportfest zu fahren*. Das bedeutet: *besser nicht mit dem Auto kommen* – deshalb passt Antwort a am besten.

b Essen für das Fest kochen. Sie lesen die passende Textstelle vor der Textstelle für Antwort a: *Für warmes Essen sorgen wir, …* Das passt zu *kochen*, aber *wir* ist der *Vereinsvorstand* (= das sehen Sie an der Unterschrift unter dem Text, der Vereinsvorstand schreibt diesen Text an die Eltern). Der Verein kümmert sich also um warmes Essen, die Eltern müssen nicht kochen. Deshalb passt Antwort b nicht am besten.

c ihre Kinder für die Wettbewerbe anmelden. Sie lesen die Textstelle für Antwort c noch vor der Textstelle für Antwort a und b: *Bitte melden Sie Ihre Kinder bis Freitag 16 Uhr für die Wettbewerbe an*. Eltern sollen ihre Kinder bis Freitag anmelden, nicht bis Samstag – deshalb passt Antwort c nicht am besten.

35 Die Heizung in der Wohnung wird repariert. **falsch**

Sie lesen einen Brief von der Hausverwaltung an den Mieter Herrn Boetel. Sie müssen verstehen: Wird die Heizung repariert oder nicht?
Sie lesen im Text: … *kommen in der Woche vom 12. bis zum 16.4. Mitarbeiter der Firma Mahler zu Renovierungsarbeiten*. Das heißt: Handwerker kommen, aber sie renovieren. Hier lesen Sie nicht, dass die Heizung repariert wird. Danach lesen Sie: *Sie sind verpflichtet, Ihre Wohnung richtig zu heizen* … und … *Aber auch richtiges Heizen ist wichtig* … *heizen Sie entsprechend*.
Vielleicht verstehen Sie nicht alle Wörter, aber der Text ist eine Information an den Mieter, wie man richtig heizt, also die Heizung benutzt. Die Heizung ist aber nicht kaputt und wird nicht repariert. Deshalb ist die Aussage falsch.

36 Herr Boetel soll im Winter **c**

Wichtig ist hier: Was soll Herr Boetel im Winter machen?
a nicht so oft kochen und waschen. Sie lesen im zweiten Satz im Text: … *entsteht durch Aktivitäten wie Kochen, Duschen oder Waschen viel feuchte Luft*. Hier lesen Sie aber nichts zu *im Winter* und auch nicht, was Herr Boetel machen oder nicht machen soll. Deshalb passt Antwort a nicht am besten.
b nur im Schlafzimmer und Wohnzimmer heizen. Fast am Ende vom Text lesen Sie: *Achten Sie darauf, dass die Raumtemperatur in Schlafzimmer und Wohnzimmer tagsüber bei mindestens 20°C und nachts bei mindestens 17°C liegt und heizen Sie entsprechend*. Sie lesen hier nichts zu *im Winter* und auch nicht, dass Herr Boetel nur in diesen Zimmern heizen soll. Deshalb passt Antwort b nicht am besten.
c regelmäßig die Fenster aufmachen. Die passende Textstelle ist in der Mitte vom Text: *Besonders in den Wintermonaten* (= im Winter) *ist es deshalb wichtig, mehrmals täglich* (= regelmäßig) *die Fenster für drei bis fünf Minuten zu öffnen* (= die Fenster aufmachen). Hier passt alles, deshalb ist Antwort c die Lösung.

Lesen 45 Minuten

Teil 4

Lesen Sie den Text. Entscheiden Sie, ob die Aussagen 37–39 richtig oder falsch sind.
Markieren Sie Ihre Lösungen für die Aufgaben 37–39 auf dem Antwortbogen.

Verkehrsverbund Neustadt – Allgemeine Mitnahmeregelungen

Gültigkeit
Die Fahrgäste erkennen mit dem Betreten der Fahrzeuge die Regelungen, Beförderungsbedingungen und Tarifbestimmungen des Verkehrsverbunds an.

Kinder
Kinder unter 6 Jahren dürfen nur mit einer Aufsichtsperson reisen. Sie können von der Mitfahrt ausgeschlossen werden, wenn sie nicht auf der ganzen Fahrstrecke von Personen begleitet werden, die mindestens 6 Jahre alt sind. Kinder unter 6 Jahren können Busse und Bahnen des Regionalverkehrs kostenlos nutzen. Auch die Mitnahme von Kinderwagen ist kostenlos. Kinder und Jugendliche zwischen 6 und 14 Jahren erhalten Einzel- und Tageskarten zum ermäßigten Preis.

Gepäck
Sie dürfen kleines Handgepäck immer mitnehmen. Größere Gepäckstücke oder Gegenstände dürfen Sie nur mitnehmen, wenn sie die Sicherheit des Betriebes und der anderen Fahrgäste nicht gefährden. Bitte stellen oder legen Sie Gepäckstücke nicht auf die Sitze.

Fahrräder
Das Mitnehmen von Fahrrädern ist in den Bahnen des Regionalverkehrs erlaubt. Wenn es zu viele Fahrgäste gibt oder der Platz für Kinderwagen oder Hilfsmittel von Personen mit körperlicher Behinderung gebraucht wird, kann das Betriebspersonal den Transport von Fahrrädern verbieten.
Für die Mitnahme von Fahrrädern ist eine Fahrkarte erforderlich.

Tiere
Katzen und andere kleinere Haustiere dürfen Sie mitnehmen, wenn sie ungefährlich und in einem geschlossenen Transportbehälter (z. B. Tierboxen) sind. Diese Tiere fahren kostenlos. Hunde müssen angeleint sein und einen Maulkorb tragen, außerdem brauchen sie eine Fahrkarte (ermäßigter Preis). Ein Anspruch auf die Beförderung von Tieren besteht nicht.

37 Kinder über 6 Jahre dürfen allein mit der Bahn fahren.
richtig/falsch?

38 Das Personal kann den Fahrgästen verbieten, ein Fahrrad mitzunehmen.
richtig/falsch?

39 Hunde dürfen umsonst mitfahren.
richtig/falsch?

Die Lösungen verstehen

Hier ist wichtig: Finden Sie den Abschnitt, der zu der jeweiligen Aussage (also Aufgabe 37, 38, 39) passt.

37 Kinder über 6 Jahre dürfen allein mit der Bahn fahren. **richtig**
Hier ist wichtig: *Kinder* – Überfliegen Sie die Überschriften und finden Sie den passenden Abschnitt. Sie lesen im Abschnitt Kinder: *Kinder unter 6 Jahren dürfen nur mit einer Aufsichtsperson reisen*. Kinder über 6 Jahre dürfen also auch ohne Aufsichtsperson (= allein) mit der Bahn fahren. Die Informationen im Text und die Informationen in der Aussage bedeuten dasselbe, die Aussage ist also richtig.

38 Das Personal kann den Fahrgästen verbieten, ein Fahrrad mitzunehmen. **richtig**
Hier ist wichtig: *Fahrrad* – Überfliegen Sie die Überschriften und finden Sie den passenden Abschnitt. Sie lesen im Abschnitt *Fahrräder*: *… kann das Betriebspersonal den Transport von Fahrrädern* (= Fahrrad mitnehmen) *verbieten*. Die Aussage ist also richtig.

39 Hunde dürfen umsonst mitfahren. **falsch**
Hier ist wichtig: *Hunde* – Überfliegen Sie die Überschriften und finden Sie den passenden Abschnitt. Suchen Sie in den Überschriften ein Wort, das zu *Hunde* passt. Hier passt die Überschrift *Tiere*, denn *Hunde* sind Tiere.
Sie lesen im Abschnitt *Tiere: Katzen und andere kleinere Haustiere dürfen Sie mitnehmen, wenn sie ungefährlich und in einem geschlossenen Transportbehälter (z.B. Tierboxen) sind. Diese Tiere fahren kostenlos* (= umsonst). Sie lesen auch: *Hunde müssen angeleint sein und einen Maulkorb tragen, außerdem brauchen sie* (= die Hunde*) eine Fahrkarte …* Für Hunde muss man also eine Fahrkarte bezahlen, sie fahren nicht *umsonst* mit. Die Informationen im Text und die Informationen in der Aussage bedeuten nicht dasselbe, deshalb ist die Aussage falsch.

Lesen 45 Minuten

Teil 5

Lesen Sie den Text und schließen Sie die Lücken 40–45. Welche Lösung (a, b oder c) passt am besten? Markieren Sie Ihre Lösungen für die Aufgaben 40–45 auf dem Antwortbogen.

Modehaus Sonne
z. Hd. Sonja Keller
Köpenicker Str. 131
10853 Bernau

Bernau, den 20.1.20…

Ihre Anzeige in der Tageszeitung vom 16.1.: Bewerbung als Verkäuferin

Sehr **(0)** Frau Keller,

ich habe **(40)** Stellenanzeige in der Tageszeitung gelesen. Da ich eine neue Stelle in diesem Bereich suche, möchte ich mich **(41)** Verkäuferin bewerben.
Ich habe bereits viel Erfahrung mit der Arbeit im Verkauf, **(42)** ich in meinem Heimatland über fünf Jahre in einem Schuhgeschäft gearbeitet habe.
Ich spreche schon **(43)** Deutsch. Im Moment mache ich aber auch noch einen Berufssprachkurs, **(44)** meine Deutschkenntnisse zu verbessern.
Gerne möchte ich mich Ihnen persönlich vorstellen und das Geschäft kennenlernen.
Ich würde mich sehr freuen, **(45)** Sie mich zu einem Vorstellungsgespräch einladen.

Mit freundlichen Grüßen

Tatjana Machno

Beispiel

0 **a** freundliche
b geehrte
c liebe

☐ a ☒ b ☐ c

40 a deine
b Ihre
c unsere

41 a als
b bei
c um

42 a da
b denn
c deshalb

43 a besser
b gut
c mehr

44 a damit
b um
c weil

45 a als
b dass
c wenn

Nicht umblättern! Warten Sie auf das Zeichen der Prüfenden! **STOP**

In der Prüfung sehen Sie auf der Seite gegenüber von ***Lesen Teil 5*** dieses Zeichen: Sie dürfen die Aufgabe für ***Schreiben*** erst lesen, wenn der Teil ***Schreiben*** anfängt.

Die Lösungen verstehen

40 …, ich habe **(40)** Stellenanzeige in der Tageszeitung gelesen. **b**

Lesen Sie immer den ganzen Satz mit der Lücke. Oft ist auch wichtig, was für ein Text das insgesamt ist. Dieser Text ist eine Bewerbung, also ein höflicher, formaler Text. Ganz oben lesen Sie die Anrede: *Sehr geehrte Frau Keller, …* – das ist eine formale Anrede (Sie/Ihnen/Ihre). Frau Keller bekommt die Bewerbung, Frau Machno schreibt die Bewerbung.

b Ihre passt am besten in die Lücke, denn *Ihre* passt zur formellen Anrede und dem formellen Text: *Sehr geehrte Frau Keller, ich habe* ***Ihre*** *Stellenanzeige gelesen.*

a deine passt nicht, denn *deine* passt zur informellen Anrede du *(du/dir/deine)*.

c unsere passt nicht, *unsere* passt zur *wir (wir/uns/unsere)*.

41 …, möchte mich **(41)** Verkäuferin bewerben. **a**

a als passt am besten: Das Verb *sich bewerben* hat die Präposition *als*, wenn danach ein Beruf steht. *Verkäuferin* ist ein Beruf.

b bei passt nicht. Das Verb *sich bewerben* hat die Präposition *bei*, wenn danach ein Firmenname, eine Institution (Polizei, Feuerwehr, Stadt …) oder eine Person (Frau Keller, Ihnen …) steht.

c um passt nicht: *sich bewerben um* benutzt man nur in Verbindung mit *sich um eine Stelle/ein Praktikum/eine Arbeit/einen Job bewerben*.

42 Ich habe bereits viel Erfahrung mit der Arbeit im Verkauf, **(42)** ich in meinem Heimatland über fünf Jahre in einem Schuhgeschäft gearbeitet habe. **a**

Hier hängen zwei Sätze zusammen, die Lücke ist am Anfang vom zweiten Satz. Im ersten Satz lesen Sie: *Ich habe bereits viel Erfahrung mit der Arbeit im Verkauf …*

Im zweiten Satz lesen Sie: *… ich in meinem Heimatland über fünf Jahre in einem Schuhgeschäft gearbeitet habe.* – das ist ein Grund.

Die Wörter in den Lösungen a, b und c sind Konnektoren, also Wörter, die zwei Sätze verbinden. Der Satz mit der Lücke ist ein Nebensatz (das Verb steht am Satzende). Welches der drei möglichen Lösungswörter kann am Anfang von einem Nebensatz stehen, der einen Grund angibt?

a da passt am besten: *da* kann am Anfang von einem Nebensatz stehen, der einen Grund angibt.

b denn passt nicht: Ein Satz mit *denn* gibt einen Grund an, aber *denn* kann nur am Anfang von einem Hauptsatz stehen.

c deshalb passt nicht: Ein Satz mit *deshalb* gibt keinen Grund an, sondern eine Folge (z.B.: Ich habe schon fünf Jahre gearbeitet, deshalb habe ich viel Erfahrung.) Der Konnektor *deshalb* kann auch nur in einem Hauptsatz stehen, nicht in einem Nebensatz.

43 Ich spreche schon **(43)** Deutsch. **b**

Der Satz funktioniert auch ohne ein Wort in der Lücke. Aber das Wort in der Lücke verändert die Bedeutung des Satzes. Lesen Sie die Wörter in den Lösungen a, b und c und entscheiden Sie, welches Wort am besten zu *spreche schon … Deutsch* und den Kontext (Was für ein Text ist das? Was steht vor und nach dem Satz mit der Lücke?) passt.

b gut passt am besten: Der Text ist eine Bewerbung. Frau Machno schreibt, was sie schon gut kann, da sie die Stelle bekommen möchte.

a besser und **c** mehr passen nicht: *besser* und *mehr* braucht man für einen Vergleich (Ich spreche besser/mehr Deutsch als vor einem Jahr). Der Satz hier ist kein Vergleich und auch im Satz davor und danach ist kein Vergleich.

44 Im Moment mache ich aber auch noch einen Berufssprachkurs, **(44)** meine Deutschkenntnisse zu verbessern. **b**

Hier hängen zwei Sätze (und Ideen) zusammen, die Lücke ist am Anfang vom zweiten Satz. Im zweiten Satz steht am Ende ein Verb (im Infinitiv) und vor dem Verb steht *zu* – das ist für die richtige Lösung wichtig.

b um passt am besten: *Im Moment mache ich einen Berufssprachkurs,* ***um*** *meine Deutschkenntnisse zu verbessern*. Mit *um … zu* und einem Verb im Infinitiv drückt man ein Ziel aus. Frau Machno macht den Berufssprachkurs, *um … Deutschkenntnisse zu verbessern* – das ist ihr Ziel.

a damit und **c** weil passen nicht: *damit* und *weil* brauchen ein konjugiertes Verb am Satzende, kein Verb im Infinitiv und kein *zu*. Und: In dem Satz mit der Lücke ist kein Subjekt. Nebensätze mit *damit* oder *weil* am Anfang brauchen ein Subjekt (z.B.: Ich mache einen Kurs, damit ich meine Deutschkenntnisse verbessere. Ich mache einen Kurs, weil ich meine Deutschkenntnisse verbessern möchte.).

45 Ich würde mich sehr freuen, **(45)** Sie mich zu einem Vorstellungsgespräch einladen. **c**

Hier hängen zwei Sätze (und Ideen) zusammen, das Wort in der Lücke muss die Sätze logisch verbinden. Im ersten Satz sehen Sie zwei Verben: *Ich würde mich freuen …* – mit *würde* und einem zweiten Verb im Infinitiv drückt man eine irreale Situationen oder Handlung aus, in dem anderen Satz steht die Bedingung dafür: Was muss voher passieren, damit sich Frau Machno freut?

c wenn passt am besten. Ein Satz mit *wenn* am Anfang drückt eine Bedingung aus: *Ich würde mich freuen,* ***wenn*** *Sie mich einladen*. (Wenn nicht, dann freue ich mich nicht.)

a als passt nicht am besten: Man *kann zwei Sätze* mit *als* verbinden, wenn die Verben in beiden Sätzen in der Vergangenheit stehen (Ich habe mich sehr gefreut, als Sie mich eingeladen haben.) – aber das ist hier nicht so.

b dass passt nicht am besten. Ein Nebensatz mit *dass* gibt mehr Informationen zu dem Hauptsatz davor an (Ich freue mich, dass Sie mich einladen.) – das ist hier nicht so.

In der Prüfung sagen die Prüfenden nach 40 Minuten: „Noch fünf Minuten." Spätestens jetzt sollten Sie Ihre Lösungen für alle Teile *Lesen* auf dem Antwortbogen ankreuzen. Wenn die 45 Minuten vorbei sind, müssen Sie den Antwortbogen abgeben.

Für den Teil Schreiben haben Sie 30 Minuten Zeit.
Sie bekommen einen neuen Antwortbogen für ***Schreiben***. Zuerst müssen Sie oben auf dem Antwortbogen die Angaben prüfen: Ist das Ihr Antwortbogen? Erst danach beginnt der Teil ***Schreiben***. Erst dann dürfen Sie die Aufgaben lesen.

Schreiben 30 Minuten

*Wählen Sie **Aufgabe A oder Aufgabe B**. Zeigen Sie, was Sie können. Schreiben Sie möglichst viel. Vergessen Sie nicht die Anrede und den Gruß. Schreiben Sie Ihren Text auf den Antwortbogen. Kreuzen Sie auf dem Antwortbogen an, welche Aufgabe Sie gewählt haben.*

Aufgabe A

Sie wohnen in einem Mietshaus. Ihre Nachbarn sind abends sehr laut. Sie haben schon mit den Nachbarn gesprochen, aber es hat sich nichts geändert.
Schreiben Sie an Ihren Vermieter Pawel Sterner.

Schreiben Sie etwas zu folgenden Punkten:

- Was das Problem ist
- Warum Sie das stört
- Seit wann es das Problem gibt
- Was Ihr Vermieter machen soll

oder

Aufgabe B

Sie haben Bücher für Ihren Deutschkurs bestellt. Sie warten seit Tagen auf die Lieferung. Schreiben Sie eine E-Mail an das Büchergeschäft.

Schreiben Sie etwas zu folgenden Punkten:

- Was und wann Sie bestellt haben
- Warum Sie die Bücher dringend brauchen
- Was Sie möchten
- Was Sie tun, wenn nichts passiert

In der Prüfung können Sie Ihre Ideen zuerst im Aufgabenheft notieren. Sie müssen Ihre Lösung aber in den 30 Minuten auch auf den Antwortbogen schreiben. Nur dafür bekommen Sie Punkte.

Die Lösungen verstehen

Hier ist wichtig: Schreiben Sie mindestens einen Satz zu jedem Punkt. Im Beispiel sehen Sie an den Farben: Was passt zu welchem Punkt? Manchmal können Sie auch Formulierungen aus der Aufgabe in Ihrem Text benutzen. Denken Sie auch an die passende Anrede, einen Gruß und Ihre Unterschrift.

Aufgabe A

Das lesen Sie in der Aufgabe:

Sie wohnen in einem Mietshaus. Ihre Nachbarn sind abends sehr laut. Sie haben schon mit den Nachbarn gesprochen, aber es hat sich nichts geändert. Schreiben Sie an Ihren Vermieter Pawel Sterner.

Schreiben Sie etwas zu folgenden Punkten:

- Was das Problem ist
- Warum Sie das stört
- Seit wann es das Problem gibt
- Was Ihr Vermieter machen soll

Beispiel: Das könnten Sie schreiben.

3 Schreiben | Welche Aufgabe haben Sie bearbeitet? ☒ A ☐ B

Sehr geehrter Herr Sterner,

ich wohne im Haus in der Baumstraße 15, 5. Stock. Ich schreibe diese E-Mail an Sie, weil ich ein großes Problem mit meinen Nachbarn in der Wohnung links habe, Familie Müller.
Diese Nachbarn sind abends und in der Nacht immer sehr laut. Sie hören sehr laut Musik oder sie haben Besuch und sprechen sehr laut.
Das stört mich und meine Familie, weil wir alles hören müssen. Wir können uns deshalb nicht konzentrieren oder in Ruhe schlafen. Meine Frau und ich arbeiten und meine Kinder müssen morgens früh in die Schule gehen, aber wir sind jetzt immer so müde!
Das Problem gibt es seit über 2 Monaten. Wir haben schon mit den Nachbarn gesprochen, aber es hat sich nichts geändert.
Können Sie bitte mit den Nachbarn sprechen, damit sie leiser sind? Es tut mir leid, aber wir wissen nicht mehr, was wir noch machen sollen. Ich hoffe, Sie können bald helfen.
Vielen Dank im Voraus.

Mit freundlichen Grüßen

Amin Ceban

Aufgabe B

Das lesen Sie in der Aufgabe:	Beispiel: Das könnten Sie schreiben.
	3 Schreiben — Welche Aufgabe haben Sie bearbeitet? ☐ A ☒ B
Sie haben Bücher für Ihren Deutschkurs bestellt. Sie warten seit Tagen auf die Lieferung. Schreiben Sie eine E-Mail an das Büchergeschäft. *Schreiben Sie etwas zu folgenden Punkten:* – Was und wann Sie bestellt haben – Warum Sie die Bücher dringend brauchen – Was Sie möchten – Was Sie tun, wenn nichts passiert	Sehr geehrte Damen und Herren, vor zwei Wochen (am 12.4.) habe ich drei Bücher für meinen Deutschkurs auf Ihrer Internetseite bestellt: das Kursbuch Hier! B1, das Übungsbuch Hier! B1 und ein Buch für die DTZ Prüfung. Auf Ihrer Internetseite steht, dass Sie Bücher schnell schicken, aber ich warte schon seit Tagen auf die Lieferung. Das ist sehr ärgerlich! Die Bücher brauche ich dringend, weil mein B1-Deutschkurs nächste Woche anfängt. Ich kann den Kurs nicht ohne Bücher machen. Bitte schicken Sie mir die Bücher schnell. Oder sagen Sie mir, wenn Sie die Bücher nicht schicken können. Dann muss ich die Bücher in einem anderen Geschäft kaufen. Aber dann überweisen Sie bitte auch das Geld auf mein Konto zurück. Ich hoffe, Sie antworten mir bald und schicken die Bücher. Mit freundlichen Grüßen Semra Nur

Sprechen Teil 1 bis *Sprechen Teil 3* dauert insgesamt ca. **16 Minuten**. Meistens sind zwei Teilnehmerinnen/Teilnehmer in der Prüfung und beide sollen gleich viel sprechen.

Sprechen ca. 16 Minuten

Teil 1

Teilnehmer*in **A** und **B**

Über sich sprechen

Name

Geburtsort

Wohnort

Arbeit/Beruf

Familie

Sprachen

Die Lösungen verstehen

70 Hören Sie ein Beispiel für TN A.

Sprechen ca. 16 Minuten

Teil 2

Teilnehmer*in **A**

Über Erfahrungen sprechen

Das könnte die Prüferin/der Prüfer sagen:

Teil 2 A

Was sehen Sie auf dem Foto? Was für eine Situation zeigt dieses Bild?

Teil 2 B

Wo kaufen Sie gern Kleidung?
Was kaufen Sie auch im Internet ein? Warum?
Wie ist das in …? Erzählen Sie.

Kaufen Sie Kleidung lieber im Geschäft oder lieber im Internet?
Welche Sachen kaufen Sie eher online, welche im Geschäft?
Was denken Sie: Welche Vor- oder Nachteile hat es, im Internet einzukaufen?
Kaufen die Menschen in … eher im Internet oder eher im Geschäft?
Was denken Sie: Warum ist das so?

Sprechen ca. 16 Minuten

Teil 2

Teilnehmer*in **B**

Über Erfahrungen sprechen

Das könnte die Prüferin/der Prüfer sagen

Teil 2 A

Was sehen Sie auf dem Foto? Was für eine Situation zeigt dieses Bild?

Teil 2 B

Wo kaufen Sie gern Kleidung?
Was kaufen Sie auch im Internet ein? Warum?
Wie ist das in …? Erzählen Sie.

Kaufen Sie Kleidung lieber im Geschäft oder lieber im Internet?
Welche Sachen kaufen Sie eher online, welche im Geschäft?
Was denken Sie: Welche Vor- oder Nachteile hat es, im Internet einzukaufen?
Kaufen die Menschen in … eher im Internet oder eher im Geschäft?
Was denken Sie: Warum ist das so?

Die Lösungen verstehen

71 Hören Sie ein Beispiel für TN B. (Foto auf S. 159)
72 Hören Sie ein Beispiel für TN A. (Foto auf S. 158)

Sprechen ca. 16 Minuten

Teil 3

Teilnehmer*in **A** und **B**

Gemeinsam etwas planen

Situation:
Eine gemeinsame Freundin von Ihnen ist in eine neue Stadt gezogen. Sie möchten die Freundin besuchen und die Stadt besichtigen. Planen Sie die Reise.

Aufgabe:
Planen Sie, was Sie tun möchten. Hier haben Sie einige Notizen:

- Wie fahren? (Bahn, Auto …)
- Wann und wie lange? (ein Tag, Wochenende …)
- Wo übernachten? (Freundin, Hotel …)
- Was machen?
- Geschenk mitbringen? (was, wo kaufen …)
- …?

Die Lösungen verstehen

73 Hören Sie ein Beispiel für TN A und TN B.

Modelltest 3

In der Prüfung können Sie Ihre Lösungen zuerst im Aufgabenheft markieren und dann auf den Antwortbogen schreiben. Aber Achtung: Sie müssen das in der Zeit für den jeweiligen Teil machen. Nur die Lösungen auf dem Antwortbogen werden bewertet.

Sie dürfen in der Prüfung nur mit blauem oder schwarzem Kugelschreiber schreiben. Ihre Lösungen müssen Sie so ankreuzen:

☐ ☒ ☐
a b c

Einen kompletten Antwortbogen zu diesem Modelltest und die Hördateien können Sie herunterladen (siehe Seite 1).

Wenn Sie alle vier Teile ***Hören*** wie in der Prüfung hintereinander machen wollen, spielen Sie Track 78 ab. In dem Track sind alle Pausen enthalten. Der Track dauert ca. 25 Minuten. In der Zeit müssen Sie auch Ihre Lösungen auf dem Antwortbogen markieren.

Hören Teil 1 bis *Hören Teil 4* dauert ungefähr **25 Minuten**.
Sie hören alle Teile hintereinander. Sie müssen in der Zeit auch alle Lösungen auf dem Antwortbogen markieren.

Hören 25 Minuten

74

Teil 1

Sie hören vier Ansagen. Zu jeder Ansage gibt es eine Aufgabe.
Welche Lösung (a, b oder c) passt am besten?
Markieren Sie Ihre Lösungen für die Aufgaben 1–4 auf dem Antwortbogen.

Beispiel

Sie haben ein Problem mit dem Internet. Was sollen Sie tun?

a Die „1" drücken.
b Die „2" drücken.
c Die „3" drücken.

☐ a ☐ b ☒ c

1 Frau Lami
- **a** kann bis 18 Uhr zurückrufen.
- **b** kann die Wohnung mieten.
- **c** muss am Donnerstag anrufen.

2 Welcher Bus fährt zum Marktplatz?
- **a** Der Ersatzbus.
- **b** Die Linie 104.
- **c** Die Linie 106.

3 Wann können Sie Ihr Medikament abholen?
- **a** Heute Nachmittag.
- **b** Mittwochnachmittag.
- **c** Morgen Vormittag.

4 Was soll Herr Gabler tun?
- **a** Den Termin telefonisch bestätigen.
- **b** Eine E-Mail schreiben.
- **c** Seine Zeugnisse mitbringen.

Hören 25 Minuten

75 **Teil 2**

Sie hören fünf Ansagen aus dem Radio. Zu jeder Ansage gibt es eine Aufgabe.
Welche Lösung (a, b oder c) passt am besten?
Markieren Sie Ihre Lösungen für die Aufgaben 5–9 auf dem Antwortbogen.

5 Was hören Sie?
- **a** Die Sportnachrichten.
- **b** Die Veranstaltungstipps.
- **c** Die Verkehrshinweise.

6 Der Tanzkurs
- **a** beginnt am Dienstag.
- **b** dauert zwei Tage.
- **c** ist schon voll.

7 Was soll man machen?
- **a** Die Fenster schließen.
- **b** Kein Leitungswasser trinken.
- **c** Nicht mit dem Auto fahren.

8 Was hören Sie ab 15 Uhr?
- **a** Eine Literatursendung.
- **b** Eine Musiksendung.
- **c** Ein Gewinnspiel.

9 Im Osten von Deutschland
- **a** kann es in der Nacht schneien.
- **b** regnet es am Montag.
- **c** wird es am Montag sonnig.

Hören 25 Minuten

76 **Teil 3**

Sie hören vier Gespräche. Zu jedem Gespräch gibt es zwei Aufgaben. Entscheiden Sie bei jedem Gespräch, ob die Aussage dazu richtig oder falsch ist und welche Antwort (a, b oder c) am besten passt. Markieren Sie Ihre Lösungen für die Aufgaben 10–17 auf dem Antwortbogen.

Beispiel

Hamid und Julia arbeiten zusammen. ☐ richtig ☒ falsch

Was besprechen Hamid und Julia? ☐ a ☒ b ☐ c

a Was sie kochen können.
b Was sie schenken können.
c Wie sie zu Dascha fahren.

10 Familie Fonseca ist neu in der Stadt.
richtig/falsch

11 Herr Fonseca sucht
a eine Arbeit.
b einen Kindergartenplatz.
c eine Wohnung.

12 Herr Ümer spricht mit seiner Chefin.
richtig/falsch

13 Herr Ümer braucht für die Inventur
a einen Tag Urlaub.
b neue Scan-Geräte.
c zusätzliches Personal.

14 Selma war länger nicht in der Schule.
richtig/falsch

15 Der Lehrer
a bietet einen Ferienkurs an.
b ist auch in den Ferien zu erreichen.
c kann eine Seite im Internet empfehlen.

16 Herr Gomez ist in einem Fitnessstudio.
richtig/falsch

17 Herr Gomez soll
a an zwei Tagen in der Woche Sport machen.
b einen Sportkurs bei der Arbeit machen.
c sich zu einem Probetraining anmelden.

Hören 25 Minuten

77 **Teil 4**

Sie hören Aussagen zu einem Thema. Welcher der Sätze a–f passt zu den Aussagen 18–20?
Markieren Sie Ihre Lösungen für die Aufgaben 18–20 auf dem Antwortbogen.
Lesen Sie jetzt die Sätze a–f. Dazu haben Sie eine Minute Zeit.
Danach hören Sie die Aussagen.

Beispiel

☐ a ☐ b ☐ c ☐ d ☒ e ☐ f

18 ...

19 ...

20 ...

a Eine gesunde Ernährung ist ganz einfach.

b Getränke mit viel Zucker sind ein großes Problem.

c Viel Trinken ist auch wichtig für die Ernährung.

d Wenig tierische Produkte zu essen ist gesünder.

~~**e**~~ Wenn man nicht immer das Gleiche isst, ist das gesund genug.

f Wenn man viel arbeitet, ist eine gesunde Ernährung schwer.

Nicht umblättern! Warten Sie auf das Zeichen der Prüfenden! **STOP**

Für Lesen haben Sie insgesamt **45 Minuten** Zeit. Sie müssen in dieser Zeit ***Lesen 1*** bis ***Lesen 5*** lösen und Ihre Lösungen auf dem Antwortbogen markieren.

Lesen **45 Minuten**

Teil 1

Sie suchen Informationen zu Freizeitaktivitäten. Lesen Sie die Aufgaben 21–25 und die Veranstaltungstipps aus einer Online-Zeitung. Welche Kategorie (a, b oder c) passt? Markieren Sie Ihre Lösungen für die Aufgaben 21–25 auf dem Antwortbogen.

Beispiel

Ihre Freundin möchte italienisch essen gehen.

a Lokale und Gaststätten
b Veranstaltungen
c andere Kategorie

☒ a ☐ b ☐ c

21 Sie möchten gebrauchte Möbel kaufen.
- **a** Veranstaltungen
- **b** Sonstiges
- **c** andere Kategorie

22 Sie möchten sich Bilder von berühmten Malern ansehen.
- **a** Ausflüge am Wochenende
- **b** Kunst und Kultur
- **c** andere Kategorie

23 Ihre Bekannte ist zu Besuch und möchte die Stadt besichtigen.
- **a** Sehenswürdigkeiten
- **b** Veranstaltungen
- **c** andere Kategorie

24 Sie möchten einen Kochkurs machen.
- **a** Lokale und Gaststätten
- **b** Sonstiges
- **c** andere Kategorie

25 Sie interessieren sich für Sportwettbewerbe.
- **a** Ausflüge am Wochenende
- **b** Veranstaltungen
- **c** andere Kategorie

Wenn Sie den Teil ***Lesen*** wie in der Prüfung machen wollen: Stellen Sie auf einer Uhr einen Alarm nach 40 Minuten und einen weiteren Alarm nach 45 Minuten ein. Wenn es zum ersten Mal klingelt, haben Sie noch 5 Minuten. Markieren Sie spätestens jetzt alle Lösungen auf dem Antwortbogen.

Veranstaltungstipps

Aktiv in der Region – Übersicht

Ausflüge am Wochenende
Safaris für Jung und Alt im Wildpark Sauburgshausen – Fahrradtouren in die Region – Herbstliche Pilzwanderung für Hobbyköche: gemeinsam sammeln und kochen – Busfahrt nach Dresden zur Ausstellung „Große Meister" im Staatlichen Kunstmuseum

Lokale und Gaststätten
Kaffee und Kuchen am Marktplatz – Konditorei am Strausberg – Spezialitäten aus der regionalen Küche – Internationale Gerichte – Gesund und fit mit vegetarischer Küche

Kunst und Kultur
Galerie für Fotografie – Historisches Stadtmuseum – Fotoausstellung „Kunst und Küche Italiens" – Naturkundemuseum – Spielzeugmuseum (mit Malkursen für kleine Künstler)

Sehenswürdigkeiten
Schloss Dreispitz – Stadtführungen für Kinder und Erwachsene – Altstätter Dom – Historische Gebäude der Altstadt – Botanischer Garten – Zoo und Aquarium

Veranstaltungen
Theater am Rosenplatz – Filme der Woche im Kino – Historisches Stadtfest – Konzerte in der Eisenbahnhalle – Stadtmeisterschaften im Boxen – Stadtmeisterschaften im Schwimmen – Internationales Radrennen

Sonstiges
Fahrradreparaturen leicht gemacht – Kunst- und Antikmärkte in der Region – Diskussion: „Wie geht gesundes Essen in der Großküche?"
Flohmarkt am Knollendorfplatz – Kostenlos in Stadt und Umland

Lesen **45 Minuten**

Teil 2

Lesen Sie die Situationen 26–30 und die Anzeigen a–h. Finden Sie für jede Situation die passende Anzeige.
Markieren Sie Ihre Lösungen für die Aufgaben 26–30 auf dem Antwortbogen. Für eine Aufgabe gibt es keine Lösung. Markieren Sie in diesem Fall ein **x**.

26 Frau Franzen reist beruflich ins Ausland und möchte die Sprache lernen.

27 Sie arbeiten und suchen eine Person, die sich vormittags um Ihr Kind kümmert.

28 Ihre Bekannte ist Pflegehelferin. Sie möchte sich beruflich weiterbilden.

29 Herr Volkmann möchte mit Computern arbeiten und sucht eine Stelle im Büro.

30 Sie sprechen viele Sprachen und möchten in den Sommerferien Geld verdienen.

a

Mit Sprachen in die (Büro-)Zukunft
Neben IT- Kenntnissen braucht man heute auch oft Fremdsprachenkenntnisse.
Das bietet die Weiterbildung zur Fremdsprachensekretärin (m/w/d).
Der Lehrgang richtet sich an Bürokräfte mit Berufserfahrung und dauert berufsbegleitend 12–18 Monate.
Weitere Infos: it2u@werb.de

b

Wir suchen für unsere
Kindertagesstätte Blümchen
eine Hauswirtschaftskraft (m/w/d).
Ihre Kernaufgaben sind die Reinigung aller Kita-Räume und Hilfe in der kitaeigenen Küche.
Abgeschlossene Ausbildung als Hauswirtschaftskraft ist erforderlich.
Kontakt: kitaBluemchenggbr@freetek.de

c

Büroplätze frei
Sie sind auf der Suche nach neuen Geschäftsräumen im Stadtzentrum?
- 140 qm Büroetage
- mit 14 Arbeitsplätzen
- und kleiner Küche

zu vermieten.

Für weitere Informationen oder für einen zeitnahen Besichtigungstermin schreiben Sie uns: mieten@haistaden.de

d

Sommer in der Stadt
Sie kennen und lieben Hildesheim und möchten Gäste von Ihrer Stadt begeistern?
Sie suchen eine zeitlich flexible, interessante und bezahlte Tätigkeit?
Für die Sommermonate brauchen wir Stadtführer (m/w/d)
mit Fremdsprachenkenntnissen auch ohne Berufserfahrung.
hightourism@stadt.hildesheim.de

e

Erzieherin sucht Beschäftigung
in Haushalt, Pflege oder Kinderbetreuung
Ich, ausgebildete Erzieherin, suche Arbeit.
Ich bin flexibel zwischen 8 Uhr und 14 Uhr einsatzbereit, aber nicht am Wochenende.
Habe Führerschein und Auto.
Angebote bitte an s.lorena@mailmax.de oder telefonisch: 0179/4567321

f

Pizzeria Da Capo
Italienisches Restaurant sucht Mitarbeiter:innen für Service und Küche (m, w, d) in Vollzeit.
Mit oder ohne abgeschlossene Berufsausbildung.
Arbeitszeiten auch am Abend und am Wochenende.
Interesse? Tel. 045/345671

g

Nicht nur für den Urlaub ...
lernen Sie bei uns
Englisch, Spanisch, Koreanisch
und mehr als 15 andere Sprachen.
Das Institut Babylon bietet Ihnen ein professionelles Sprachtraining auch für den Beruf und online.
Kursbeginn jeden Montag oder nach Vereinbarung.
Infos: brabbel@babel.de

h

Neue Wege – Neue Chancen
Sie haben eine Ausbildung, aber wollen sich beruflich verändern? Attraktive Möglichkeiten für Umschulungen und Weiterbildungen bietet wir Ihnen in den Bereichen:
- Handwerk
- Medien und Kommunikation
- Pflege und Gesundheit

Vereinbaren Sie noch heute Ihren persönlichen Beratungstermin unter:
0800/999888777

Lesen **45 Minuten**

Teil 3

Lesen Sie die drei Texte. Zu jedem Text gibt es zwei Aufgaben. Entscheiden Sie bei jedem Text, ob die Aussage richtig oder falsch ist und welche Antwort (a, b oder c) am besten passt. Markieren Sie Ihre Lösungen für die Aufgaben 31–36 auf dem Antwortbogen.

Neue Software für das Bürgeramt Ost

Wegen einer Softwareumstellung kommt es in den nächsten zwei Wochen zu Einschränkungen im Bürgerservice. Von 8. März bis zum 22. März müssen Sie mit längeren Warte- und Bearbeitungszeiten in allen Bereichen rechnen.
Die Anmeldung einer Wohnung, das Beantragen oder Abholen eines Personalausweises oder Reisepasses sind in diesen zwei Wochen nur mit Termin möglich. Termine können Sie im Internet oder telefonisch unter 0345/115 vereinbaren.
Von Mittwoch 23. März, bis Freitag 25. März, ist ein Software-Lehrgang für die Mitarbeiter des Bürgeramts geplant. An beiden Tagen ist das Bürgeramt Ost geschlossen. In dringenden Fällen gehen Sie bitte zum Bürgeramt West (Grimm-Allee 44).

31 Das Bürgeramt ist für zwei Wochen geschlossen.
richtig/falsch?

32 Personalausweise oder Reisepässe
- **a** kann man im Moment nicht beantragen.
- **b** kann man nur mit einem Termin abholen.
- **c** muss man im Bürgeramt West beantragen.

Liebe Eltern,

dank Ihrer Spenden haben wir letztes Jahr die Leseecke renoviert und viele neue Bücher gekauft. Der Vorlesemonat November kann diesmal also noch spannender werden. Jeden Donnerstag findet ab 16 Uhr in der Leseecke der Schulbücherei die Vorlesestunde statt. Letztes Jahr war diese Aktion ein großer Erfolg.

Wie jedes Jahr können Sie uns helfen: Kekse und Kakao spendet der Elternverein, aber wir suchen noch Eltern, die Lust haben, auf Deutsch oder einer anderen Sprache vorzulesen. Melden Sie sich bitte im Schulsekretariat und geben Sie an, an welchem Tag Sie uns unterstützen können.
Bücher zum Vorlesen finden Sie in unserer Bücherei – oder fragen Sie Ihre Kinder nach ihren Wünschen.

Viele Grüße
Ihre Schulbücherei

33 Der Vorlesemonat findet jährlich statt.
richtig/falsch?

34 Die Eltern sollen
- **a** Bescheid sagen, wann sie mitmachen wollen.
- **b** Kakao und Kekse mitbringen.
- **c** Kinderbücher für die Bücherei kaufen.

Sehr geehrte Frau Kamil,

bei der Begehung der Kellerräume in der Baumstraße 12 haben wir leider festgestellt, dass viele Mieter/innen, darunter auch Sie, Gegenstände wie Möbel, alte Fahrräder und Elektrogeräte in den Gängen im Keller abstellen. Das ist im Brandfall sehr gefährlich und daher verboten.

Wir fordern Sie deshalb auf: Bitte räumen Sie bis zum 12. April alle Ihre Gegenstände in Ihren Kellerraum. Die Gänge im Keller müssen frei bleiben!
Für den 07. April haben wir einen Sperrmülltermin angemeldet, an dem Sie Ihre Gegenstände selbstständig entsorgen können.
Alle Gegenstände, die sich nach dem 12. April noch in den Gängen im Keller befinden, werden von unserem Hausmeisterservice entsorgt – die Kosten dafür zahlen Sie.

Mit freundlichen Grüßen
Ihre Hausverwaltung

35 Im Keller des Hauses hat es gebrannt.
richtig/falsch?

36 Frau Kamil muss bis zum 12. April
- **a** den Gang vor ihrem Keller frei räumen.
- **b** den Hausmeisterservice bezahlen.
- **c** ihre Gegenstände auf den Sperrmüll werfen.

Lesen 45 Minuten

Teil 4

Lesen Sie den Text. Entscheiden Sie, ob die Aussagen 37–39 richtig oder falsch sind.
Markieren Sie Ihre Lösungen für die Aufgaben 37–39 auf dem Antwortbogen.

Gebrauchsanweisung Powerbank PB 20000

Produktinformation
Die Powerbank PB 20000 dient zur Energieversorgung mobiler Geräte mit einer Betriebsspannung von 5V. Um die Powerbank optimal zu nutzen, lesen Sie bitte diese Bedienungsanleitung sorgfältig durch, bevor Sie die Powerbank einsetzen.

Vor dem ersten Gebrauch
Laden Sie die Powerbank zuerst über das mitgelieferte Kabel vollständig mit Strom auf. Verbinden Sie dazu das Kabel mit dem Anschluss der Powerbank und Ihrem USB-Netzteil oder dem USB-Anschluss Ihres Computers. Während die Powerbank aufgeladen wird, kann kein anderes Gerät über die Powerbank mit Strom versorgt werden.

Laden Ihrer mobilen Geräte
Verbinden Sie das mitgelieferte Kabel mit dem USB-Anschluss der Powerbank und das andere Ende mit dem Anschluss Ihres Gerätes. Der Ladevorgang startet automatisch. Das Laden mit der Powerbank ist auf zwei Geräte gleichzeitig begrenzt.

Anzeigen
Die Powerbank ist vollständig geladen, wenn alle vier Lichter der Kontrollanzeige grün leuchten. Wenn der Akku der Powerbank fast leer ist, wird dieses durch Blinken der Kontrollanzeige angezeigt. Bitte verbinden Sie die Powerbank dann erneut mit dem Stromnetz.

Sicherheitshinweise
Verwenden Sie das Gerät nicht, wenn es beschädigt ist oder beim Laden heiß wird. Das Gerät nicht erhöhten Temperaturen aussetzen oder in der Nähe offener Flammen benutzen. Auch Feuchtigkeit schadet dem Gerät.

Entsorgungshinweis
Elektronische Geräte dürfen nach der europäischen WEEE Richtlinie nicht mit dem Hausmüll entsorgt werden. Sie können das Gerät über den Hersteller, eine öffentliche Sammelstelle oder die Verkaufsstelle kostenlos entsorgen.

37 Die Powerbank können Sie sofort benutzen.
richtig/falsch?

38 Man kann immer nur ein Gerät an die Powerbank anschließen und aufladen.
richtig/falsch?

39 Sie sollen das Gerät nicht in Ihre Mülltonne werfen.
richtig/falsch?

Lesen 45 Minuten

Teil 5

Lesen Sie den Text und schließen Sie die Lücken 40–45. Welche Lösung (a, b oder c) passt am besten? Markieren Sie Ihre Lösungen für die Aufgaben 40–45 auf dem Antwortbogen.

Städtisches Gas- und Stromwerk Glauberg
Clara-Zetkin-Straße 12
10874 Glauberg

Glauberg, **(0)** 12.3.20…

Kündigung meines Gasliefervertrags

Sehr **(40)** Damen und Herren,

Sie haben mich **(41)** Woche über die Erhöhung Ihrer Gaspreise informiert. Leider sind mir die Preise jetzt zu hoch, **(42)** möchte ich meinen Gasliefervertrag bei Ihnen kündigen.
Sie haben geschrieben, **(43)** es wegen der Preiserhöhung ein Sonderkündigungsrecht gibt.
Das nutze ich und kündige hiermit zum 31.3.
Bitte schicken Sie **(44)** eine schriftliche Bestätigung der Kündigung.
Ich fordere Sie außerdem auf, die bei Ihnen gespeicherten personenbezogenen Daten unverzüglich zu löschen.

Vielen Dank **(45)** Ihr Verständnis.

Mit freundlichen Grüßen

Emil Grün

Beispiel

0 **a** dem
b den
c des

☐ a ☒ b ☐ c

40 **a** freundliche
b geehrte
c liebe

41 **a** letzte
b nächste
c vorgestern

42 **a** deshalb
b obwohl
c weil

43 **a** als
b bevor
c dass

44 **a** meine
b mich
c mir

45 **a** auf
b für
c mit

Nicht umblättern! Warten Sie auf das Zeichen der Prüfenden! **STOP**

Für den Teil ***Schreiben*** haben Sie **30 Minuten** Zeit. Sie können Notizen im Aufgabenheft machen. Bewertet wird nur, was Sie auf den Antwortbogen schreiben!

Schreiben 30 Minuten

*Wählen Sie **Aufgabe A oder Aufgabe B**. Zeigen Sie, was Sie können. Schreiben Sie möglichst viel. Vergessen Sie nicht die Anrede und den Gruß. Schreiben Sie Ihren Text auf den Antwortbogen. Kreuzen Sie auf dem Antwortbogen an, welche Aufgabe Sie gewählt haben.*

Aufgabe A

Ihre Nachbarin, Frau Reiner (65 Jahre alt), möchte ihre Küche renovieren und braucht Hilfe. Schreiben Sie ihr eine E-Mail.

Schreiben Sie etwas zu folgenden Punkten:

- Hilfe zusagen
- Wann Sie helfen können
- Wie Sie helfen können
- Werkzeuge?

oder

Aufgabe B

Sie besuchen einen Deutschkurs am Abend. Bald fangen Sie einen Minijob am Abend an. Deshalb möchten Sie den Kurs wechseln. Schreiben Sie eine E-Mail an Ihre Lehrerin Sarah Schloss.

Schreiben Sie etwas zu folgenden Punkten:

- Grund für Ihr Schreiben
- Ihr Minijob
- Frage zu anderen Kursen
- Kinderbetreuung?

Im Teil *Sprechen* sind zwei Teilnehmerinnen/Teilnehmer (TN). Insgesamt dauert die Prüfung ca. **16 Minuten** für beide TN zusammen.

Sprechen ca. 16 Minuten

Teil 1

Teilnehmer*in **A** und **B**

Über sich sprechen

Name

Geburtsort

Wohnort

Arbeit/Beruf

Familie

Sprachen

Sprechen ca. 16 Minuten

Teil 2

Teilnehmer*in **A**

Über Erfahrungen sprechen

Das könnte die Prüferin/der Prüfer fragen:

Teil 2 A

Was sehen Sie auf dem Foto? Was für eine Situation zeigt dieses Bild?

Teil 2 B

Was machen Sie gern in Ihrer Freizeit?
Wo oder mit wem verbringen Sie gern Ihre Freizeit?
Wie ist das in Ihrer Heimat? Wie verbringen die Menschen gern ihre Freizeit?

Verbringen Sie Ihre Freizeit lieber drinnen oder lieber draußen? Warum?
Was denken Sie: Warum verbringen Menschen ihre Freizeit lieber allein oder lieber mit anderen zusammen?
Erzählen Sie, wie die Menschen in Ihrer Heimat gern ihre Freizeit verbringen. Welche Unterschiede gibt es zu Deutschland?

Sprechen ca. 16 Minuten

Teil 2

Teilnehmer*in **B**

Über Erfahrungen sprechen

Das könnte die Prüferin/der Prüfer fragen:

Teil 2 A

Was sehen Sie auf dem Foto? Was für eine Situation zeigt dieses Bild?

Teil 2 B

Was machen Sie gern in Ihrer Freizeit?
Wo oder mit wem verbringen Sie gern Ihre Freizeit?
Wie ist das in Ihrer Heimat? Wie verbringen die Menschen gern ihre Freizeit?

Verbringen Sie Ihre Freizeit lieber drinnen oder lieber draußen? Warum?
Was denken Sie: Warum verbringen Menschen ihre Freizeit lieber allein oder lieber mit anderen zusammen?
Erzählen Sie, wie die Menschen in Ihrer Heimat gern ihre Freizeit verbringen. Welche Unterschiede gibt es zu Deutschland?

Sprechen ca. 16 Minuten

Teil 3

Teilnehmer*in **A** und **B**

Gemeinsam etwas planen

Situation:
Eine Teilnehmerin aus Ihrem Deutschkurs ist krank. Sie möchten ihr gemeinsam helfen.

Aufgabe:
Planen Sie, was Sie tun möchten. Hier haben Sie einige Notizen:

- Wie helfen? (kochen, einkaufen …)
- Was bringen? (Hausaufgaben, Kopien …)
- Wer kann noch helfen?
- Wer macht was? (
- Wann (Tag, Uhrzeit)
- …?

Modelltest 1

Hören Teil 1

Hören Teil 1 Die Prüfungsaufgabe kennenlernen

Seite 8 1b … vier Aufgaben (Nummer 1 bis Nummer 4); Jede Aufgabe hat drei mögliche Lösungen; dann die vier Ansagen

Hören Teil 1 Die Lösungen verstehen

Seite 10 1b b passt nicht.; c passt am besten.; a passt nicht.

2a

2 Wen soll Frau Jäger anrufen? c Die Projektleiterin.	Hier ist *Ipek Engin. Ich bin die Projektleiterin* … … *Könnten Sie mich dazu bitte zurückrufen?* …

2b *Wen soll Frau Jäger* anrufen?; *… Ich bin* die Projektleiterin.; *Könnten Sie* mich (= Frau Engin) *dazu bitte* zurückrufen? Deshalb ist c die Lösung.

Seite 11 3a

3 Was ist im Sonderangebot? a Eis. b Obst. c Wurst und Käse.	*… Unser Hauptpreis ist ein exotischer Obstkorb mit Ananas, Mango, Kumquats … An der Gourmet-Theke bekommen Sie heute besonders günstig ausgewählte Wurstwaren und Käsespezialitäten aus Italien, Frankreich und der Schweiz. Oder probieren Sie unser hausgemachtes Eis! Jetzt mit drei neuen Bio-Sorten: Schokolade, Nuss und Joghurt.*

3b Zu dem wichtigen Wort Sonderangebot hören Sie: …; c *passt am besten.*

4a *Montag bis Freitag von 7 bis 13 Uhr.;*
montags, dienstags und donnerstags von 14 bis 19 Uhr;
Nach 19 Uhr sowie an Wochenenden und Feiertagen

4b *montags, dienstags und donnerstags von 14 bis 19 Uhr … Notfallnummer*

4c Es ist Montagnachmittag. Sie hören: *In dringenden Fällen sind wir* montags, dienstags und donnerstags von 14 bis 19 Uhr unter der Notfallnummer … zu erreichen. b *passt am besten.*

Hören Teil 2

Hören Teil 2 Die Prüfungsaufgabe kennenlernen

Seite 12 1b fünf Aufgaben (Nummer 5 bis Nummer 9). Jede Aufgabe hat drei mögliche Lösungen a, b und c).; Sie hören nach der Anweisung fünf Ansagen aus dem Radio …

Hören Teil 2 Die Lösungen verstehen

Seite 14 1a

5 Was können Sie gewinnen? a Einen Gutschein. b Eine Reise nach Italien. c Eintausend Euro in bar.	*… etwas zu gewinnen! Unser Reporter Jannis Paraigis ist für uns nach Italien gereist. Aber wohin genau?* *…, rufen Sie uns an und dann können Sie sich vielleicht über einen Reisegutschein im Wert von 1000 Euro freuen.*

1b a passt am besten.; b ist nicht die Lösung; c ist nicht die Lösung

2a

6 Wo gibt es eine Umleitung? a Auf der A 4. b Auf der A 7. c Auf der B 5.	*…Verkehrsmeldungen: Achtung auf der A 4 Höhe Erfurt! Dort laufen Tiere auf der Fahrbahn. …. Für die A 7 gibt es eine Entwarnung: D der Stau bei Flensburg hat sich aufgelöst und dort haben Sie wieder freie Fahrt. Ganz anders leider auf der B 5: Wegen Bauarbeiten zwischen Ludwigslust und Grabow gibt es eine Umleitungsempfehlung. …*

2b a passt nicht.; b passt nicht.; c passt am besten.

Seite 15 3a

7 Die Tabletten kann man **a** gegen Magenschmerzen nehmen. **b** in der Apotheke kaufen. **c** vom Arzt bekommen.	*mit Magenproblemen* (= nicht gegen Schmerzen) *bekommen Sie … in Apotheken* *von Ärztinnen und Ärzten empfohlen* (= nicht bekommen)

3b *b* passt am besten.

4a

Das Wetter am Wochenende ist zweigeteilt. … Sonntagnacht zieht der Regen aber ab. Dann scheint am Wochenanfang in ganz Deutschland die Sonne. Es wird also warm und trocken.

4b c passt am besten.

5a

9 Wo findet das Stadtfest statt? **a** Auf dem Marktplatz. **b** In der Schiller-Allee. **c** Vor dem Rathaus.	*Wer Lust auf Flohmarkt, …* *das Stadtfest am Wochenende freuen: Wie jedes Jahr die ganze Schiller-Allee entlang, …* *… wird es auch hohen Besuch aus dem Rathaus geben: …*

5b a passt nicht am besten.; b passt am besten.; c passt nicht am besten.

Hören Teil 3

Hören Teil 3 Die Prüfungsaufgabe kennenlernen

Seite 16 1b acht Aufgaben (Nummer 10 bis Nummer 17); vier Gespräche; zwei Aufgaben; (a, b und c)

Hören Teil 3 Die Lösungen verstehen

Seite 18 1a

10 Mesut Kaptan sucht eine Stelle. *richtig/falsch*	***Mann:*** *… Brauchen Sie eine Aushilfe für das Café?* ***Frau:*** *Ah, ja. Wollen Sie sich bewerben?* ***Mann:*** *Ja, sehr gern. … Ich heiße Mesut Kaptan.*

1b Die Aussage *Mesut Kaptan sucht eine Stelle* ist also richtig.

1c

11 Mesut Kaptan **a** kann nicht kochen. **b** muss den Deutschkurs beenden. **c** pflegt seine kranke Frau.	***Mann:*** *…, weil die Eltern von meiner Frau krank waren.* ***Mann:*** *Ich bin eigentlich Koch von Beruf.* ***Mann:*** *… weil ich noch Deutsch lerne.* ***Frau:*** *Ah, machen Sie einen Abendkurs?* ***Mann:*** *Ja, der Kurs dauert noch zwei Monate. Danach …,*

Seite 19 1d c passt nicht am besten.; a passt nicht am besten.; b passt am besten.

2a 1c, 2a, 3b

2b Die Aussage *Frau Dragi ist die Chefin von Herrn Kunz* ist also falsch.

Seite 19 2c

13 Der Mitarbeiter soll **a** die Maschine anschließen. **b** ein neues Teil bestellen. **c** heute noch liefern.

2d b passt nicht am besten.; c passt am besten.; a passt nicht am besten.

3a

14 Ana ärgert sich über die Mieterhöhung. *richtig/falsch* **15** Ana will zuerst **a** den Vermieter anrufen. **b** mit den Nachbarn sprechen. **c** mit dem Mieterverein telefonieren.	***Mann:*** *Hallo Ana!* ***Frau:*** *Hallo Michael. Du, ich hatte heute Post von Herrn Stern. Der will die Miete erhöhen. Fast 100 Euro mehr soll ich bezahlen! Das kann doch nicht wahr sein! …* ***Mann:*** *… Vielleicht sollten wir mal direkt mit dem Vermieter sprechen.* ***Frau:*** *Genau! Es ist besser, wenn alle Mieter zusammen etwas dagegen tun.* ***Mann:*** *Stimmt! Ich könnte auch beim Mieterverein anrufen, ich bin da Mitglied. Die wissen sicher, was man tun kann.* ***Frau:*** *Super. Aber lass mich erst mit den Akins im vierten Stock sprechen und mit Mario und Patrick unten. Dann wissen wir, ob tatsächlich alle mehr bezahlen müssen.* ***Mann:*** *Okay. Mach das. Dann können wir später …*

Seite 21 3b Die Aussage *Ana ärgert sich über die Mieterhöhung* ist also richtig.; b passt am besten.

4a

16 Herr Vogel spricht mit einer Kollegin. *richtig/falsch* **17** Was soll Herr Vogel tun? **a** Ein wichtiges Papier unterschreiben. **b** Mit seinem Chef sprechen. **c** Seine Tochter früher bringen.	***Sabina:*** *Denken Sie bitte daran, dass Sie noch die Einverständniserklärung unterschreiben müssen. Das ist sehr wichtig, …* ***Herr Vogel:*** *Ah, dieses Papier. Das habe ich doch gestern schon unterschrieben und abgegeben.* ***Sabina:*** *Moment, ich sehe nach. Ah ja, hier ist es.* *…* ***Herr Vogel:*** *Soll ich Maja dann früher abholen? Dann müsste ich mit meinem Chef sprechen, damit ich früher gehen kann.* ***Sabina:*** *Das brauchen Sie nicht. … Aber es ist wichtig, dass Ihre Tochter um 8 Uhr hier ist. Also könnten Sie Maja etwas früher als sonst bringen?* ***Herr Vogel:*** *Ja natürlich, das mache ich. …*

Seite 21 4b Die Aussage *Herr Vogel spricht mit einer Kollegin* ist also falsch.; c passt am besten.

Hören Teil 4

Hören Teil 4 Die Prüfungsaufgabe kennenlernen

Seite 22 1b drei Aufgaben (Nummer 18 bis Nummer 20).; sechs Sätze (a–f) zu einem Thema. Sie hören in einer Umfrage im Radio Aussagen von Personen, …

Hören Teil 4 Die Lösungen verstehen

Seite 24 1 Das Thema in dieser Umfrage ist: Kinder und Internet.

2a **b** Es ist nicht gut, wenn Kinder zu viel Zeit im Internet verbringen. → *Ab und zu sieht er sich mit meinem Mann eine Kindersendung auf dem Tablet an. So dreimal in der Woche.*

e Kinder müssen früh lernen, das Internet zu nutzen. → *Ich habe einen kleinen Sohn, er geht in die erste Klasse. In der Schule benutzen die Kinder manchmal den Computer und gehen ins Internet.*

f Kleinere Kinder sollten nicht allein im Internet sein. → *Aber immer mit den Lehrern zusammen. Ich finde es ganz schlecht, wenn schon Kindergartenkinder ganz allein irgendwelche Videos oder Seiten im Internet ansehen, … nur mit uns ins Netz*

2b Dazu passt am besten Satz f.; Satz b passt nicht am besten.; Deshalb passt Satz e nicht am besten.

Seite 25 3a *das Internet ist auch nützlich für Kinder und sie lernen damit* → Satz e könnte passen.; *Aber den ganzen Tag lang? Wenn ich Kinder hätte, würde ich das nicht erlauben. Maximal eine Stunde Internet am Tag, das wäre meine Regel.* → Satz b könnte passen.

3b Zu Satz e hören Sie nur: *das Internet ist auch nützlich für die Kinder und sie lernen damit.*; Dazu passt am besten Satz b.

4a *lernt sie auch, wie man mit dem Internet arbeitet, … was man wie machen sollte … So finde ich das gut. Man muss von Anfang an zeigen, wie … Nur so lernen Kinder das.*

4b Dazu passt am besten Satz *e*.

Lesen Teil 1

Lesen Teil 1 Die Prüfungsaufgabe kennenlernen

Seite 26 fünf Aufgaben (Nummer 21 bis Nummer 25).; (a, b oder c)

Lesen Teil 1 Die Lösungen verstehen

Seite 29 1a *haben Durst* → ***UG:*** *Getränkeautomat;* ***1. OG:*** Betriebsgenehmigungen … Gaststätten ?

1b Die Lösung ist klar: a; b passt nicht.

2a *neue Biomülltonne* → ***EG:*** (kein Wort passt) / ***5. OG:*** (kein Wort passt)

2b a und b passen also beide nicht. Deshalb ist c *anderes Stockwerk* die Lösung.

Seite 30 3a *90-jährige Mutter nicht mehr pflegen.* → ***3. OG:*** Sterbefälle ? / ***4. OG:*** *Senior*innen (Seniorenheime, Tagespflege, häusliche Pflege)*

3b a passt nicht; b passt.

4a *für seine Wohnung 100 Euro mehr im Monat bezahlen.* → ***4. OG:*** Jugendheime? Seniorenheime? / ***5. OG:*** Wohngeldstelle, Mieterberatung

Seite 31 4b a passt nicht; b passt.

5a *Parkausweis für Ihr Auto abholen.* → ***1. OG:*** Parkgenehmigungen / ***2. OG:*** Verkehrsplanung?

5b a ist die Lösung.; b passt nicht., c passt nicht. a bleibt die Lösung.

Lesen Teil 2

Lesen Teil 2 Die Prüfungsaufgabe kennenlernen

Seite 32 fünf Situationen (Nummer 26 bis Nummer 30) … sind acht Anzeigen (a–h); … passt keine Anzeige. Für diese Aufgabe ist die Lösung x.

Lesen Teil 2 Die Lösungen verstehen

Seite 35 1 *Anzeige a passt nicht.; Anzeige b passt nicht.; Anzeige e passt.*

Seite 36 2 Anzeige b; Anzeige b passt nicht.; Anzeige c; Anzeige c passt nicht.; Anzeige d; Anzeige d passt nicht.; Für diese Situation gibt es keine Anzeige. Sie müssen x als Lösung markieren.

S. 36/37 3 Anzeige g; Anzeige g passt nicht.; Anzeige f; Anzeige f passt nicht., Anzeige d; Anzeige d passt.

Seite 37 4 Der Mann hat nur abends Zeit.; passt zu interessiert *sich für* Sprachen; *Jeden ersten Montag ab 18:30 Uhr.* Das ist abends.

5 Anzeige c; Anzeige c passt nicht.; Anzeige b; Anzeige b passt.

Lesen Teil 3

Lesen Teil 3 Die Prüfungsaufgabe kennenlernen

Seite 38 Auf jedem Blatt sind ein Text und dazu zwei Aufgaben.; sechs Aufgaben (Nummer 31 bis Nummer 36); Ist die jeweils erste Aufgabe richtig oder falsch? Und bei der zweiten Aufgabe: Passt Antwort a, b oder c am besten?

Lesen Teil 3 Die Lösungen verstehen

Seite 41 1a Im Stadtpark regelmäßig Sport machen. Im Text lesen Sie: regelmäßige *Bewegung ist wichtig …* – das Wort regelmäßig ist gleich; *Zusammenarbeit mit verschiedenen* Sportvereinen, *die* Aktion *„Bewegte Bürger" im* Stadtpark, Lauftreff, *Yoga, Eltern-Kind-*Turnen, *Zumba,* Rückengymnastik; *Das genaue Programm dieser* einmaligen Aktion; In der Aussage steht: regelmäßig im Stadtpark Sport machen. Im Text steht: *einmalige Aktion* (= einmal Sport machen) im Stadtpark. Die Aussage und die Information im Text bedeuten nicht dasselbe. Deshalb ist die Lösung für Aufgabe 31: falsch.

1b a passt nicht am besten; b passt am besten; c passt nicht am besten.

Seite 42 2a *im* ganzen *Haus,* Wasserleitungen überprüft; *eine Firma* kontrolliert *vormittags* im 2. *Stock und nachmittags im* 1. Stock *und im* Erdgeschoss *die Wasserleitungen.* Aber Sie lesen auch: *Der* 3. *und* 4. Stock *sind nicht betroffen. …* Das passt nicht zu *im* ganzen *Haus* in der Aussage.; Aufgabe 33 ist falsch.

2b Das bedeutet dasselbe wie in Antwort a.; Warum passen b und c nicht?; Deshalb passt b nicht.; In c lesen Sie; Deshalb passt c nicht.

Seite 43 3a Aufgabe 35 ist also richtig.

3b Zu a lesen Sie im Text: *Bitte …;* a passt nicht.; Zu b lesen Sie: *Danke auch …;* b passt nicht.; Zu c lesen Sie: *Leider …;* c passt am besten.

Lesen Teil 4

Lesen Teil 4 Die Prüfungsaufgabe kennenlernen

Seite 44 drei Aufgaben (Nummer 37 bis Nummer 39); Ist die Aussage richtig oder falsch?

Lesen Teil 4 Die Lösungen verstehen

Seite 46 1a *neue Karte sofort benutzen.* → *Ihre neue Karte ist ab sofort gültig und kann eingesetzt werden.*

1b Man kann die neue Karte sofort benutzen. Im Text: *Ihre neue Karte ist ab sofort gültig und kann eingesetzt werden.*; Aufgabe 37 ist deshalb richtig.

2a Kontaktloses Bezahlen / Mobiles Payment

2b *Für kontaktloses Bezahlen braucht man eine App.* Im Text lesen Sie: *Bei kontaktloser Bezahlung müssen Sie Ihre Karte nicht mehr einstecken, sondern nur nah an das Lesegerät halten.*; Aufgabe 38 ist deshalb falsch.

Seite 47 3a *Es kostet nichts, den Sperr-Notruf aus dem Ausland anzurufen.*

3b *oder den Sperr-Notruf 116 116 sperren. Diese Nummer erreichen Sie weltweit rund um die Uhr. Aus dem deutschen Festnetz ist sie gebührenfrei, aus dem Mobilfunknetz und aus dem Ausland (Vorwahl +49) entstehen Kosten.*

3c *… oder den Sperr-Notruf 116 116 … Diese Nummer erreichen Sie weltweit rund um die Uhr. Aus dem deutschen Festnetz ist sie gebührenfrei, aus dem Mobilfunknetz und aus dem Ausland (Vorwahl +49) entstehen Kosten.*; Aufgabe 39 ist deshalb falsch.

Lesen Teil 5

Lesen Teil 5 Die Prüfungsaufgabe kennenlernen

Seite 48 sechs Aufgaben (Nummer 40 bis Nummer 45); Nur eine Lösung passt.

Seite 50 1a *vielen Dank*

1b Wort vor der Lücke: Dank – dazu passt die Präposition: für; Die Lösung ist a.

2b (Pronomen) für Herrn Schmidt: ihm, Ihnen, Sie.; *sehr gern helfen wir …*; c passt nicht, weil *Sie* kein Dativ ist. a *ihm* ist ein Dativ – aber …; Die höfliche Anrede im Dativ ist Ihnen, deshalb passt b am besten.

3a Die Lücke ist zwischen zwei Sätzen.; Der Satz mit der Lücke ist ein Hauptsatz. In der Lücke fehlt ein Konnektor.

Seite 51 3b c weil leitet einen Nebensatz …; b denn leitet einen Hauptsatz ein …; a aber leitet einen Hauptsatz und einen Gegensatz ein. a passt am besten.

4 a passt am besten.

5 a passt nicht.; c passt am besten.

6 deshalb passt b nicht.; die Konnektoren damit und wenn leiten einen Nebensatz ein. Aber nur damit leitet einen Finalsatz (wozu? Ziel?) ein. a passt am besten.

Schreiben

Schreiben Die Prüfungsaufgabe kennenlernen

Seite 52 haben Sie 30 Minuten Zeit. Sie müssen einen Text (einen Brief oder eine E-Mail) schreiben. Sie können wählen: Aufgabe A oder Aufgabe B.; Dazu lesen Sie vier Punkte.

Schreiben Die Lösungen verstehen

Seite 54 1a Hallo Andrij,
du hast ein Praktikum in einem Supermarkt gemacht. Ich interessiere mich auch für ein Praktikum im Supermarkt. Deshalb schreibe ich dir.
Wie war das Praktikum? Hast du eine Bezahlung bekommen?

1b (1) ja, (2) nein, (3) nein, (4) ja, (5) nein

Seite 55 2a (1) wie geht es dir?; (2) weil ich dort auch gern ein Praktikum machen möchte.; (3) Hast du viel gelernt? Was musstest du machen?; (4) ob du eine Bezahlung bekommen hast.; (5) Ich habe zum Beispiel am Samstag Zeit. Wir könnten in ein Café gehen.

2b (1) ja, (2) ja, (3) ja, (4) ja, (5) ja

Sprechen Teil 1

Sprechen Teil 1 Die Prüfungsaufgabe kennenlernen

Seite 56 1 TN A und TN B.; In *Sprechen Teil 1* sollen Sie zuerst allein über sich sprechen. Auf dem Aufgabenblatt sind sechs Stichpunkte (Themen), …

Sprechen Teil 1 Die Lösungen verstehen

Seite 58 1a 1d, 2a, 3f, 4c, 5b, 6e

1b 1d, 2a, 3b, 4c

1c/2a So spricht ***TN*** A: – stellt sich ganz kurz vor So spricht ***TN*** B: – stellt sich ausführlicher vor.

Seite 59 2b ***Name*** – Meine Name ist …; ***Geburtsort*** – Ich bin 21 Jahre alt und ich komme aus …; ***Wohnort*** – Seit zwei Jahren wohne ich in …; ***Arbeit / Beruf*** – Ich möchte eine Ausbildung machen …; ***Familie*** – Meine Familie lebt in …; ***Sprachen*** – Meine Muttersprache ist …

2c (1) Computerspiele und Fußball; (2) bei den Hausaufgaben; (3) zweimal in der Woche; (4) nächstes Jahr

Sprechen Teil 2

Sprechen Teil 2 Die Prüfungsaufgabe kennenlernen

Seite 60 In *Sprechen Teil 2* sollen Sie über Erfahrungen sprechen. Auf dem Aufgabenblatt sehen Sie ein Foto.

Sprechen Teil 2 Die Lösungen verstehen

Seite 62 1a 1 eine Frau, 2 Gesicht, 3 die Hand, 4 sitzt im Auto, 5 ist nicht glücklich, 6 andere Autos, 7 rote Lichter, 8 fahren nicht, 9 ein Stau

1b (1) eine Frau, (2) sitzt im Auto, (3) andere Autos, (4) rote Lichter, (5) fahren nicht, (6) ist nicht glücklich, (7) Gesicht, (8) die Hand, (9) ein Stau

Seite 63 2a 1c, 2a, 3b

2b/c So spricht ***TN*** A: – nennt nur ganz kurz …; So spricht ***TN*** B: – nennt alle Hauptinformationen …

Sprechen Teil 3

Sprechen Teil 3 Die Prüfungsaufgabe kennenlernen

Seite 64 In *Sprechen Teil 3* sollen Sie gemeinsam etwas planen. Aufgabenblatt mit einer Situation und der Aufgabe. Die Notizen auf dem Aufgabenblatt …

Sprechen Teil 3 Die Lösungen verstehen

Seite 66 1a (Sie sprechen über alle Notizen.)

1b (2) lehnt den Vorschlag ab und macht Gegenvorschlag, (3) stimmt zu, (4) antwortet, (5) stimmt zu und fragt zur nächsten Notiz, (6) macht Vorschlag, (7) stimmt zu, (8) stimmt zu und macht Vorschläge, fragt zur nächsten Notiz, (9) erklärt und macht Vorschlag, 10 stimmt zu

1c So spricht ***TN*** A: – spricht wenig, … So spricht ***TN*** B: – spricht viel, …

ÜBEN

Üben Hören Teil 1

Seite 70 1 1a, 2b, 3a, 4b, 5a, 6a

2a 1 Sonderangebot, 2 Gewinnspiel, 3 Rabatt, 4 Stockwerk, Erdgeschoss, 5 Öffnungszeiten

2b 1a, 2a, 3b, 4a, 5a, 6a

3a Fluggäste, Schalter, Fahrgäste, Gleis, Züge, Haltestelle, Verspätung

3b 1 Fluggäste, 2 Haltestelle, 3 Gleis, 4 Schalter, 5 Verspätung, 6 Fahrgäste, 7 Züge

Seite 71 3c 1 nehmen, 2 steigen … um, 3 hält, 4 abfahren, 5 landet, 6 fällt … aus

3d 1a, 2b, 3a, 4b

4 1c, 2e, 3d, 4a, 5b

Seite 72 5a 1b, 2e, 3g, 4f, 5a, 6d, 7c

5b Hausarztpraxis, Sprechzeiten, dringenden, Notfallnummer, Bereitschaftsdienst

5c 1 Hausarztpraxis, 2 Sprechzeiten, 3 dringenden, 4 Notfallnummer, 5 Bereitschaftsdienst

5d 1b, 2a

6 Anbieter für Kabelfernsehen und Internet: 1 Die „2" wählen, 2 Die „1" wählen, 3 Die „3" wählen; Konzertkasse: 1 Die „2" wählen, 2 Die „3" wählen, 3 Sie „1" wählen

Seite 73 7a 1d, 2a, 3e, 4b, 5c

7b 1 abholen; 2 mitbringen; 3 zurückrufen; 4 kommen; 5 schicken

7c 1 … ~~am Abend~~ | erst morgen abholen., 2 Sie müssen den Antrag | ~~das Angebot~~, 3 … am Kirchplatz | ~~in der Bergstraße~~ gehen., 4 … Papiere ~~in der Schule~~ | bei der Lehrerin abgeben.

7d 1a, 2b

8 Uhrzeiten: 1e, 2d, 3a, 4b, 5c; Tage und Wochen: 1b, 2e, 3d, 4c, 5a

Üben Hören Teil 2

Seite 74 1a Veranstaltungstipps, Werbung, Sport, Wetterbericht, Verkehrsmeldungen, Nachrichten, Musik, Gewinnspiele

1b 1 Veranstaltungstipps, 2 Wetterbericht, 3 Musik, 4 Verkehrsmeldungen, 5 Nachrichten, 6 Werbung, 7 Sport, 8 Gewinnspiele

1c 1 Verkehrsmeldung, einen Stau; 2 eine Musiksendung, war gestern; 3 den Wetterbericht, das schlechte Wetter; 4 Werbung, soll in dem Kaufhaus einkaufen.

2a/2b kommen – es kam; brennen – Häuser brannten; geben – es gab; teilnehmen – sie nahmen … teil; sprechen – die Polizei sprach; wissen – niemand wusste

Seite 75 3a 1 sonnig, 2 nass, 3 windig, 4 kalt, 5 Blitze

3b 1c, 2a, 3d, 4b

3c 1a, 2c

4a 1 Straßenbahn, 2 Feuerwehr, 3 freie Fahrt

4b 1 Nebel, 2 Stau, 3 Umleitung, 4 Fahrbahn, 5 Unfall, 6 gesperrt, 7 Personen, 8 Polizei

4c 1 A 5; 2 B 3; 3 U 45

Seite 76 4d 1a, 2a, 3b

5a 1 Kaufen, 2 Testen, 3 Kommen, 4 Probieren … aus

5b 1b, 2a, 3c, 4b

6a 1 rezeptfrei, 2 täglich, 3 Schmerzen, 4 Training

6b 1d, 2a, 3c, 4b

6c 1a, 2b, 3b, 4b

Seite 77 7 1 Kurs, 2 Stadtfest, 3 Tag der offenen Tür, 4 Flohmarkt, 5 Sportfest

8 1c, 2b, 3b

9a 2 Gehen … raus, 3 Hören, 4 Fahren, 5 Trinken, 6 Rufen … an, 7 Installieren, 8 Tragen

9b 1a, 2b, 3c

Üben Hören Teil 3

Seite 78 1a

				F			N	A	C	H	B	A	R
M	I	T	A	R	B	E	I	T	E	R			
K	O	L	L	E	G	E							
			K	U	N	D	E			C	H	E	F
B	E	K	A	N	N	T	E						
				D	P	A	T	I	E	N	T	I	N

1b 2 die Kollegin, der Kollege; 3 die Freundin, der Freund; 4 die Bekannte, der Bekannte; 5 die Patientin, der Patient; 6 die Kundin, der Kunde; 7 die Mitarbeiterin, der Mitarbeiter; 8 die Chefin, der Chef

1c 1b, 2a, 3b, 4a, 5b, 6b

1d 1b, 2a, 3b

Seite 79 2a 1 übernehmen, 2 Schulzeugnis, 3 Praktikum, 4 Personal, 5 beantragen, 6 Überstunden

2b 1 kommen, 2 bewerben, 3 abschicken, 4 erkundigen

2c 1a, 2a, 3b, 4a

2d 1 muss, 2 soll, 3 darf, 4 möchte

Seite 80 3 1c, 2a, 3b, 4d

4 1 richtig, 2 falsch, 3 falsch, 4 falsch

5a 1 falsch, 2c

5b 10 richtig, 11b

6 12 falsch, 13a

Üben Hören Teil 4

Seite 81 1a Medien, Ausbildung, Ernährung, Umwelt, Wohnen, Gesundheit, Schule, Verkehr

1b 1 Medien, 2 Gesundheit, 3 Verkehr, 4 Wohnen, 5 Ausbildung, 6 Ernährung, 7 Schule, 8 Umwelt

1c 1d, 2f, 3g, 4b, 5a, 6e, 7c

1d 1 Internet, online; 2 ändern, reduzieren; 3 nutze, fahre; 4 teuer, kostet; 5 finden, suchen; 6 Fernseher, Computer

Seite 82 2a 1 ruhig / leise; 2 günstig / billig; 3 gesund; 4 langsam; 5 modern; 6 wenig; 7 hässlich; 8 unpraktisch; 9 niedrig / tief, 10 dunkel

2b 1b, 2b, 3c, 4b, 5c

2c 1a, 2b, 3a, 4b

2d 1 schneller, 2 am schnellsten, 3 zu schnell; 4 besser, 5 zu kurz, 6 am meisten; 7 weniger, 8 mehr, 9 zu viel; 10 am wichtigsten, 11 schlecht, 12 besser

Seite 83 3 1a, 2b, 3a, 4a, 5b, 6b

4 ☺: 2, 3, 4, 6, 8, 11, 13; ☹: 1, 5, 7, 9, 10, 12

5a 1a, 2b, 3a

Seite 84 5b 1a, 2b, 3a

6a a Für die Gesundheit sollte man in der Stadt wohnen.; b Kinder sollten in der Natur aufwachsen; c Am besten gefällt mir die Ruhe auf dem Land.; d Am wichtigsten ist das Auto, wenn man auf dem Land wohnt.

6b Aussage c

6c *Aber mir ist am wichtigsten, dass ich nicht in dem Stress und dem Lärm der Stadt wohne.*

7a a Am besten nimmt man gleich eine Tablette.; b Bei Rückenschmerzen sollte man schnell zum Arzt gehen.; c Bei Rückenschmerzen helfen Wärme und Schmerztabletten.; d Man sollte bei Schmerzen viel Sport machen.; e Wenn man Rückenschmerzen hat, hilft etwas Bewegung.; f Wichtig ist, dass man keine starken Medikamente nimmt.

7b 18 a, 19 e, 20 c

	a	b	c	d	e	f	
18	☒	☐	☐	☐	☐	☐	18
19	☐	☐	☐	☐	☒	☐	19
20	☐	☐	☒	☐	☐	☐	20

Üben Lesen Teil 1

Seite 85 1a 1 Kurse und Angebote von einer Krankenkasse, 2 Programmtipps in einer Fernsehzeitschrift, 3 Wegweiser im Bürgeramt oder in der Stadtverwaltung, 4 Katalog von einem Geschäft oder einem Versandhandel, 5 Veranstaltungstipps in einer Zeitung oder online, 6 Inhaltsverzeichnis in einem Buch oder in einem Ratgeber

1b 1 d, 2 f, 3 e, 4 b, 5 a, 6 c

Seite 86 2 1 Ansprechperson; 2 Komödie; 3 Kunst, Museum; 4 Vortrag, Kurs; 5 Abteilung, Kinderbekleidung; 6 Ratgeber, Vorstellungsgespräch

3a 2 Fahrerlaubnis, 3 Altersheim, 4 Ticket, 5 WC 6 Kindergarten, 7 Hochzeit, 8 Energie, 9 Behörde, 10 Fahrzeug

3b 1c, 2e, 3a, 4b, 5d

3c 1 Meldestelle, 2 Steuerangelegenheiten (Formulare und Beratung), 3 Seniorenhilfe

Seite 87 4a 1a, 2b, 3a, 4a, 5b, 6a, 7b, 8a

4b 2 Kochshow, 3 Fußball live, 4 Spielfilm, 5 Wirtschaft aktuell, 6 Verstehen Sie Spaß?, 7 Serie, 8 Zeichentrick

4c 1b, 2b, 3a

5a 1 in der Apotheke; 2 der Schneider; 3 beim Schuhservice; 4 im Drogeriemarkt

Seite 88 5b 21b, 22c, 23a, 24b, 25a

5c

	a	b	c	
21	☐	☒	☐	21
22	■	☐	☒	22
23	☒	☐	☐	23
24	☐	☒	☐	24
25	☒	☐	☐	25

Üben Lesen Teil 2

Seite 89 1a Gesundheit, Bildung, Arbeit, Wohnen, Einkaufen, Betreuung, Migration, Freizeit

1b 1 Wohnen; 2 Arbeit; 3 Migration; 4 Betreuung; 5 Freizeit; 6 Gesundheit; 7 Einkaufen; 8 Bildung

1c 1 Wohnungsangebot; 2 Angebot vom Fitnessstudio; 3 Angebot für Bekleidung; 4 Angebot: Sprachkurse; 5 Unterstützung für Senioren; 6 Stellenangebot

Seite 90 2a a Wohnungsangebot | ~~Wohnungssuche~~, Ein Makler bietet ein Haus | ~~eine Wohnung~~ an. Man muss renovieren. | ~~Alles ist gut~~.; b ~~Wohnungsangebot~~ | Wohnungssuche, Ein Makler sucht eine Wohnung für eine Familie mit Schulkindern. | ~~Haustieren~~.; c ~~Stellenangebot~~ | Stellengesuch, Eine Erzieherin sucht | ~~Ein Kindergarten bietet~~ Arbeit.; d Stellenangebot | ~~Stellengesuch~~, ~~Eine Reinigungskraft sucht~~ | Ein Kindergarten bietet Arbeit.; e Angebot | ~~ein Gesuch~~, Jemand verkauft | ~~sucht~~ gebrauchte Sachen.; f ~~Biete~~ | Suche, Jemand ~~verkauft~~ | sucht einen gebrauchten Schreibtisch.

2b 1b; 2b; 3a; 4b

Seite 91 3a Baby, Kleinkind, Schulkind, Jugendliche/r, junge Erwachsene, Erwachsene/r, 50 plus, Senior / Seniorin

3b 2 Senioren / Seniorinnen; 3 Kleinkinder; 4 Schulkinder; 5 Jugendliche

4 1d; 2g; 3e; 4a; 5h; 6i; 7b; 8f; 9c

5 1 Von März bis Mai, 2 Im September, das Herbst-Semester, 3 Sommermonate, Juni, Juli und August; 4 Wintersport-Angebot, Februar; 5 im Dezember oder Januar

6 1 Laden, 2 Kochkurs, 3 ehrenamtliche Mithilfe, 4 gestresst, 5 Computerkurs, 6 Job, 7 in Rente gehen, 8 Bürgerbüro, 9 einmal

Seite 92 7 1c, 2a, 3b, 4c, 5b, 6b, 7c

8a 1 gebraucht, 2 funktioniert, 3 Festpreis, 4 nur komplett

8b 1b, 2b, 3b, 4a, 5b

Seite 93 9 1a; 2a; 3b; 4a; 5a; 6b

10a 1c; 2a; 3e; 4f; 5g; 6b; 7d

10b 2 helle; 3 Haustiere erlaubt; 4 Warmmiete; 5 möbliertes Zimmer; 6 verkehrsgünstig; 7 zentral; 8 gute Einkaufsmöglichkeiten

Seite 94 11a 1 Ein <u>Bekannter (22)</u> möchte bei seinen Eltern <u>ausziehen</u>.
2 Julia ist <u>Studentin</u> und <u>braucht</u> ein <u>Zimmer in guter Lage</u>.

11b 1 (ein Bekannter = für Mann)

11c a (und ihren Hund = Haustiere willkomen)

12 1e, 2a, 3c, 4x, 5b

Üben Lesen Teil 3

Seite 95 1a 1e; 2f; 3a; 4d; 5c; 6b

1b 1 der Vereinsvorstand; 2 die Hausverwaltung; 3 der/die Klassenlehrer/in; der/die Schulleiter/in; 4 der/die Vermieter/in; 5 die Krankenkasse

1c 1b; 2b

Seite 96 2a 2 Vergangenheit; 3 Vergangenheit; 4 Zukunft; 5 Zukunft

2b 1 überwiesen, überweisen; 2 angemeldet, anzumelden; 3 informieren, informiert

2c 2 ist … umgezogen; 3 hat … stattgefunden; 4 hat … kontrolliert

3a stündlich, wöchentlich, vierzehntägig, alle drei Wochen, monatlich, einmal pro Quartal, halbjährlich, einmal im Jahr

3b 1 regelmäßig, 2 neue Kundin, 3 rechtzeitig, 4 seit

4 1d; 2i, 3f, 4b, 5h; 6g, 7a; 8j, 9c, 10e

Seite 97 5 1b, 2b, 3a

6a 1 Die Bibliothek; 2 wird bald; 3 Dirk Schmidt

6b 1 richtig; 2 richtig; 3 falsch

Üben Lesen Teil 4

Seite 98 1a 1d, 2b, 3a, 4a

1b 1, 3 AGB Verkehrsverbund; 2, 4 Anleitung Spielzeug

Seite 99 2a 1 Lieferung; 2 Zahlung; 3 Versand und Versandkosten; 4 Registrierung; 5 Vertragslaufzeit und Kündigung

2b 1 liefern, 2 beantragen, 3 eröffnen, 4 zurückgeben, 5 Vertrag, 6 erhalten, 7 abheben

2c 1c, 2d, 3a, 4b

2d 1a, 2b, 3a

Seite 100 3a 1d, 2f, 3e, 4a, 5g, 6b, 7c

3b 1 ~~bezahlt~~; 2 ~~Stehen~~; 3 ~~schützen~~; 4 ~~aufschließen~~; 5 ~~verkaufen~~; 6 ~~verschreiben~~; 7 ~~einladen~~

3c 1 Warnhinweise, 2 Anwendung, 3 Kontrollanzeige und Aufladen, 4 Sicherheitshinweise

3d 1 richtig, 2 richtig

3e b

Seite 101 4 1 falsch, 2 richtig, 3 richtig

5a 1 Öffnungszeiten, 2 Mahlzeiten, 3 Gebühren, 4 Krankheit, 5 Angebote und Aktivitäten

5b 1 richtig, 2 falsch, 3 falsch

Üben Lesen Teil 5

Seite 102 1a Termin; Angebot; Vertrag; Kündigung; Bewerbung; Anzeige; Suche

1b der: Termin, Vertrag; das: Angebot; die: Kündigung, Bewerbung, Anzeige, Suche

1c 2 Kündigung, 3 Anzeige, 4 Suche, 5 Angebot, 6 Vertrag

2 1a, 2b, 3a, 4a, 5b

Seite 103 3 2 ~~beantworten~~, 3 ~~anrufen~~, 4 ~~kündigen~~, 5 ~~benutzen~~, 6 ~~haben~~

4a danken für; sich bewerben als / um; sich freuen auf / über; helfen / Hilfe brauchen bei; Interesse haben an / sich interessieren für

4b 2g; 3j; 4f; 5c; 6i; 7d; 8b; 9e; 10a

5a 2 ~~Ihnen~~, 3 ~~Ihnen~~, 4 ~~Ihnen~~, 5 ~~Sie~~, 6 ~~Ihrem~~, 7 ~~Ihr~~, 8 ~~Ihrer~~, 9 ~~Ihre~~, 10 ~~Ihrem~~

Seite 104 5b 2a, 3c, 4a, 5b, 6b, 7b, 8c

6a/b 2 Ich kündige meinen Vertrag, denn ich habe einen … gefunden.; 3 Da ich eine neue Stelle als Koch suche, bewerbe ich …; 4 Ich suche eine neue Stelle in diesem Bereich, deshalb bewerbe ich …; 5 Schreiben Sie mir die Artikelnummer, dann kann … helfen.; 6 Bitte kommen Sie um 8 Uhr, sodass der Termin pünktlich anfangen kann.; 7 Wenn Sie bis Donnerstag bestellen, ist die Lieferung …; 8 Ihr Mitarbeiter hat schon … repariert, aber meine Waschmaschine ist …; 9 Ihr Mitarbeiter hat schon etwas repariert, trotzdem ist …; 10 Obwohl Ihr Mitarbeiter schon etwas repariert hat, ist …; 11 Wir brauchen …, damit … helfen können.

Hauptsatz + Hauptsatz: aber; denn; dann; deshalb; trotzdem
Hauptsatz + Nebensatz: da, damit; obwohl; weil; wenn; sodass

Seite 105 6c 2 dann; 3 damit; 4 denn; 5 Obwohl; 6 trotzdem; 7 deshalb

7 1 einverstanden, 2 geliefert, 3 zu hoch, 4 genannte / anrufen, 5 schon

8 1b, 2a, 3a, 4b, 5a, 6a

Üben Schreiben

Seite 106 1a 1 den Bekannten, die Bekannte; 2 den Freund, die Freundin; 3 den Nachbarn, die Nachbarin; 4 den Vermieter, die Vermieterin; 5 den Chef, die Chefin; 6 den Kollegen, die Kollegin; 7 den Lehrer, die Lehrerin; 8 den Verkäufer, die Verkäuferin; 9 den Hersteller; 10 die Bibliothek; 11 die Schule; 12 das Geschäft; 13 die Versicherung; 14 die Firma; 15 die Hausverwaltung

1b 1 Praktikum, 2 mieten, 3 feiern, 4 Hilfe, 5 Informationen, 6 Mietshaus, 7 Deutschkurs, 8 bitten, 9 funktioniert, 10 verloren, 11 brauchen, 12 kaputt, 13 vertreten, 14 Bestellung, 15 Tipps, 16 Hausaufgaben

1c 1 Hilfe, 2 Informationen, 3 funktioniert, 4 feiern, 5 mieten, 6 Ausweis, 7 Musik, 8 vertreten

Seite 107 2a 1 Sehr geehrte Damen und Herren; 2 Lieber Herr Wronek; 3 Sehr geehrter Herr Wronek; 4 Hallo Herr Wronek; 5 Sehr geehrte Frau Giroud; 6 Liebe Frau Giroud; 7 Liebe Lisa; 8 Hallo Lisa

2b 1 Mit freundlichen Grüßen; 2 Freundliche Grüße; 3 Viele Grüße; 4 Schöne Grüße; 5 Liebe Grüße

3a Hallo Lisa, vielen Dank für *deine* Nachricht. … *Hattest du* viel Arbeit? Ich kann *dir* gern helfen. Aber *du solltest* auch andere Nachbarn … *Frag* vielleicht Akira … und mit *dir* kochen. *Machst du* wieder deinen … *Du kannst* mich gerne anrufen …

Seite 108 3b *Liebe Frau Giroud*, vielen Dank für *Ihre* Nachricht. Letztes Jahr war das Hoffest sehr schön. *Hatten Sie* viel Arbeit? Ich kann *Ihnen* gern helfen. Aber *Sie sollten* auch andere Nachbarn fragen, weil ich nicht viel tragen kann. *Fragen Sie* vielleicht Akira aus dem 4. Stock, der ist stark. Ich kann die Einladungen schreiben und mit *Ihnen* kochen. *Machen Sie* wieder *Ihren* berühmten Kartoffelsalat? Der war lecker. Ach ja, und die wichtigste Frage: Wann ist das Hoffest? *Haben Sie* schon einen Termin? *Sie können* mich gerne anrufen: 0123/456789, dann können wir planen.

Mit freundlichen Grüßen
Rima Hassan

4a 1 … meinen *Bibliotheksausweis verloren*. Jetzt brauche ich *einen neuen Ausweis*., 2 … ein *Fest mit vielen Gästen* feiern. …, wo ich *einen großen Raum mieten* kann. …, weil ich dich *um Hilfe* bitten möchte.

4b …, *ich* wohne in Ihrem Mietshaus im 3.Stock. *Mein* Nachbar im 2.Stock … Das stört *mich* sehr. *Ich* habe schon … Deshalb schreibe *ich* an Sie: *Ich* weiß nicht, was *ich* …

4c …, *ich* habe gehört, dass *du* heute zum Arzt gehen *musst*. Und ich *weiß*, dass *du* viel Arbeit *hast*. Deshalb möchte *ich* dir meine Hilfe *anbieten*.

Seite 109 5a • Fragen zum Auto (schon verkauft? Farbe, Alter, Preis …) • Wann ansehen?

5b 2 Welche Farbe hat es?; 3 Wie viel kostet das Auto?; 4 Wann kann ich das Auto ansehen?

5c 1 …, *ob* Sie das Auto schon verkauft *haben*.; 2 …*welche* Farbe es *hat*?; 3 … *wie viel* das Auto *kostet*.; 4 … *wann* ich das Auto ansehen *kann*.

6a 1 weil; 2 denn; 3 deshalb; 4 obwohl; 5 trotzdem; 6 aber

Seite 110 6b 1 dass, 2 das, 3 dann, 4 oder, 5 damit

7a 1f; 2c, 3b, 4e, 5a, 6d

7b Satz 4

8a (1) Geburtstag, 30 Jahre, am 1.7.; (2) etwa 50 Personen; (3) groß, zentral; (4) Auto leihen, um Getränke zu kaufen; (Name): Sie müssen sich einen Vornamen ausdenken.

Seite 111 8b *Hallo Thomas,*
wie geht es dir? Ich möchte *am 1.7.* ein großes Fest feiern, weil ich *Geburtstag* habe. Ich werde *30 Jahre* alt. Aber ich habe ein Problem: Ich weiß nicht, *wo* ich *einen Raum mieten* kann. Kannst du mir helfen? Ich weiß, dass du viele Kontakte hast. Der Raum muss *groß* sein, denn ich möchte *etwa 50 Personen* einladen. Es wäre auch gut, wenn der Raum *zentral* ist, damit die Gäste nicht lange fahren müssen. Hast du eine Idee? Wichtig ist auch noch: Könnte ich dein *Auto leihen, um Getränke zu kaufen*? Ich hoffe, du kannst mir helfen. Vielen Dank schon mal.

Liebe Grüße
(Ihr Vorname)

9b Es gibt eine Anrede – aber die Anrede ist nicht komplett, Hallo kann man schreiben, aber besser wäre: Sehr geehrte Damen und Herren, …; Es gibt einen Gruß.; Der Gruß passt zur Situation. Die Unterschrift fehlt.; Es gibt keinen Satz zum letzten Punkt (Bis wann die Firma etwas tun soll) und die E-Mail ist sehr kurz.; Man versteht alles gut. Die Sätze und Ideen sind nicht verbunden.

9c So wäre die E-Mail besser:
Sehr geehrte Damen und Herren,

ich habe am 1.2. im Elektromarkt Grün in Neustadt eine Mikrowelle von Ihnen gekauft, aber ich bin nicht zufrieden. Leider funktioniert die Mikrowelle nicht richtig: Das Essen wird nicht warm und ich kann auch die Funktion „Grillen" nicht anmachen.
Ich habe schon im Elektromarkt gefragt, ob sie das Gerät umtauschen können. Aber dort ist die Mikrowelle ausverkauft. Ich möchte Sie deshalb bitten, mir ein neues Gerät zu schicken.
Wir brauchen schnell eine neue Mikrowelle, weil wir sie sehr oft benutzen. Könnten Sie uns bis zum 1.3. ein neues Gerät schicken? Das wäre sehr gut.
Ich freue mich auf Ihre Antwort. Sie können mich auch anrufen (0177 6677889).
Vielen Dank.
Mit freundlichen Grüßen
Anastasia Berduta

Üben Sprechen Teil 1

Seite 112 1a 2 Geburtsort, 3 Wohnort, 4 Arbeit/Beruf, 5/6 Familie, 7 Sprachen

1b heiße, komme, wohne, arbeite, bin, habe, spreche

1c

	heißen	**wohnen**	**arbeiten**	**sein**	**haben**	**sprechen**
ich	heiße	wohne	arbeite	bin	habe	spreche
er/sie	heißt	wohnt	arbeitet	ist	hat	spricht
wir	heißen	wohnen	arbeiten	sind	haben	sprechen

1d 1 bin, 2 heißt, 3 ist, 4 haben, 5 hat, 6 spricht, 7 habe, 8 wohnt, 9 arbeite, 10 ist

Seite 113 2a 1 Mein Name ist *Amira Younis*.; 2 Ich bin in *Damaskus* geboren, das ist eine Stadt in *Syrien*.; 3 Seit *fünf* Jahren wohne ich in *Dortmund*.

2b 1 Hier wohne ich sehr gern.; 2 Diese Stadt mag ich nicht so gern, weil …; 3 Im Juni ziehe ich in eine große Wohnung.; 4 Manchmal gehe ich im Park spazieren.; 5 Vielleicht mache ich eine Ausbildung.

3a 2c, 3g, 4a, 5h, 6b, 7f, 8e

3b 1 an der Kasse, 2 zwei Tage in der Woche, 3 sehr gut, 4 im Sommer, 5 für die Arbeit

Seite 114 4a 1d, 2f, 3c, 4b, 5e, 6a

4c 2 deshalb; 3 dass; 4 denn; 5 aber; 6 weil; 7 und

4d 1 Er; 2 er; 3 er; 4 sein; 5 Ihr; 6 sie

Seite 115 5 1 spreche; 2 Muttersprache; 3 habe, gelernt; 4 spricht; 5 sprechen

7a 1, 2, 3, 6

7b 1 ich gehe … in den, 2 ich wohne, 3 ist die … auch; 4 Ich gehe zweimal in der Woche, 5 Am liebsten, 6 Ich möchte … besuchen, 7 weil ich … will.

Üben Sprechen Teil 2

Seite 116 1c

	W	O	H	N	E	N			M	
A			F	A	M	I	L	I	E	
R		V	E	R	K	E	H	R	D	
B	G	E	S	U	N	D	H	E	I	T
E			B	E	H	Ö	R	D	E	N
I	E	I	N	K	A	U	F	E	N	
T	F	R	E	I	Z	E	I	T		

1b 1 Freizeit, 2 Verkehr, 3 Behörden, 4 Einkaufen, 5 Medien, 6 Wohnen, 7 Gesundheit, Familie, 8 Arbeit, Gesundheit

2a 1 oben, 2 unten, 3 hinten, 4 vorn, 5 links, 6 rechts, 7 in der Mitte

Seite 117 2b 2 ~~Rechts~~; 3 ~~Unten~~; 4 ~~oben~~

3a 1c, 2b, 3d, 4a

3b 1 ..., das Thema ist wahrscheinlich Freizeit.; 2 Oder das Thema könnte Essen und Trinken sein.; 3 Vielleicht sind die Leute auch in der Kantine bei der Arbeit.

4a die Spülmaschine; das Geschirr; der Mann; der Vater; der Junge; der Sohn; in der Küche; zu Hause; stehen; helfen; zumachen; erklären; offen; voll; schmutzig; zufrieden; die Familie; der Haushalt; die Erziehung

4b 1 Vater, 2 Sohn, 3 Küche, 4 Spülmaschine, 5 Haushalt, 6 Erziehung

Seite 118 4c 1 Personen, 2 Junge, 3 Jahre, 4 Mann, 5 Sohn, 6 zu Hause, 7 Spülmaschine, 8 offen, 9 schmutzige, 10 zumachen, 11 zufrieden, 12 Familie

5a B

Seite 119 6a 1 Sie, Sie; 2 Sie, Sie, Sie; 3 Sie; 4 Ihnen, Sie, Sie; 5 Ihrem, sie

6b 1 bleibe, 2 trinke, 3 schlafen, 4 habe, 5 gehe

6c Ich ... schon oft ...; Das war (immer) so: Ich habe ...; Das habe ich noch nie gemacht; ..., deshalb weiß ich das nicht.

6d 1 war; 2 war; 3 habe ... angerufen; 4 gemacht; 5 konnte; 6 bin ... gegangen; 7 hatte; 8 musste; 9 habe ... gemacht

6e Bei uns ist das so: ...; Das ist (ähnlich) wie hier.

Üben Sprechen Teil 3

Seite 120 1a 1 Ausflug, 2 Prüfung, 3 umziehen, 4 Party, 5 Reise, 6 Hilfe

1b 1b, 2a, 3d, 4e, 5c

2a 1 Kollegin – Familie einkaufen – Haushalt helfen; 2 einen Ausflug; 3 Freund – Stadt gezogen – zusammen besuchen; 4 Prüfung – gemeinsam lernen; 5 Deutschkurs – schenken

2b Situation 5

Seite 121 2c 1 Kollegin – Familie einkaufen – Haushalt helfen; 2 einen Ausflug; 3 Freund – Stadt gezogen – zusammen besuchen; 4 Prüfung – gemeinsam lernen

3 ***Wann?*** am Freitag, am 5. April, nächsten Mittwoch, am Wochenende, nach dem Kurs;
Was machen? ein Picknick im Stadtpark machen, grillen, in den Zoo gehen;
Wer? alle aus dem Kurs, die Familie einladen, die Kinder mitnehmen;
Wie hinkommen? mit dem Zug fahren, den Bus nehmen, zu Fuß gehen, mit dem Auto fahren;
Wo treffen? am Bahnhof, vor der Schule, bei mir;
Essen? Getränke? Salate mitbringen, Getränke für alle kaufen, jeder bringt etwas mit, Pizza bestellen

Seite 122 4b 1 Sollen, 2 wäre, 3 könnten, 4 Was; 5 würde

5a Was denkst du?, Wie findest du das?, Einverstanden?; Hast du eine Idee?

6a 1c, 2d, 3a, 4b

6b 1b, 2a, 3d, 4c

Seite 123 7 1 Idee, 2 Wir könnten, 3 Sollen wir auch, 4 finde ich gut, 5 Wie wäre es, 6 nicht so gut; 7 einverstanden

8a 2 Möchtest du zusammen lernen?, 3 Wann hast du denn Zeit?, 4 Kannst du auch morgen?, 5 einmal ist nicht genug., 6 aber wie oft?, 7 Nein, das ist zu viel.

Modelltest 2

→ Die Lösungen mit Erklärungen für die Aufgaben in Modelltest 2 finden Sie immer direkt auf den Seiten hinter dem Aufgabenblatt in Modelltest 2.

Modelltest 3

S. 162 ***Hören Teil 1***
1a, 2b, 3c, 4c

S. 163 ***Hören Teil 2***
5c, 6a, 7a, 8b, 9c

S. 164 ***Hören Teil 3***
10f, 11b, 12r, 13c, 14r, 15c, 16f, 17a

S. 165 ***Hören Teil 4***
18f, 19d, 20b

S. 166 ***Lesen Teil 1***
21 b, 22 a, 23 a, 24 c, 25 b

S. 168 ***Lesen Teil 2***
26 g, 27 e, 28 h, 29 x, 30 d

S. 170–172 ***Lesen Teil 3***
31f, 32b, 33r, 34a, 35f, 36a

S. 173 ***Lesen Teil 4***
37f, 38f, 39r

S. 174 ***Lesen Teil 5***
40b, 41a, 42a, 43c, 44c, 45b

S. 175 ***Schreiben***
eigene Lösung

S. 176–179 ***Sprechen***
eigene Lösung